Desmontan

Historia

Esta obra obtuvo, por mayoría, el **Premio Espasa 2017**,
concedido por el siguiente jurado:
Pedro García Barreno (presidente),
Leopoldo Abadía, Nativel Preciado,
Fernando Trias de Bes y Pilar Cortés.

Stanley G. Payne

En defensa de España

Desmontando mitos y leyendas negras

Premio Espasa 2017

ESPASA

El papel utilizado para la impresión de este libro está calificado como **papel ecológico** y procede de bosques gestionados de manera **sostenible**.

Avinguda Diagonal, 662, 6.ª planta. 08034 Barcelona (España)
www.espasa.com
www.planetadelibros.com

Adaptación de la cubierta: Booket / Área Editorial Grupo Planeta
Ilustración de la cubierta: © Agustín Escudero
Primera edición en Colección Booket: octubre de 2019

Depósito legal: B. 18.756-2019
ISBN: 978-84-670-5735-5
Impresión y encuadernación: CPI (Barcelona)
Printed in Spain - Impreso en España

Biografía

Stanley G. Payne (Texas, 1934) es catedrático emérito de Historia en la Universidad de Wisconsin-Madison. Gran conocedor de España desde los años cincuenta, ha publicado más de veinte libros sobre nuestra historia, entre ellos, *La Guerra Civil Española*, *El colapso de la República*, *¿Por qué la República perdió la guerra?*, *Franco. Biografía personal y política* (con Jesús Palacios), *El camino al 18 de julio* y *La revolución española* (1936-1939). Es miembro de la American Academy of Arts and Sciences y correspondiente de las RR. AA. de Historia y Ciencias Morales y Políticas de España. Ha recibido la Gran Cruz de la Orden de Isabel la Católica y es doctor *honoris causa* por la Universidad Rey Juan Carlos. Recibió el Premio Espasa en 2017 por su obra *En defensa de España: desmontando mitos y leyendas negras*.

Índice

Prefacio

La Historia de España es de una singular riqueza. Ningún otro país tiene una historia tan rica en sus imágenes ni tan abundante en conceptos, mitos y leyendas. De entre todos los países occidentales, la de España es la historia más exótica, y también la más extensa y extrema en su envergadura, tanto cronológica como geográfica, y con mayores diferencias en las distintas épocas. La historia de todos los países tiene sus características propias, pero para encontrar otro gran país europeo con una historia tan especial como la de España sería necesario mirar a Rusia, aunque la realidad es que su trayectoria histórica es mucho más breve que la española y, además, se encuentra fuera de lo que consideramos Occidente.

Más que la de cualquier otro país occidental, la Historia de España normalmente se ha descrito y definido a partir de conceptos inusitadamente controvertidos: reino bárbaro decadente, conquista oriental, paraíso multicultural, guerra divina, Reconquista, Inquisición, primer imperio mundial, monarquía paneuropea, decadencia profunda, leyenda negra, país insurreccional que reclama su independencia, cultura romántica por excelencia, sociedad convulsa y/o revolucionaria, democracia antifascista única, país fascista especial, pionera democracia de consenso… Algunas de estas descripciones son tópicos esencialmente falsos, pero la mayor parte se refiere a procesos o logros históricos enormemente complejos que suscitan polémicas y requieren mucha matización e interpretación.

La historia es un ámbito de controversia perpetua, pero en ningún caso lo es tanto como en España, ya que está llena de altibajos, de situaciones extremas y de confrontaciones entre actores y fuerzas que han representado muchas de las tendencias más decisivas de la historia humana. En muchas ocasiones, desde el punto de vista histórico, se ha definido a España como una especie de isla donde han tenido lugar un inusual número de acontecimientos, en gran parte como consecuencia de su situación geográfica. Sin embargo, de ninguna manera España constituye un caso anómalo en el devenir de la civilización romano-occidental de Europa.

Este es el marco en el que se encuadran los ensayos que componen este libro. No es una historia, sino una interpretación sobre ella en el debate sin fin sobre la Historia de España, realizada siguiendo un desarrollo cronológico que explica la evolución del país y, con ella, los mitos, estereotipos y leyendas que se han construido a través del tiempo. Como veremos a lo largo de estas páginas, son muchos y muy variados, según los distintos momentos históricos, aunque si alguno de ellos ha contribuido a dar forma a la imagen de España en el exterior, sobre todo, pero también en el interior, ha sido la leyenda negra del siglo XVI. Este recorrido histórico e ideológico, cultural y social, irá desgranando cómo se ha construido la Historia de España y su devenir como nación dentro de la civilización occidental. Mentiras, verdades, desconocimiento, negatividad, complejos, estereotipos, envidia, son algunos de los ingredientes que lo salpican.

La labor del historiador no termina nunca, sino que, como escribió con acierto Menéndez Pelayo hace más de cien años, «nada envejece tan pronto como un libro de historia. El historiador está condenado a ser un estudiante perpetuo». Por tanto, hay que estar atento a las investigaciones más recientes y solventes, así como a las distintas perspectivas que dichas pesquisas ofrecen.

INTRODUCCIÓN
UN PAÍS EXÓTICO: MITOS Y LEYENDAS

ENVIDIA Y DESCONOCIMIENTO

Durante quinientos años, la imagen que España ha proyectado en otros países ha sido resultado más de una estampa descrita por escritores, viajeros y autores de panfletos extranjeros que de un cuadro dibujado deliberadamente por los propios españoles, quienes, como es lógico, también han creado su propia imagen, que ha ido variando con el paso de los siglos. La primera representación que existe es la famosa «Alabanza de España» en la *Historia de los godos,* escrita por san Isidoro en la primera parte del siglo VII, cuando en la Península comenzó a formarse la idea de una España más o menos unida e independiente. El texto seguía la forma de los «elogios» clásicos latinos, muy frecuentes en la Edad Media, con su particular dosis de exageración.

En los siglos de formación no hubo demasiados escritos y referencias a España realizados por visitantes y críticos extranjeros que nos hayan dejado una idea general de los contornos del país. A partir del siglo XI sí llegaron a la Península viajeros de otras partes de Occidente que escribieron comentarios de algún aspecto concreto, como el Camino de Santiago, las cruzadas o el clima. En aquel momento, los reinos españoles formaban parte de Occidente en todos los sentidos y, si bien poseían una especificidad geográfica por ser la frontera del suroeste con el mundo musulmán y África, no eran considerados lugares exóticos. Las instituciones y las costumbres cotidianas eran semejantes a las del resto de Europa, hasta el punto de poder afirmar que en esta época la imagen de España fue la más «normal» de todas las que se sucederían hasta finales del siglo XX.

Los viajes fueron cada vez más frecuentes durante los siglos XVI y XVII, y fue en este momento cuando comenzó a formarse la imagen exótica de España como la única tierra occidental en la que podían encontrarse —y en grandes cantidades— tanto judíos (luego conversos) como musulmanes, realidad que, por supuesto, era palpable desde hacía siglos, aunque no se hubiera reflejado en ningún escrito. De hecho, los peregrinos del Camino de Santiago normalmente se quedaban en el extremo norte, en las regiones más «cristianas», es decir, más «europeas», donde apenas había judíos y musulmanes. Y también, ya a finales del siglo XV, numerosos viajeros europeos se sorprendieron por la presencia de «moros blancos» en España. La idea general era que los musulmanes, esencialmente árabes, tenían la tez oscura y, sin embargo, la mayoría de los mudéjares —descendientes sobre todo de conversos hispanos— tenían un aspecto semejante al de los europeos, si bien sus ropas y sus costumbres eran las propias de los musulmanes.

Los viajeros, principalmente franceses, cada vez se mostraban más duros en sus críticas. No se acostumbraban ni a las pequeñas raciones de comida —algo que, huelga decir, cambiaría en el futuro—, ni a la ausencia de cerveza y de mantequilla, ni a la profusa utilización de ajo, aceite de oliva y azafrán. En aquellos años, el racismo y el rechazo al extranjero era normal en Europa —algunos insistían en que los ingleses eran los peores: «Los ingleses odian a todos los extranjeros», decían—, pero, tal como señalaron bastantes visitantes, los españoles parecían ser ciertamente xenófobos. La arrogancia era el rasgo más comentado, tanto dentro como fuera del país, y a los viajeros les extrañaban las actitudes «orgullosas» de las clases bajas, incluso de los mendigos, que insistían en que se les tratara con el título de «señor» y que los visitantes se descubrieran cuando les concedían su caridad[1].

Durante el siglo XVI apareció una imagen dual de España, como una sola entidad política, la monarquía hispánica, y como «España» a secas, que era como habitualmente se la nombraba en Europa. El país inspiraba respeto —teñido de miedo—, pero, posteriormente, hacia el fin del siglo, surgió la llamada «leyenda negra» —expresión que terminaría escribiéndose con mayúsculas—, que se mantuvo viva durante medio milenio.

La acuñación del término se atribuye al políglota, escritor y funcionario progresista Julián Juderías, que publicó un libro titulado *La leyenda negra,* en 1914, con el objeto de refutarla[2]. Sin embargo, María Elvira Roca Barea ha demostrado que la primera persona que empleó el término en público fue Emilia Pardo Bazán, en 1899[3], en París, durante una conferencia que formó parte del intenso debate sobre España que hubo a finales del siglo XIX y principios del XX.

Que sepamos, las primeras críticas a los españoles surgieron en Italia a finales del siglo XV, cuando las fuerzas militares de la monarquía se habían convertido en una entidad más poderosa que la de la antigua Corona de Aragón. Pero esas denuncias no adoptaron su forma definitiva hasta finales del siglo XVI, especial-

---

[1] Sobre las reacciones que suscitaba España en Europa occidental a comienzos de la época moderna trata la obra de J. N. Hillgarth, *The Mirror of Spain, 1500-1700: The Formation of a Myth,* Ann Arbor, Michigan, 2000.

[2] L. Español Bouché, *Leyendas negras: vida y obra de Julián Juderías,* Salamanca, 2007, es el estudio fundamental. El plural del título se debe al hecho de que también se formó una leyenda negra sobre el propio Juderías, alegando que era un reaccionario que intentaba esconder los crímenes del catolicismo; de ese modo tan amable que tienen los españoles de tratarse los unos a los otros. En realidad, Juderías fue un funcionario público ejemplar que dedicó la mayor parte de su vida, relativamente breve, a causas humanitarias, como a solucionar los problemas de la mendicidad y de la miseria en la infancia. En 2014, centenario de la aparición del libro, Español Bouché supervisó una edición nueva del clásico.

[3] M. E. Roca Barea, *Imperiofobia y Leyenda Negra: Roma, Rusia, Estados Unidos y el Imperio español,* Madrid, 2016, págs. 24-25.

mente a raíz de los textos de autores protestantes ingleses y holandeses. En aquel momento, España era la principal potencia militar y, de manera un tanto siniestra, la punta de lanza de la Reforma católica contra el mundo protestante. Como es bien sabido, el texto español más conocido de la época era *La brevísima relación de la destrucción de las Indias,* de fray Bartolomé de las Casas.

Los españoles eran criticados por la tiranía ejercida sobre otras sociedades, por su opresión tanto de indios como de europeos, por su violencia y crueldad, por su sadismo —término que tardaría dos siglos en acuñarse—, por ser gente atroz por naturaleza, por su fanatismo religioso, siempre dispuestos a imponer su fe por medio de la violencia, infligiendo torturas bárbaras a quienes no profesaran su religión y sirviéndose de la Inquisición para imponer la tiranía, el sufrimiento y la ignorancia. Esta leyenda negra se mantuvo bastante tiempo y, de hecho, diversos aspectos han perdurado hasta nuestros días. Desde la última parte del siglo XX, gracias al estudio de imágenes, representaciones y percepciones, la literatura sobre la leyenda negra ha experimentado un nuevo auge[4].

Es verdad que siempre se siente animadversión hacia el poder dominante, como ha ocurrido con Gran Bretaña, Francia, Estados Unidos y Rusia. De ahí que en el inteligente libro titulado *La leyenda negra: historia y opinión* (1993), Ricardo García Cárcel relativice el asunto para demostrar que tanto los conceptos como las realidades cambian con el tiempo —por ejemplo, en el siglo XIX se hablaba de «leyenda amarilla», expresión que pos-

---

[4] Entre las investigaciones sobre el tema se encuentran W. S. Maltby, *La leyenda negra en Inglaterra. Desarrollo del sentimiento antihispánico, 1558-1660,* México, D. F., 1982; P. Powell, *El árbol del odio,* Madrid, 1972; J. A. Vaca de Osma, *El imperio y la leyenda negra,* Madrid, 2004; I. Vélez Cipriano, *Sobre la Leyenda Negra,* Madrid, 2014, M. J. Villaverde Rico y F. Castilla Urbano (dirs.), *La sombra de la leyenda negra,* Madrid, 2016, mientras J. Villanueva, *Leyenda negra: una polémica nacionalista en la España del siglo XX,* Madrid, 2011, pasa revista a los diversos modos en que nacionalistas del siglo XX refutaron el concepto.

teriormente desapareció[5]—. La mayor parte de las tesis de García Cárcel es cierta, pero, aun así, hay que reconocer que la leyenda negra, en sus diferentes aspectos, ha sido invocada con mucha más frecuencia en la Historia de España que en la de cualquier otro país occidental. De hecho, si se emplea el término «leyenda negra» sin ningún añadido, todo el mundo asume que nos estamos refiriendo a España. El concepto trata del odio y del desprecio, pero en muchas ocasiones, sobre todo hasta el siglo XVII, se observan grandes dosis de envidia y resentimiento en esas imágenes estereotipadas, lo que no sucederá a partir de entonces, cuando el declive de España comienza a ser más que notable.

A finales del siglo XX, en pleno dominio de las doctrinas de la corrección política, todos los países occidentales fueron denunciados por xenofobia, imperialismo, racismo, genocidio y atrocidades de todo tipo, pero lo cierto es que existe una larga historia sobre la aplicación de esos conceptos a España y a los españoles *avant la lettre*, mucho antes del auge de dichas doctrinas. Hace tiempo que Philip Powell citó el informe del American Council on Education, que apareció en 1944, destacando el carácter continuo de los prejuicios antihispánicos en los manuales escolares de Estados Unidos. Powell habla de una «leyenda negra de la ineptitud, crueldad, capacidad para la traición, codicia y fanatismo de los españoles (y en menor grado, de los portugueses)»[6].

Ni mucho menos esto quiere decir que no hayan existido crímenes y atrocidades en la historia del país. Claro que los hubo, como en la historia de cualquier país o imperio, pero para aclarar conceptos y estereotipos tendríamos que hacer una comparación sistemática y objetiva con otros países. Atrocidades hubo por parte de las fuerzas de los Habsburgo en los Países Bajos —que

[5] El excelente estudio breve de J. Pérez, *La leyenda negra,* Madrid, 2009, ofrece una perspectiva semejante. Más simplista es P. Chaunu, «La légende noir antihispanique», *Revue des Psicologie des Peuples,* 19, 1964, págs. 188-233, que mantiene que la leyenda negra es un producto paranoide de la psicología de los españoles.

[6] Ph. Powell, *El árbol del odio,* ob. cit., pág. 176.

en su mayor parte no eran españolas—, como las hubo en las primeras décadas de la conquista de América. En cambio, la lucha por tratar con justicia a los indios adoptó en España, desde mediados de XVI, mayores dimensiones que en cualquier imperio transoceánico. Los primeros ingleses en Virginia declaraban que no querían repetir los crímenes de los españoles, pero, cuando tuvieron lugar las guerras con los indios, encontraron que el único modo de librarlas con eficacia era destruyendo sus aldeas y casi practicando una versión del genocidio —palabra entonces desconocida—. En otros territorios norteamericanos, la mayor parte de los indios sobrevivieron, como en Hispanoamérica, donde la población india era más numerosa. En cualquier caso, la causa principal de mortalidad de los autóctonos, tanto en América del Norte como del Sur, fue el impacto de las epidemias, que eran inevitables en aquella época.

Tal vez el único país europeo que ha soportado una imagen tan negativa como la española ha sido Rusia desde el siglo XVI, pero, sobre todo, desde el XVIII, cuando el imperio zarista irrumpió bruscamente en las relaciones internacionales europeas. El discurso racial y «orientalizante» se les ha aplicado a los dos países: los españoles han sido criticados por ser una mezcla de «judíos y moros» y, posteriormente, por habitar una tierra semioriental y moruna, mientras que Rusia ha sido considerada ejemplo del despotismo asiático y semitártaro[7].

Pero los dos casos son muy diferentes. Rusia forma parte del mundo cultural de la ortodoxia griega, mientras España siempre ha sido católica y componente fundamental de Occidente. Las estructuras sociales, las leyes y las instituciones políticas españolas han sido completamente occidentales, incluso más que algunas de Inglaterra o de Holanda. Sin embargo, es precisamente por su papel en la historia de Occidente por lo que se formularon las denuncias.

---

[7] Como señala un dicho francés: *Grattez un russe, et vous trouvez un tartare* («Araña a un ruso y encuentras un tártaro»). M. E. Roca Barea, *Imperiofobia...,* ob. cit., págs. 94-118, también ha tratado el anti-rusismo.

Parece que la evaluación más positiva de España surgió en el otro extremo de Europa, en el nordeste. La católica Polonia, que en la frontera oriental de la civilización occidental se enfrentaba al imperio ruso y, en ocasiones, al turco, tenía ciertas afinidades con la España católica, situada en la frontera opuesta de la Cristiandad. Los líderes polacos que intervinieron en Rusia durante la «época de los disturbios», al comienzo del siglo XVII, se comparaban con los conquistadores españoles que habían extendido las fronteras del catolicismo y de la civilización europea[8]. Posteriormente, casi en paralelo al declive español, el extenso imperio polaco-lituano de Europa oriental comenzó a decaer, hasta desaparecer del mapa en el siglo XVIII, una decadencia aún más desastrosa que la que había sufrido España en el siglo anterior. A comienzos de la centuria siguiente, el historiador Jan Lelewel trazaría una comparación y un paralelismo histórico entre España y Polonia en los siglos XVI-XVIII[9], e incluso, ya en el siglo XXI, los comentaristas polacos son los menos proclives a entrar en críticas y comentarios sobre los asuntos de España.

MITOS Y ESTEREOTIPOS: DE LA LEYENDA NEGRA A LA IMAGEN ROMÁNTICA DE ESPAÑA

El contenido y los términos de la imagen de España han ido cambiando de perspectiva, de centro de atención y de detalles en función de la época o de la generación histórica[10], y podrían clasificarse de la siguiente manera:

---

[8] J. Tazbir, *Szlachta i konkwistadorzy,* Varsovia, 1969.

[9] J. Lelewel, *Parallèle historique entre l'Espagne et la Pologne aux XVI, XVII, XVIIIe siècles,* París, 1836. Esta tesis ha sido actualizada y revisada por M. Malowist, «Europe de l'Est et les Pays Ibériques: Analogie et Contrastes», en Universidad de Barcelona, *Homenaje a Jaime Vicens Vives,* Barcelona, 1965, I: págs. 85-93.

[10] La mejor guía de los cambios en las imágenes, en las partes o del todo, es probablemente la obra de R. Núñez Florencio, *Sol y sangre. La imagen de España en el mundo,* Madrid, 2001.

1. El clásico tópico de la leyenda negra de los siglos XVI y XVII.

2. La crítica «ilustrada» de la segunda mitad del siglo XVII y del XVIII.

3. El mito de la «España romántica» de la primera mitad del siglo XIX.

4. Los multiformes estereotipos de finales del siglo XIX y del XX, que retomaron aspectos de las versiones anteriores, incorporando en ocasiones elementos de la política o la cultura del momento, que, a su vez, a menudo creaban nuevos mitos y estereotipos.

Lo que todas estas imágenes tienen en común es el cliché, la simplificación, el reduccionismo y el maniqueísmo, con un escaso interés en la diversidad del país, no solo en lo tocante a sus regiones, sino a sus diversos valores.

Al mismo tiempo, hay que reconocer que una parte importante de estos estereotipos la crearon inicialmente los mismos españoles, empezando por fray Bartolomé de las Casas. Sus exageraciones sensacionalistas constituyeron la fuente original más citada por los primeros autores de la leyenda negra. El gran pintor de imágenes igualmente tremendistas fue Goya, uno de los artistas españoles más distinguidos. Muchos de sus grabados y pinturas han sido utilizados para expresar la quintaesencia negativa de los españoles. Posteriormente, como veremos, los españoles pasaron por su propia fase de «autoexotismo» en el siglo XIX, y en la última parte del siglo XX y en los años que llevamos del XXI, las declaraciones más absurdas y exageradas sobre la cultura y la historia del país las han hecho los propios españoles.

La leyenda negra clásica fue obra, sobre todo, de los ingleses durante el periodo de enfrentamiento de los dos países en la segunda mitad del siglo XVI, y la imagen negativa y estereotipada se mantuvo durante generaciones posteriores. En Francia, que tenía más contacto con España, el asunto era más complicado, quizá porque los dos países eran católicos. A pesar de las guerras constantes, en el siglo XVI se podían encontrar muestras de admiración por el estilo castellano, un claro interés en la literatura española, un gran respeto por el idioma y cierto asombro por las proezas militares. En general, una actitud bastante positiva que más tarde cambiaría.

Con la decadencia de la segunda mitad del siglo XVII, España dejó de ser una potencia temible, por lo que la leyenda negra comenzó a perder algunos de sus estereotipos más destacados. El miedo y la denuncia pasaron a ser simple desprecio hacia los habitantes de un país que se mostraban orgullosos pero ignorantes, indolentes e improductivos, dominados por una vacua vanidad y por la incultura. Los españoles ya no debían ser odiados ni temidos, sino compadecidos y despreciados. Esta actitud fue la dominante durante la Ilustración, tanto en Francia como en Inglaterra, con algunas diferencias. El nuevo paradigma cultural de Occidente, sobre todo en Francia, comenzaba a funcionar como una cultura «de adversario» respecto a la cultura tradicional. Fue el principio de un proceso cultural que sustituyó la tradicional «alteridad» de Occidente, que incorporaba cultura y ley grecorromana, religión judía y varios aspectos de los mundos islámico y asiático, por una nueva alteridad a favor de la secularización, el materialismo y el humanismo acristiano. Respecto a España, comenzaron a ponerse en valor la historia y la cultura musulmanas de al-Ándalus, dibujando el país como un lugar extraeuropeo y semioriental. En contra de esa tendencia, y en su propia defensa, numerosos estudiosos españoles ofrecieron una revalorización de la cultura musulmana andalusí, que, adecuadamente adaptada a la cultura europea, habría sido una contribución especial directa y positiva de la cultura española a la cultura occidental en general. Este argumento se plasmó claramente en la primera mitad del siglo XIX.

Una actitud muy distinta de la francesa e inglesa se encontraría en la *Aufklärung* («Ilustración») alemana, que pronto pasó del racionalismo a las primeras formas del Romanticismo. Algunos de los principales pensadores alemanes ofrecieron una evaluación diferente de la cultura de la Edad de Oro, ensalzando sobre todo a los grandes escritores españoles y destacando valores culturales y espirituales positivos. Asimismo, el escritor francés Pierre-Augustin de Beaumarchais, tras vivir varios años en Madrid, introdujo temas españoles, desde una perspectiva relativamente positiva, en sus obras teatrales *El barbero de Sevilla, Las bodas de Fígaro* y *La madre culpable,* escritas entre 1775 y 1792. En ellas presentaba figuras españolas en forma cómica pero bastante lúcida, campechana y amable. Esto, junto a las interpretaciones alemanas, permitió dar los primeros pasos hacia la imagen de la «España romántica».

El cambio de paradigma en la imagen del país brotó de la Guerra de la Independencia (1808-1814), en la que la resistencia española causó asombro en toda Europa. En los veinte años de guerras revolucionarias y napoleónicas no hubo nada parecido. Por vez primera, la mentalidad colectiva internacional experimentaba una inversión parcial en la valorización de las cualidades morales y espirituales de los españoles. El nuevo paradigma se centraba en diversos estereotipos en los que se apreciaba un reflejo positivo de una singular cultura premoderna y preindustrial, dotada de unos rasgos que, aunque no mejores o más deseables que los de los países más modernos, sí eran dignos de consideración. Cuando los españoles recurrían a la violencia, ya no eran monstruos sádicos, sino héroes que combatían con un coraje y una temeridad inusuales, dispuestos a sacrificarse para conservar su independencia y su forma de vida. En lugar de ser fanáticos religiosos, contemplaban la vida y la cultura desde un punto de vista espiritual que ponía en tela de juicio el tosco materialismo del mundo moderno. En lugar de ser individuos perezosos e inútiles, los españoles exhibían unos valores humanos y sociales que se negaban a sacrificar en el altar de la industrialización y el lucro. Lo que en su día se había llamado ignorancia, ahora se consideraba sentido del honor, una cualidad que estaba a punto de desaparecer de la sociedad mercantil de otras latitudes. En lugar de estar cerrados a la ciencia y la ilustración, los españoles compartían una cultura popular que privilegiaba el canto y la danza, expresando una vitalidad artística que la sociedad burguesa allende los Pirineos había perdido. En la ordinariez y el igualitarismo de las clases bajas ya no se veía la zafiedad grotesca de España, sino la pervivencia de una autenticidad y una personalidad que ya no se encontraban en la monotonía de Londres y París.

Este cambio de paradigma pasó al mundo de la cultura europea durante el segundo cuarto del siglo XIX. Fue una época de prosperidad y de celebración de la modernización en muchas zonas de Europa, donde el interés por viajar y por encontrar temas nuevos era cada vez mayor. Durante estos años se publicaron libros notables en inglés, como *The Bible in Spain* (1843), del misionero protestante británico George Borrow; el famoso *Handbook* sobre España (1845), del viajero Richard Ford, y el *Legends of the Alhambra* (*Cuentos de la Alhambra)*, del diplomático estadounidense Washington Irving, obra que sigue publicándose en el siglo XXI. Todos son libros famosos —Manuel Azaña fue traductor de Borrow— de la época romántica y todos hablan de los españoles en términos extraordinarios. Borrow y Ford subrayaban aspectos extravagantes y a veces hacían observaciones perspicaces. Por ejemplo, Ford ofrecía dos dimensiones diferentes: lo pintoresco, por un lado, y su propia versión de la leyenda negra, por otro, mientras Washington Irving era puro romanticismo y ficción[11].

Pero, sobre todo, fue Francia, con sus numerosos viajeros, quien se situó en el centro del nuevo culto de la España romántica. Se puede decir que el segundo cuarto del siglo XIX fue la «hora española» de Francia. Durante la primera mitad de la centuria, entre traducciones, libros de viajes, ensayos y obras de ficción, se publicaron en el país galo nada menos que ochocientas obras sobre España. Como señala Núñez Florencio, «la influen-

---

[11] Sobre la «recepción» de temas españoles en Gran Bretaña, véanse D. Howarth, *The Invention of Spain: Cultural Relations between Britain and Spain 1770-1870,* Manchester, 2007, y M. Moreno Alonso, *Las «cosas de España» en Inglaterra: un país ante la mirada de otro,* Sevilla, 2007, y también B. Cantizano Márquez, *Estudio del tópico de Carmen en los viajeros británicos del siglo XIX,* Granada, 1999.

cia española en Francia alcanza a la vida diaria y se manifiesta en primer lugar en el prestigio del viaje a la Península, al que pocos de los grandes autores de la época se sustraen». Y añade que no se trata solo de libros de viajes, aunque estos existían, sino que «es mucho más que eso. Se produce, por ejemplo, una invasión sin precedentes de términos españoles. Se pone de moda en determinadas élites la indumentaria tradicional hispana. Se valoran más que nunca el vino y el tabaco españoles»[12].

No es solo que la pasión por España fuera mayor en Francia, donde se popularizó la música y el baile españoles, o que los franceses escribieran mucho sobre su vecino del sur, sino que lo hacían de un modo más vívido, a veces acertando y a veces distorsionando la realidad, siempre provocando un impacto casi visual que influyó sobremanera en la cultura europea. El marqués Astolphe de Custine, una década antes de su famoso viaje a Rusia, visitó España y publicó una obra mucho mayor que la que posteriormente escribiría sobre aquel país. La tituló *L'Espagne sous Ferdinand VII* (cuatro tomos), y en ella destacaba la gran diferencia entre Italia y España, porque, en cuanto al «aspecto de la tierra, del cielo, [...] el carácter de los hombres y hasta el aire que se respira, todo es áspero en España [...]. España es el país de la fuerza, [pero también] la dignidad está aquí en el aire que se respira»[13].

El vizconde de Chateaubriand, cuya obra supuso el cénit del Romanticismo católico, alentó la intervención militar de 1823 para restaurar la monarquía católica tradicional, profetizando «la resurrección de España en el mundo gracias a sus reservas morales y a sus tradiciones inalterables». Sin embargo, su actitud también era «compatible con un profundo desprecio político ha-

---

[12] R. Núñez Florencio, ob. cit., pág. 130. Entre los estudios sobre la visión romántica de España de los franceses en esta época, véanse E. Fernández Herr, *Les origines de l'Espagne romantique: Les récits de voyage, 1755-1823,* París, 1973; L.-F. Hoffman, *Romantique Espagne: L'Image de l'Espagne en France entre 1800 et 1850,* París, 1961, y E. Echevarría Pereda, *La imagen de España en Francia: viajeros franceses decimonónicos,* Málaga, 1994.

[13] La traducción es de R. Núñez Florencio, ob. cit., pág. 138.

cia el país que tanto le inspira artísticamente», e insistió en que la intervención militar había sido beneficiosa para los españoles. Sin embargo, poco después, «traza un cuadro apocalíptico» de la situación:

> La anarquía constituida, la insurrección en los campos reconocida como derecho, el heredero del trono puesto en acusación, las cárceles forzadas, los presos degollados, las propiedades invadidas, los sacerdotes degollados o ahogados, los ciudadanos desterrados, los clubes predicando la matanza y el terror, las sociedades secretas removiendo y corrompiendo todo, las colonias perdidas, la marina destruida, la deuda nacional aumentada de una manera espantosa; he aquí la España bajo el reinado de las Cortes.
>
> Los españoles son los árabes cristianos; tienen algo de salvaje, de imprevisto. [...] En España, sea que se ame, sea que se aborrezca, el matar es cosa natural[14].

Para Charles Didier, autor de *Une année en Espagne,* fruto de un viaje en 1834-1835, durante la primera guerra carlista, la clave está en la espontaneidad y en las contradicciones de un país roto por la guerra civil: «Un pueblo de tan acendrado monarquismo no ha tenido inconveniente en que se siente en el trono una extranjera; el pueblo católico por excelencia persigue a sus curas y monjes con saña», parafrasea Núñez Florencio. Y continúa diciendo que España es «un problema vivo al que Europa busca solución, sin que la encuentre»[15]. Varios historiadores han señalado que el mito romántico es más positivo que la leyenda negra, pero esto no es exactamente así. Simplemente, es diferente, pero no deja de ser un cuadro de estereotipos sustituyendo a otro.

Los escritores románticos franceses estaban encantados con las mujeres españolas, a las que apenas conocían, pero a las que imaginaban muy diferentes de las francesas. Las espa-

---

[14] Ibíd., págs. 135-137.

[15] Ibíd., pág. 140.

ñolas eran apasionadas, sensuales, espontáneas y provistas de una gracia natural. Podían ser incluso violentas. Su aspecto físico era muy atractivo: la española ideal debía tener los ojos y el pelo negros, la piel muy blanca (por contraste) y los pies pequeños.

Toda esta literatura se centraba en lo que se suponía que era la cultura de Andalucía, la región romántica por excelencia. De su sociedad se destacaban ciertos tipos exóticos, como bandoleros, toreros, bailadoras y gitanos[16]. El punto álgido llegaría con *Carmen* (1845), de Prosper Mérimée[17], más tarde convertida en ópera por Georges Bizet —probablemente la más representada en el mundo—, que llegaría a ser el símbolo perenne de España. Por supuesto, Carmen, que es gitana, no era una española típica y difícilmente habría respondido al estereotipo de mujer de «piel muy blanca», pero cumplía con los demás requisitos que imponía el culto romántico: apasionada, sensual, vehemente, espontánea..., y llevaba un puñal en la liga. Que todo esto tuviera poco o nada que ver con la inmensa mayoría de las españolas era irrelevante. Para los románticos franceses, la «mujer española» era así. El hecho de que fuera gitana no era casual, ya que los escritores románticos insistían en el carácter exótico del país, un rasgo que no había sido tan importante en la leyenda negra original.

La imagen de España como un país diferente y marginal, de características y matices orientalizados y «morunos», fue sobre todo el resultado de la época de modernización acelerada que se estaba produciendo en el noroeste de Europa en los siglos XVIII y XIX, una imagen que sería ensalzada hasta el extremo por los románticos.

---

16 M. Bernal Rodríguez, *La Andalucía de los libros de viajes del siglo XIX,* Sevilla, 1985, y A. González Troyano, *La desventura de Carmen: una divagación sobre Andalucía,* Madrid, 1991.

17 L. F. Fernández, *La España de Mérimée,* Málaga, 1990.

La cultura popular en el centro del Romanticismo nacional

Naturalmente, los intelectuales y los escritores españoles contestaron a esta idealización, pero muchas veces de forma un tanto ambigua. Como dijimos, la apropiación romantizada de al-Ándalus había comenzado en España en el siglo XV, cuando todavía quedaba un reino, Granada, por conquistar. Posteriormente se convirtió en un tema más o menos importante en el teatro patriótico español del siglo XVIII, sobre todo en lo referente a la cuestión del «amor prohibido» entre dos amantes de religión y cultura diferentes. Este aspecto del culto romántico fue en parte un invento español que coincidió con la aparición de un nuevo interés de algunos intelectuales por la historia y la cultura de al-Ándalus. Por ello, en esta época era bastante frecuente toparse con la idea de que la alta cultura intelectual y científica andalusí de los siglos X-XII formaba parte de la cultura española, puesto que fue obra de los descendientes de los hispanos originales convertidos al islam.

Durante esta época, el nacionalismo llegó a tener bastante importancia política, sobre todo durante la segunda restauración del liberalismo y la primera guerra carlista. Mientras los carlistas defendían la cultura tradicional, los liberales ponían el énfasis en una cultura más moderna pero popular. La década de 1830 no fue solo un tiempo de guerra civil, sino también de eclosión cultural y literaria del Romanticismo español.

La nueva literatura liberal y romántica se inspiró, por tanto, en la cultura española no clásica; es decir, la más popular, haciendo hincapié en la tendencia que había surgido en el último tercio del siglo anterior. Mientras los políticos y literatos relacionados con el Partido Moderado hablaban de tutelar al pueblo y modernizarlo, los escritores del Partido Progresista abrazaban la cultura popular y la incorporaban a su propio proyecto nacionalista[18].

---

[18] El imaginario progresista de esta época está analizado en J. Torrecilla, *España al revés. Los mitos del pensamiento progresista (1790-1840),* Madrid, 2016.

En el proceso asumieron algunos de los estereotipos del Romanticismo francés, pero los emplearon en un sentido diferente, esto es, como la expresión de una cultura y una sociedad que tenía sus formas e ideales, casi siempre nobles y positivos, que se plasmaban en su modo de vida, en su música, en sus diversiones, en su pasión, en su espíritu festivo y en su imaginación. En la década de 1840 España era considerada la inventora natural y la fuente original del verdadero Romanticismo, un don que la cultura española ofrecía a Europa. Si el Romanticismo era la forma cultural de la modernidad, España era del todo moderna y podía ser la maestra de Europa. De ese modo se superaban los términos de desprecio que con tanta frecuencia se encontraban en los textos extranjeros, al tiempo que la cultura española, original y de alta calidad, se ofrecía al mundo.

La literatura romántica española también utilizó el tema de al-Ándalus, pero subrayaba la identidad católica del país, pues esa era la religión que había permitido la libertad y el progreso. Sobre todo, discrepaba con el Romanticismo francés en su ideal de la mujer española, que no tenía nada que ver con Carmen, sino que, más bien, era todo lo contrario. La mujer española de esta literatura progresista y nacionalista no difería en nada del ideal católico tradicional. Era una esposa fiel y una madre abnegada, un dechado de virtudes que, como madre, estaba encargada de educar el futuro de la nación.

En esta cultura, que se presentaba como autóctona y natural, la música era tanto o más importante que la literatura, y ese interés se plasmó en una forma del «canto español» que no era folclórica, sino de nueva inspiración. Los modernos cantos y bailes españoles se pusieron de moda tanto en París como en Madrid, y el nuevo estilo de flamenco que había surgido en el último tercio del siglo anterior en varias ciudades andaluzas comenzó a recibir gran atención, expandiéndose a otras regiones. De hecho, llegó a ser la «música española típica», compuesta e interpretada habitualmente por gitanos. Estos habían permanecido marginados durante siglos, pero ahora se les incorporaba parcialmente como representantes de una especie de «cultura popular».

En el campo del teatro musical, la década de 1830 supuso el apogeo de la ópera italiana, sobre todo entre las clases altas. Las clases medias preferían otro tipo de entretenimiento y los compositores españoles optaron por crear una forma más popular, el «género chico», que es como se llamó a la zarzuela. Su temática era siempre romántica o cómica; lo trágico no tenía lugar, como tampoco lo tenía —o no mucho— en el teatro español clásico.

Pasó lo mismo con las corridas de toros. En el siglo XIX apareció la primera versión de la corrida moderna, con el torero a pie y el traje de luces al estilo dieciochesco. El Partido Moderado pretendía aplicar ciertas reformas, pero los progresistas y la gente común estaban a favor. Las corridas alcanzaron su plena madurez durante el segundo cuarto del siglo XIX, ya con la forma que ha llegado hasta nuestros días. Para los escritores románticos, no se trataba de un ritual de violencia, sino de un arte noble que revelaba el gran valor tanto del toro como del torero[19]. Por el contrario, los deportes puramente modernos, con competiciones en equipo, no llegaron a España hasta el siglo XX, si bien ya a mediados del XVIII se habían construido las primeras estructuras para la práctica del deporte o la celebración de espectáculos públicos.

La evolución de estas formas de cultura popular —que, en realidad, no eran tradicionales, sino modernas— dio lugar a lo que Xavier Andreu Miralles llama el «descubrimiento de España». Se creó un nuevo casticismo, típicamente español, mediante un proceso que Miralles define como «de autoexotismo», con la aparición y el desarrollo de una cultura popular, festiva y vitalista[20].

Es importante entender que la nueva cultura romántica de signo nacionalista no era nada pesimista y no contemplaba replegarse en formas plebeyas, sino que creía que el país tenía la

[19] Para la plasmación y desarrollo de la corrida moderna, véase A. Shubert, *A las cinco de la tarde: una historia social del toreo,* Madrid, 2002.

[20] X. A. Miralles, *El descubrimiento de España. Mito romántico e identidad nacional,* Barcelona, 2016.

capacidad de desarrollarse y modernizarse con éxito. Se promocionó un exotismo propio alejado de las modas europeas y se hizo de Andalucía el símbolo de la cultura popular, a la vez que se rechazaba cualquier concepto que definiera a España como un país extraeuropeo o semioriental. Hasta tal punto fue así que en 1859 la sociedad española abrazó con entusiasmo el proyecto de una guerra en África que elevara la política exterior del país al nivel expansionista de los modernos estados europeos.

El hispanismo: menos mitos

Así pues, España pasó por una transformación parcial durante las décadas centrales del siglo XIX. En las ciudades principales, el aspecto externo de la vida y la sociedad cambió notablemente y, hasta cierto punto, se modernizó. Los franceses, sobre todo, continuaron viajando a España, pero esta moda romántica comenzó a diluirse a mediados del siglo. Por ejemplo, Mérimée mostró su disgusto con esta nueva sociedad más modernizada que ya no suscitaba las emociones de antaño. Después de su última visita a España, escribió: «[el país] está degenerando».

En otros países occidentales se pusieron en marcha estudios serios, sistemáticos y académicos de la historia y la cultura españolas que, a diferencia de los estudios sobre otras tierras europeas, dieron paso al hispanismo. Fueron muy importantes los desarrollados por franceses e ingleses, pero también por estadounidenses. La ayuda recibida de España durante la guerra de independencia de las colonias en el siglo XVIII marcó el inicio de un idilio entre ambos países que solo empezó a diluirse en las últimas décadas del siglo XIX, con la Guerra de Cuba, territorio en el que Estados Unidos tenía cada vez más intereses económicos.

Durante años, la «prensa amarilla» norteamericana abundó en los tópicos más negativos de la leyenda negra, dando a conocer tremendas versiones de atrocidades españolas y sin apenas mencionar las numerosas masacres de los insurrectos[21]. Las caricaturas en los periódicos retrataban a España como un viejo torero en su traje de luces, de pelo gris, totalmente desfasado y abandonado por la historia[22]. Aun así, los norteamericanos no suelen mantener el rencor después de una guerra, por lo que las actitudes hacia España pronto se normalizaron, pese a que las relaciones entre los dos países no llegarían a ser estrechas hasta la época de la Guerra Fría.

En España, la perspectiva negativa del país se impuso tras el fracaso del Sexenio Democrático. Durante la Restauración de 1874-1875, los líderes políticos adoptaron la actitud de los antiguos moderados, criticando el «estilo andaluz» y sus bullangas populares a favor de una cultura más sofisticada, disciplinada y «europea». Sus logros fueron bastante limitados, aunque en la década de 1880 comenzaron a escucharse voces de reforma que se repetirían hasta el «Desastre» de 1898, que fue cuando sobrevino la mayor avalancha de análisis críticos en la historia del país.

Hasta entonces, los liberales habían reconocido que muchas de las críticas de los extranjeros eran acertadas, aunque no en el grado que afirmaban, pero confiaban en que las reformas permitirían una mejora considerable y en poco tiempo. La extensión y la dureza de las denuncias de los noventayochistas indicaban que, por vez primera, una gran parte de la leyenda negra había sido asumida por los intelectuales y artistas españoles, como puede apreciarse en los retratos de la «España negra» de pintores como Ignacio Zuloaga, José Gutiérrez Solana y Darío de Regoyos. Paradójicamente, mientras este discurso calaba en la sociedad de comienzos del siglo XX, los cambios se aceleraban y el país se transformaba a mayor velocidad.

---

[21] Véase R. Schwartz, *Lawless Liberators. Political Banditry and Cuban Independence,* Durham, North Carolina, 1989.

[22] Sobre un aspecto importante de la leyenda negra en Estados Unidos, véase M. de Guzmán, *Spain's Long Shadow: The Black Legend, off-Whiteness and Anglo-American Empire,* Minneapolis, 2005.

La Guerra Civil: el renacer de mitos antiguos

La actitud negativa respecto de la Historia de España no fue solo característica de las izquierdas decimonónicas —de los antiguos progresistas y demócratas—, sino que constituyó un aspecto importante de las doctrinas de las nuevas izquierdas de los siglos XX y XXI, mucho más ideologizadas. Durante la primera parte del siglo XX, el nacionalismo decimonónico sufrió un declive irreparable; mientras los nacionalismos periféricos se fortalecían, el intento del primorriverismo de revitalizar el nacionalismo español resultó del todo contraproducente.

Las izquierdas de la Segunda República fueron resueltamente «antiespañolistas», como ya señaló Manuel Azaña. Asumieron la leyenda negra y rechazaron casi toda la historia y las instituciones tradicionales. Incluso las izquierdas burguesas adoptaron una posición «adanista» respecto a España, radicalizándose cada vez más y llegando, entre febrero y julio de 1936, a dar la razón a los revolucionarios y, en efecto, entregarles el poder armado. Un problema fundamental —tanto antes como después— fue que entre ellos existían demasiados proyectos diferentes, incoherentes y contrapuestos.

Desde el primer momento, por el contrario, los sublevados proclamaron el «¡Viva España!» y enarbolaron la bandera del nacionalismo español. Los dos bandos pidieron ayuda a otras potencias, y unos y otros insistían en que representaban lo más genuinamente español. En el lado republicano, fue el oportunismo de la Internacional Comunista lo que instó a los comunistas a ser los primeros en reclamar la bandera del nacionalismo español —en realidad, los dos bandos se pasaron la guerra insistiendo en que eran víctimas de una invasión extranjera—, pero fueron los nacionales los que consiguieron imponer su mensaje[23].

Con la Guerra Civil renació la expresión de la leyenda negra, aplicada ahora principalmente a Franco y a los nacionales. La

---

[23] X. M. Núñez Seixas, *¡Fuera el invasor! Nacionalismos y movilización bélica durante la guerra civil española (1936-1939),* Madrid, 2006.

propaganda republicana creó un demonio, autor de asesinatos en masa, la quintaesencia del mal, utilizando todo el nuevo aparato político de argumentos antifascistas. Asimismo, la propaganda franquista invocó los tópicos tradicionales de la ultraderecha usando los argumentos contrarrevolucionarios de la época.

Parecía que con la victoria de Franco renacía un nacionalismo de corte tradicionalista, al menos en parte, aunque había un sector del franquismo proclive a un moderno pseudofascismo que se combinaba de forma inestable con el tradicionalismo. El franquismo no fue solo heredero de la tradición, sino también de la cultura moderna. En lugar de un fascismo puro, incorporó aspectos clave del nacionalismo decimonónico con tintes del mito romántico. La primera película comercial realizada por los nacionales —utilizando los medios de producción de Berlín— no trató de figuras históricas, como Isabel la Católica o san Ignacio de Loyola, sino de *Carmen, la de Triana* (1938), poniendo al día el paradigma de la gitana decimonónica —ajustándola a los términos de la guerra— y demostrando hasta qué punto el Romanticismo del siglo XIX había sido asimilado por el nacionalismo derechista.

Bajo Franco, el país se acostumbró a tener una imagen negativa en el extranjero. E incluso cuando la Guerra Fría invirtió algunos de los términos fundamentales de las relaciones internacionales —rehabilitando parcialmente el régimen franquista—, la nueva situación se justificó por puro pragmatismo, no por una transformación de la imagen básica del franquismo o de la misma Historia de España.

Esto quedó reflejado en algunos comentarios y análisis brillantes sobre el país, y el mejor de ellos durante años fue, sin duda, *El laberinto español,* de Gerald Brenan (1944). La imagen de España que describía estaba llena de tópicos que el propio Brenan se encargó de desmontar años después.

Esta imagen era tan poderosa cuando yo visité España por primera vez (en octubre de 1958) que opté por dedicar los dos primeros meses a observar a los españoles a fin de determinar si de verdad eran tan «apasionados», «violentos» y «fanáticos».

Después de ese tiempo de examen, llegué a la conclusión de que, con sus peculiaridades —como cualquier otro pueblo—, los españoles eran fundamentalmente gente normal.

Pero España mantuvo la imagen de «país excepcional» mientras duró la dictadura de Franco. El éxito de la Transición, junto a la llegada de millones de turistas, hizo que esa imagen cambiara hasta casi desaparecer. Aún quedan algunos estereotipos; por ejemplo, el concepto de Inquisición española, especialmente en inglés, sigue siendo un símbolo de represión y torturas despiadadas, incluso después de haber pasado por el siglo de Auschwitz y del Gulag, con los que no hay comparación posible. La nueva historiografía acerca de la Inquisición no ha tenido el menor efecto en el imaginario popular. Hay mitos que son perdurables.

Algunos estereotipos superficiales también se mantienen. En el mundo del teatro y del cine en los países de habla inglesa, es muy popular el tópico de Enrique VIII y sus seis esposas, y siempre se presenta a Catalina de Aragón como una mujer morena, de aspecto árabe. La verdad es que doña Catalina era pelirroja, de tez muy clara, mientras que, por el contrario, la morena era su rival, Ana Bolena, que tenía los ojos y el pelo negros. O sea, que la española parecía la «norteña», y la inglesa la «mediterránea». (De todas formas, la novela inglesa más reciente sobre doña Catalina se titula acertadamente *The True Queen,* es decir, *La reina verdadera*. A veces hay justicia en el mundo)[24].

En el siglo XXI, la leyenda negra de España, en Europa y América, se reduce a algunos tópicos que carecen de fuerza e importancia. En cambio, sigue muy viva entre las izquierdas españolas. Podríamos decir que «no hay nada nuevo bajo el sol», sino variaciones y versiones nuevas de mitos y leyendas viejos.

---

[24] Cabe señalar que, entre los ingleses, doña Catalina siempre gozó de cierta popularidad. La gente común reconoció su fidelidad y la justicia de su causa, y se la consideraba «la reina verdadera». No es ningún invento de novela. Ana Bolena, por el contrario, nunca tuvo el favor del público.

1
Hechos fundacionales de España en los orígenes de Occidente

Muchas veces España ha sido considerada un lugar periférico de Europa y de la historia europea, lo que, sin duda, es una obviedad respecto a su locación geográfica, pero no lo es en cuanto a aspectos importantes de su historia, que formalmente comenzó con la conquista romana. Algunos sostienen que esta historia empieza con los habitantes autóctonos prerromanos, lo que, en cuanto a los restos arqueológicos o a su base genética, es igualmente cierto. Algunos otros han insistido en que también transmitieron cualidades y características psicológicas, culturales y sociales que se han mantenido: una especie de «esencialismo» ibérico, de particularismo, de lealtad tribal e insolidaridad con los vecinos. El problema de esta interpretación es que dichas características son similares a las de otros muchos grupos sociales en un momento determinado de la historia, y no son exclusivos ni identificativos de los españoles, ni continuos a lo largo del tiempo. La historia de la Península es una historia de cambios y de transformaciones, como es habitual en el pasado humano.

Antes de Roma

Antes de adentrarnos en la descripción de los hitos primigenios que han definido la Historia de España, bastarán unas cuantas líneas para recordar qué pasaba en los territorios peninsulares antes de la llegada de los romanos. La presencia de habitantes ancestrales está constatada por el hallazgo de restos antropológicos y arqueológicos que se remontan a más de un millón de años, en el Paleolítico inferior, con el descubrimiento del hombre de Orce (Granada). Sin duda, la mayor cantidad de información de este periodo la han proporcionado los hallazgos del yacimiento de Atapuerca (Burgos). En el Paleolítico superior están datadas las cuevas de Altamira (Santillana del Mar, Cantabria), una de las manifestaciones más sobresalientes del arte rupestre del mundo. Aunque hay constancia de la existencia de núcleos de población durante la Edad del Cobre (dólmenes, taulas) y la Edad del Bronce en algunas localizaciones meridionales de la Península (culturas de los Millares y del Argar, ambas en Almería), fue a partir de la Edad del Hierro cuando se establecieron pueblos originarios de distintos lugares, especialmente del Mediterráneo, que dejaron su impronta en el territorio peninsular. En el extremo sudoccidental se asentaron los tartesios (1200 a. C.), cuya procedencia es aún imprecisa. A ellos les siguieron grupos de origen indoeuropeo, entre otros, cronológicamente, los griegos, que se asentaron en la costa mediterránea con la fundación de colonias como Rodas o Ampurias; los fenicios, en el sur, donde fundaron la ciudad de Gadir (Cádiz); los iberos, establecidos originariamente en la costa suroriental, y los celtas (posteriormente denominados celtíberos), que, procedentes del centro de Europa, se asentaron en el norte peninsular y alcanzaron la meseta castellana. A ellos se debió la fundación de la mítica ciudad de Numancia.

En el siglo III a. C., los cartaginenses llegaron a la Península procedentes de Cartago, ciudad del norte de África, tras ser derrotados por Roma en la primera guerra púnica (237 a. C.). Dirigidos por Amílcar Barca, y después por Asdrúbal y Aníbal, ocuparon el valle del Guadalquivir y el litoral levantino, donde fundaron Carthago Nova (Cartagena). Poco después comenzaron los enfrentamientos con el Imperio romano —que también tenía intereses económicos y estratégicos en la Península— y con los pobladores autóctonos. En 226 a. C., romanos y cartagineses firmaron el Tratado del Ebro, que establecía las zonas de influencia de ambos, pero cuando Aníbal tomó el mando (221 a. C.) tras las muertes de Amílcar Barca y Asdrúbal, comenzó el asedio y la conquista de Sagunto, ciudad que estaba bajo protección romana. Se iniciaba así la segunda guerra púnica. El objetivo de Aníbal era llegar a la península Itálica y se dirigió con sus tropas hacia el norte, mientras Roma enviaba un ejército que desembarcó en Ampurias (218 a. C.) y estableció en los alrededores su base de operaciones —lo que actualmente es Tarragona—. Desde allí reconquistaron Sagunto, descendieron hacia el valle del Guadalquivir, tomaron la capital cartaginesa (209 a. C.) y fundaron Itálica, muy próxima a la actual Sevilla. Poco después se dio por finalizada la guerra y los cartagineses fueron expulsados de la Península.

La herencia romana

En España, los testimonios históricos pasan de una fase de fuentes esencialmente antropológicas a la historia propiamente dicha con la conquista romana. Un mito muy extendido es que Hispania —nombre romano que recibieron los territorios peninsulares— se encontraba en la periferia del Imperio. Desde el punto de vista geográfico es innegable, pero la pertenencia a la estructura imperial proporcionó a la Península las primeras fuentes escritas, el latín, las leyes, la administración territorial, la estructura social, la base cultural, una economía más desarrollada y, posteriormente, la religión, que ha sido la base de la civilización occidental. Su integración fue tan grande que llegó a constituir una de las partes principales del núcleo de poder de Roma, y probablemente fue la región más «romanizada» de todo el Imperio después de la propia península italiana.

En el año 197 a. C., Hispania estaba dividida en dos provincias, Citerior, al norte, y Ulterior, al sur, y cada una de ellas era gobernada por un pretor. Los primeros años no fueron fáciles para Roma, que sofocó duramente los sucesivos levantamientos de los pobladores celtíberos y lusitanos. El hecho más significativo de estas guerras celtíberas fue el asedio y la caída de Numancia (133 a. C.). En el siglo I a. C., Hispania se convirtió en escenario de las guerras civiles que tuvieron lugar en Roma, primero entre Mario y Sila, y después entre Pompeyo y Julio César. La derrota de Sertorio, pretor de la Hispania Citerior y partidario de Mario contra el dictador Sila, propició el nombramiento de Pompeyo como su sucesor, con lo que Hispania quedó definitivamente incorporada a la órbita romana. Convertido en triunviro de Roma, las provincias hispánicas quedaron bajo el mandato de Pompeyo, que nombró nuevos pretores. Pero Julio César, pretor de la Ulterior hasta entonces y hombre de gran prestigio militar tras su lucha contra los lusitanos, se negó a ser sustituido. El enfrentamiento entre seguidores de uno y otro en distintos lugares del Imperio finalizó en territorio peninsular cuando César tomó la decisión de hacer suya esta importante provincia. Una primera derrota de los pompeyanos tuvo lugar en la batalla de Ilerda (49 a. C.) —cerca de la actual Lérida—, y la definitiva, cuando César ya había regresado a Roma y había sido nombrado dictador, en Munda (45 a. C.).

César murió asesinado en el año 44 a. C. a manos de un grupo de republicanos encabezados por Bruto y Casio. Le sucedió un triunvirato compuesto por Marco Antonio, Octavio y Lépido. Primero este último y después Octavio —el futuro emperador Augusto— fueron los gobernadores de Hispania. Entre los años 29 y 19 a. C., el propio emperador se puso al frente del ejército y acudió a la Península para conquistar las tierras del norte peninsular, que hasta entonces habían mantenido la independencia del Imperio. Sometidos los cántabros y los astures, Hispania quedó pacificada y se implantó una nueva división administrativa: la Hispania Ulterior se dividió en las provincias de Bética y Lusitania, mientras que la Hispania Citerior pasó a denominarse Tarraconense, quedando integrados en ella los territorios del noroeste. Las guerras cántabro-astures pusieron fin a la conquista romana de la Península. Hubo nuevas rebeliones, primero en la Bética y luego en la Tarraconense, en el siglo I d. C., pero no fueron más que extensiones de los conflictos que se vivían en la capital del Imperio.

Ya desde el primer siglo de la era cristiana, la élite de Hispania jugó un papel importante en la vida política y cultural de Roma. Trajano, el primer emperador no nacido en la península italiana (98-117), era originario de Hispania, como también lo fue su sucesor, Adriano (117-138). Senadores, escritores, pensadores y ciudadanos ilustres compartieron el mismo lugar de nacimiento, como Séneca o Quintiliano. También fue en esta centuria cuando el emperador Vespasiano concedió el derecho de ciudadanía latina —*ius latti*— a las provincias de la Península (año 74).

A finales del siglo III d. C., el emperador Diocleciano reorganizó los territorios del Imperio y en Hispania se crearon dos nuevas provincias: Gallaecia y Carthaginense. Previamente se había producido la primera penetración de pueblos bárbaros en los territorios peninsulares, con la destrucción de algunas ciudades romanas muy importantes, como Tarraco. Diocleciano también instauró el gobierno de una tetrarquía de la que formaban parte él mismo, Maximiano, Galerio y Constancio Cloro, a cuyo cargo quedó Hispania. Esta decisión dio inicio a un periodo de luchas internas y a sucesivas divisiones y uniones de los territorios imperiales durante los primeros años del siglo IV, hasta que en el año 326 Constantino se hizo con la totalidad del poder y fue nombrado emperador. Trasladó la capital del Imperio a Bizancio, rebautizándola con el nombre de Constantinopla, y allí residió hasta su muerte en 337. Este hecho marcó un punto de inflexión en el devenir del Imperio romano y también de Hispania, que, como en siglos anteriores, fue escenario de las luchas por el trono. Finalmente, en el año 395, tras la muerte del emperador Teodosio, se produjo la definitiva división del Imperio romano entre sus hijos, Arcadio, que recibió los territorios orientales, y Honorio, que recibió el gobierno de Occidente, donde estaba integrada Hispania.

Un hecho fundacional de vital importancia para España fue la llegada del cristianismo a través del Imperio romano. Dejando al margen controversias como la posible visita de san Pablo o la sepultura de Santiago, penetró en la Península durante el siglo I d. C., se extendió de forma similar a como lo hizo en otras partes del Imperio y se convirtió en un aspecto fundamental de la vida de sus pobladores. Las persecuciones de cristianos fueron habituales hasta 303, año en el que Diocleciano dictó el cese de las mismas, y finalmente, en 313, el emperador Constantino promulgó el Edicto de Milán, que establecía la libertad de cultos en todos los territorios del Imperio. En el año 325, el obispo Osio de Córdoba, la figura religiosa más importante de aquellos años en Hispania, fue designado por el emperador Constantino para presidir el Concilio de Nicea, el primero y probablemente más trascendental de todos los grandes concilios de la Cristiandad, que definió el Credo de Nicea como la codificación teológica más importante de la historia del cristianismo. Dámaso, uno de los papas de esa época, también fue hispano, mientras una élite cultural desempeñaba un papel significativo en la nueva cultura cristiana, como algunos de sus predecesores también lo desempeñaron en la cultura pagana.

El reino visigodo

Sin embargo, la Hispania romana no era España. La primera gran transición entre las dos fue la Spania visigoda, bajo cuya égida se desarrollaron una cultura y algunas instituciones notables y originales.

Hasta el último cuarto del siglo V, los visigodos intervinieron en Hispania como aliados del Imperio romano de Occidente, ayudando a sus gobernantes en las luchas contra diversos pueblos germánicos que invadieron la Península. Durante los primeros años del siglo, oleadas de suevos, vándalos y alanos acabaron poco a poco con la autoridad romana. Los visigodos, dirigidos por su rey Ataúlfo, trasladaron temporalmente la corte desde Tolosa a Barcino (futura Barcelona), y para mediados de siglo, coincidiendo con el reinado de Eurico II (466-484), el gran rey visigodo que llevó al reino de Tolosa a su máxima expansión, ya dominaban las provincias de Lusitania, Carthaginense y Tarraconense. Por orden suya se organizaron y transcribieron todas las costumbres que se mantenían como leyes entre los visigodos. El llamado *Código de Eurico* fue la primera gran recopilación del derecho germánico.

Es costumbre entre los historiadores fijar en el año 476 el final del Imperio romano de Occidente. A partir de entonces, los reinos germánicos vinculados jurídicamente al Imperio se erigieron en reinos de pleno derecho, y tras la muerte de Alarico II (484-507) frente a las tropas francas de Clodoveo, terminó el reino visigodo de Tolosa y se creó el primer estado independiente de la Península. Tras el gobierno de distintos monarcas godos, ostrogodos y suevos, y el establecimiento de la capital en Toledo, Leovigildo fue elegido rey (573-586). Sus dos logros más importantes fueron la promulgación del *Códex Revisus,* primera gran obra legislativa del reino visigodo español, que revisaba el de Eurico, y la anexión de los territorios peninsulares que todavía no estaban bajo control visigodo (Cantabria y Galicia). Hubo de hacer frente a la rebelión de su hijo Hermenegildo, convertido al catolicismo, y dentro de su política de unificación religiosa bajo el credo arriano, convocó el I Concilio de Toledo (580), donde se hicieron muchas concesiones al catolicismo. De hecho, su sucesor, Recaredo (586-601), se convirtió a esta religión, y durante su reinado se celebró el III Concilio de Toledo (589), que se considera el acta fundacional del reino visigodo católico de Toledo. Estos concilios siguieron celebrándose en el siglo VII y no tuvieron parangón en el mundo católico de la época.

La nueva centuria se caracterizó por una sucesión de enfrentamientos entre miembros de familias nobiliarias, que encabezaron conjuras y levantamientos para ocupar el trono visigodo. En el año 633, la celebración del IV Concilio de Toledo consagró como fórmula de Estado la monarquía electiva frente a la hereditaria y otorgó a la Iglesia el papel de supervisor de la moral regia, añadiendo a la ceremonia de la coronación la de la unción. Durante el reinado de Recesvinto (653-672) se promulgó el *Liber*

Judicorum o *Lex Visigothorum,* único cuerpo legal utilizado por jueces y tribunales, y aplicado a toda la población del reino. La figura cultural más destacada del Occidente cristiano del siglo VII fue san Isidoro de Sevilla, autor de las *Etimologías* —tratado compuesto por veinte libros que recopilaba todo el saber clásico—, cuya actividad pastoral, jurídica, científica y literaria se mantuvo intacta durante siete siglos.

La conquista musulmana y el mito de al-Ándalus

El talón de Aquiles del reino visigodo fue la disidencia política, a menudo intensa y violenta. Fue la tónica del siglo VII y de los primeros años del VIII, coincidiendo con una sequía importante, epidemias y una mortandad elevada. Estas fueron las condiciones que permitieron la conquista islámica, que tuvo lugar entre los años 711 y 718, y que cambió la historia de la Península para siempre.

En el año 710, tras la muerte del rey Witiza, estalló la lucha sucesoria entre Rodrigo y Akhila, hijo de Witiza, quien solicitó el auxilio de las tropas musulmanas que habitaban en el norte de África para vencer a su oponente. Un año después, la derrota de Rodrigo en la batalla de Guadalete marcó el inicio de la ocupación musulmana y el fin del reino visigodo. Solo un reducto de territorio peninsular, el reino astur, con el rey Pelayo a la cabeza, se defendió con éxito de la invasión y venció a los musulmanes en Covadonga (722). El resto de la Península se integró, primero como un emirato del gran imperio árabe, el califato de Damasco, y luego, a partir de 756, como el emirato independiente de al-Ándalus, con capital en Córdoba y encabezado por Abderramán I (756-788), único superviviente de la matanza de la familia Omeya en Damasco. Los sucesivos emires debieron hacer frente a las continuas sublevaciones internas protagonizadas principalmente por los bereberes, así como al impulso que recibió la Reconquista desde el reinado de Alfonso I, favorecido en parte por el desorden que reinaba en los territorios musulmanes. Poco a poco los habitantes cristianos de al-Ándalus fueron sometidos cada vez con más dureza a las condiciones de vida impuestas por los vencedores musulmanes. De hecho, con el paso de cuatro o cinco generaciones cristalizó una nueva civilización árabe y oriental. Culturalmente, la mayor parte de la Península dejó de ser parte del mundo occidental y, a un ritmo más lento, la religión musulmana llegó a ser mayoritaria.

Durante los dos últimos siglos, y especialmente en el presente, se ha creado el gran mito de que al-Ándalus en la época medieval era un paraíso de tolerancia y multiculturalismo, una visión que resulta anacrónica y falsa. A lo largo de su historia, cada vez hubo menos tolerancia en al-Ándalus, hasta que, a finales del siglo XII, la población cristiana o había huido, o había sido deportada a África, o había sido masacrada. Al-Ándalus, de hecho, llegó a ser menos tolerante que el Medio Oriente árabe tanto con los judíos como con los cristianos. La mejor refutación reciente de este mito, a través de una investigación muy cuidadosa, es la obra de Darío Fernández Morera, *The Myth of the Andalusian Paradise* (2016), que pronto se publicará en castellano.

Otro mito de aún mayor envergadura y que se mantiene en el tiempo es la «orientalización» de los españoles como consecuencia de la influencia andalusí. Tal concepto podría aplicarse en ciertos aspectos a los mozárabes, cristianos que vivieron en al-Ándalus durante varios siglos, hasta su exterminación, pero no es aplicable a los primeros españoles independientes del norte, que desde muy temprano rechazaron a los invasores para formar parte de la nueva civilización del Occidente de Europa, lo que con los siglos se llamaría «civilización occidental». Como veremos en sucesivos capítulos, los españoles desempeñaron un papel fundamental en su desarrollo, contribuyendo a convertirla en la primera civilización verdaderamente global en la historia del mundo. Por eso, algunos historiadores y estudiosos han afirmado que los españoles no fueron el pueblo más periférico de Occidente, sino que, a diferencia de los reinos francos o de los anglosajones, la invasión musulmana provocó en la incipiente sociedad española la elección de ser cristiana, independiente y occidental, luchando durante siglos por mantener y validar su opción. El contacto con el islam, la cercanía a África y la unión durante siglos con los territorios americanos favorecieron la creación de una variante propia dentro de la cultura occidental. En términos semejantes podemos decir que Holanda es bastante diferente de Hungría, y todos los países europeos y occidentales son ambas cosas —diferentes y europeos— a la vez.

La resistencia asturiana y la Reconquista

A primera vista, la transformación que tuvo lugar en una pequeña parte de la península Ibérica durante el siglo VIII parece un proceso singularmente español, pero también puede entenderse como la especial manifestación peninsular del conjunto de cambios que muy lentamente estaban produciéndose en esa época en el mundo europeo occidental. Entre los historiadores no hay ningún acuerdo respecto a cuándo terminó exactamente el periodo de transición que desde el mundo antiguo dio paso a la Edad Moderna e inició la nueva civilización occidental. Se trata de un proceso tan largo y lento, con tantos aspectos diferentes, que siempre resultará artificial o arbitrario señalar una fecha concreta. Existe, sin embargo, algún consenso respecto a que el primer periodo de formación clave discurrió entre los siglos VIII y IX. Carlomagno, más tarde considerado —sin duda, con exageración— el *Europae pater,* se veía a sí mismo como continuador y revitalizador del mundo romano, pero durante dichos siglos surgieron algunas novedades que influirían decisivamente en el mundo occidental. A partir del siglo VIII comenzaron a cultivarse nuevas tierras y al llegar el año 900 ya estaba en marcha una transformación agrícola que acabaría haciendo que los territorios septentrionales de Europa occidental fueran por primera vez más productivos que los mediterráneos. La revitalización cultural de la época carolingia, con aportaciones procedentes de Irlanda, Inglaterra, Italia y también de refugiados de la Spania visigoda, dio lugar a la fase primigenia de la nueva cultura occidental. En ese mismo periodo se restableció la primacía de Roma en Occidente con la «latinización» total de Papado, que excluía a los aspirantes griegos.

En este contexto, el origen del reino de Asturias coincide con una época en la que Europa occidental y la cuenca mediterránea experimentaron innovaciones importantes, de manera que la aparición de las primeras instituciones españolas que tendrían una continuidad histórica, con una evolución ininterrumpida, coincidió, más o menos, con la primera fase de la propia civilización occidental.

Durante el siglo VIII se estableció la frontera suroeste de esta civilización en la península Ibérica. Los límites del islam marcaban los de Occidente, aunque los ataques musulmanes y sus acciones depredadoras continuarían de una u otra manera durante todo un milenio. Solo cesaron cuando las potencias europeas, lo suficientemente fortalecidas como para no limitarse a la defensa, comenzaron a dominar el mundo musulmán. Durante mil años, España, bisagra de la que dependía Europa, siguió ocupando un espacio central en el «diálogo polémico» entre Occidente y el mundo musulmán.

El incipiente reino asturiano no tardó en buscar ayuda, allende los Pirineos, en la monarquía franca, y la reacción no le decepcionó, puesto que Carlomagno intervino en la Península, primero poniendo fin a la amenaza que suponían los musulmanes para la Septimania transpirenaica y luego garantizando la pervivencia de la sociedad cristiana en los Pirineos, incluso en una zona tan meridional como Barcelona. La toma de Gerona en el año 785 constituyó el inicio de la formación de los condados catalanes y su expansión, y en el año 801 las tropas de Ludovico Pío, hijo de Carlomagno, conquistaban Barcelona. De este modo, la «Marca Hispánica» —zona fronteriza creada para proteger el territorio franco, desde los Pirineos hasta el río Llobregat—, con capital en Barcelona y el gobierno en manos de un conde, se convirtió en la parte de la Península más vinculada al mundo más allá de los Pirineos y en el contacto más estrecho con la nueva cultura francesa e italiana. A ese respecto, sin embargo, es preciso matizar que nos referimos a una cuestión de grado y de carácter, porque en la Cataluña en ciernes la conciencia de cierta continuidad o descendencia de la Spania visigoda estaba tan arraigada como en Asturias, y al principio era frecuente que los miembros de la nueva élite catalana se consideraran *gothi.* También en el siglo VIII se crearon el condado de Aragón —bajo protección carolingia después de independizarse del dominio musulmán— y el reino de Navarra, en este caso tras la expulsión de los francos de tierras navarras bajo la dirección de Íñigo Arista. Mientras, en el extremo oriental del reino de Asturias y León, se fueron poblando nuevos núcleos entre el sur de los Picos de Europa y los cursos altos de los ríos Duero y Ebro. Castilla, que después se convertiría en el reino más importante de la Península, no era por entonces más que un conjunto de territorios que no formaba una unidad, con unos gobernantes designados por los reyes asturleoneses a título vitalicio.

En conjunto, los siglos VIII y IX ya no formaron parte del mundo antiguo, sino de las primeras generaciones de la nueva civilización que llamamos Occidente. Sus habitantes ya no eran ni romanos ni posromanos, sino *europeenses,* «europeos», como los llamó la *Crónica mozárabe* del año 754, todos bajo la jurisdicción del Papa en Roma. Los europeos católicos, especialmente los franceses —nombre que recibieron posteriormente—, fueron los aliados o asociados más importantes de los peninsulares, si bien de modo intermitente, en su lucha contra la gran potencia andalusí. Incluso el aparente retroceso que sufrió el ímpetu español durante el apogeo del Califato en el siglo X —el llamado «siglo de hierro»— fue en paralelo a la evolución similar que durante el mismo periodo se aprecia en otras zonas de Occidente. Durante los siglos IX y X, el mundo europeo sufrió los ataques de los vikingos desde el norte, de los húngaros desde el este y de los musulmanes desde el sur, que conquistaron y ocuparon Sicilia durante dos siglos, y con ello pusieron una pica en el sur de Italia.

Después de años de luchas intestinas, levantamientos contra el poder y guerras contra los cristianos, la llegada al trono de al-Ándalus de Abderramán III (929-961) inauguró una nueva etapa en los territorios musulmanes. Abderramán proclamó el Califato de Córdoba y tomó el título de *príncipe de los creyentes,* mientras los territorios cristianos sufrían divisiones internas por decisiones sucesorias, luchas entre aspirantes a un trono y, en algunos casos, como en Navarra, se convertían en vasallos del Califato o recibían ayuda de las tropas musulmanas. El último cuarto del siglo X fue el momento de Almanzor, el gran caudillo árabe que acaparó el protagonismo de las victorias del Califato hasta su muerte en 1002 durante la campaña contra Castilla.

En este contexto, sin duda, el proyecto más singular de los reinos hispánicos durante la Edad Media fue lo que, después de más de quinientos años, se denominaría la Reconquista. Es el hecho más influyente en la Historia de España y un proceso en ciertos aspectos único en la Historia de Europa y del mundo. No ha habido otro caso en el que, después de que un territorio significativo fuera conquistado por el islam —o por otra civilización—, sometido y profundamente transformado por esa civilización foránea, con casi todos sus habitantes convertidos a una religión extranjera, finalmente, siglos después, fuera recuperado por los pequeños vestigios del reino originalmente conquistado. Y, además, que los reconquistadores no se limitaran a imponerse a los invasores, sino que restablecieran su propia cultura en todo el territorio, extirparan la civilización atacante y restauraran la religión original, implantando una nueva versión que sucedía, si bien parcialmente, a la misma civilización extinguida.

Los paralelismos más cercanos se encuentran en el este y el sudeste de Europa, pero fueron bastante diferentes, porque allí nunca se tuvo que restaurar la religión ni la cultura, sino solamente vencer al invasor y recobrar la independencia[1]. En ningún

---

[1] Los imperios mongol y otomano, por ejemplo, sometieron militar y fiscalmente a una serie de pueblos cristianos, pero no habitaron con numerosa población sus territorios ni trataron de sustituir su religión y su cultura. La

otro lugar la lucha duró más de medio milenio, y en ninguna otra región tan importante del mundo islámico una avanzada sociedad musulmana fue completamente sustituida por una parte de la población del territorio inicialmente conquistado. En Europa occidental, la única comparación podría establecerse con Sicilia durante el siglo XI, pero, en realidad, no se trató de una reconquista llevada a cabo por sicilianos, sino de una acción de las fuerzas exteriores italo-normandas y afectó a un territorio mucho más pequeño, que había estado en poder de los musulmanes durante poco más de dos siglos y no había sido completamente islamizado[2].

La Reconquista fue una hazaña tan grande y singular que solo por esta razón la Historia de España es totalmente diferente a todas las demás. Sin embargo, el concepto ha suscitado varias objeciones por parte de historiadores y estudiosos, entre ellas la falta de documentación relativa a cualquier doctrina o política de «reconquista» durante el siglo VIII —cuando comenzó—, la ausencia de un compromiso continuo por parte de los príncipes españoles de la Baja Edad Media y la disposición de estos a establecer alianzas con los musulmanes frente a otros príncipes cristianos. A veces se encuentran objeciones que vienen realmente al caso, aunque algunas han sido puestas en cuestión por las investigaciones más recientes.

---

liberación final de los rusos y de los pueblos balcánicos no implicó la necesidad de enfrentarse en el territorio reconquistado a la presencia de una nutrida población de otra cultura y otra religión, sino de rechazar con éxito una dominación imperialista exterior. Los mongoles no interfirieron en los asuntos domésticos, mientras en los países balcánicos las conversiones al islam fueron limitadas (la islamización tuvo lugar principalmente en la pequeña región de Bosnia-Herzegovina y en algunas zonas de Bulgaria, pero en este último caso la mayor parte eran inmigrantes musulmanes y no conversos).

[2] Aun antes, en el Mediterráneo oriental, los bizantinos lograron reconquistar Anatolia a los árabes, pero esa región nunca había sido ocupada del todo y no había sido islamizada. Los bizantinos la conservaron durante dos siglos más antes de perderla definitivamente a causa de nuevas arremetidas musulmanas.

Durante el primer siglo de resistencia asturiana, al margen de la disposición que mostraron sus primeros príncipes a aprovecharse de cualquier oportunidad para ocupar más tierras y extender sus propias fronteras, es cierto que no poseemos pruebas de que existiera una política concreta de «reconquistar» todo el dominio de los visigodos —más ambición, en este sentido, puede interpretarse en las intervenciones contra los musulmanes que la monarquía franca llevó a cabo a finales del siglo VIII y comienzos del IX—. Durante años, la fragmentación interna del despotismo andalusí parecía indicar que estaba a punto de derrumbarse, pero las aspiraciones asturianas se vieron bloqueadas por la imponente recuperación del poderío cordobés durante el siglo X. Después, en el siglo siguiente, cuando comenzó a debilitarse con suma rapidez, aumentaron las referencias a una conquista más extensiva de territorio, especialmente en las crónicas de los siglos XII y XIII. Sin embargo, este objetivo se vio modificado de generación en generación, y así, por ejemplo, durante el siglo XI la política se centró más en establecer una hegemonía total que en ocupar militarmente el conjunto de la Península.

La disolución del Califato en las primeras décadas del siglo XI, tras la expulsión de Córdoba de Hixam III, inició una nueva etapa en los territorios musulmanes con la formación de los denominados «reinos de taifas», que mantuvieron luchas constantes entre ellos y, en muchos casos, los más débiles quedaron supeditados a los más poderosos o a los reinos cristianos más fuertes. También fue un siglo de continuos enfrentamientos entre los reinos cristianos por motivos sucesorios o por la adquisición de territorios. Y es el siglo en el que el reino de Castilla empezó a adquirir la relevancia que posteriormente lo convertiría en el eje de la construcción de España. Antes de acabar la centuria se produjeron las primeras invasiones de pueblos del norte de África —almorávides y almohades—, que se prolongaron durante un siglo y medio, hasta que, en el siglo XIII, el grueso de la Reconquista peninsular se dio por finalizado.

Para entonces, en Occidente también se había iniciado una época de expansión paralela a la española. Eliminado el poder marítimo musulmán en el Mediterráneo tras las conquistas de Sicilia y Córcega, los estados occidentales adquirieron una posición dominante en la expansión marítima hacia el este, posición que a partir del siglo XIII se afianzaría y que nunca se detendría del todo[3]. A finales del siglo XI, después de la segunda conquista musulmana de Tierra Santa, el Papado introdujo la idea de cruzada, pero la Reconquista nunca fue considerada como tal. A pesar de que esta también era una guerra de carácter religioso, el principal objetivo no era convertir a los musulmanes en cristianos, sino recobrar el territorio usurpado. La conversión nunca fue importante para los reyes cristianos, pero con el avance de la frontera un pequeño número de musulmanes se convirtió y se asimiló a la sociedad española[4].

Entre los siglos XI y XIII se convocaron varias cruzadas para recuperar Tierra Santa, pero todas ellas acabaron en fracaso. Mucho más éxito tuvo su traducción en la Península y, a largo plazo, los reinos peninsulares llegaron a ser las únicas zonas de la Cristiandad latina que institucionalizaron esta práctica. La incorporación del espíritu de cruzada no implicó que todos los gobernantes estuvieran siempre unidos tras ese objetivo y que no surgieran intereses alternativos, pero los reinos españoles fueron la parte de Europa donde este ideal caló más hondo, pasando a formar parte de los diversos motivos que, más tarde, alentaron su gran expansión en el mundo.

---

[3] Dos obras generales que la tratan son J. B. S. Phillips, *The Medieval Expansion of Europe,* Oxford, 1988, y R. Bartlett, *The Making of Europe: Conquest, Colonization and Cultural Change, 850-1350,* Princeton, 1993.

[4] La relación entre conversión y cruzada la aborda B. Z. Kedar, *Crusade and Mission. European Approaches toward the Muslims,* Princeton, 1984.

2
¿A QUÉ LLAMAMOS «ESPAÑA»?

Pensadores de la talla de Pedro Laín Entralgo —autor de un ensayo publicado en 1971, cuyo título da nombre a este capítulo—, José Antonio Maravall o José Álvarez Junco estudiaron profusamente la cuestión de la identidad nacional española a lo largo del siglo XX. Las cuatro décadas que duró la dictadura de Franco instalaron entre la población un pensamiento que ponía el énfasis en las ideas de unidad de España y centralismo, así como una versión *ad hoc* de nacionalismo español que, muerto el dictador, provocó en las generaciones siguientes el completo rechazo de estas ideas.

Estos planteamientos que negaban la unidad de España en tiempos pasados y la inexistencia de una identidad nacional provocaron la reacción de numerosos estudiosos, que defendieron precisamente lo contrario, es decir, que había existido una identidad histórica común a las diversas regiones españolas y que, desde el siglo XVI, el país presenta los rasgos característicos de una nación moderna cada vez más unida.

Después del reino visigodo y la posterior conquista islámica, la Península permaneció durante siglos dividida en reinos y unidades territoriales de otro tipo (condados, principados), que mantenían relaciones, pero no constituían una unidad. Sin embargo, no hay duda de que las élites dirigentes de estos territorios consideraban que eran parte de «España», denominación que recibía el conjunto de la Península, procedente del latín

Hispania y posteriormente del término visigodo *Spania*, como ya hemos visto. Estos nombres evolucionaron después a otros similares, como *Espanha* o *Espanya,* tal como aparecen en las lenguas romances y en diferentes idiomas en otros lugares[1]. Asimismo, está generalmente aceptado que todas estas entidades políticas habían recibido al menos una parte del legado cultural, religioso y jurídico de la época visigoda. De ahí la aplicación habitual del Fuero Juzgo (el derecho visigodo), de los mismos estilos arquitectónicos y artísticos, de la misma escritura y del rito mozárabe. También en textos medievales de fuentes latinas, castellanas, catalanas y portuguesas aparecen con cierta frecuencia alusiones a la idea de España como entidad colectiva cristiana, en expresiones como «toda España», con aparente exclusión de al-Ándalus, o se refieren a «las Españas», denominación que se mantendrá hasta el siglo XVIII.

La fragmentación de la Península en distintos reinos fue una consecuencia tanto de la situación geográfica como de las acciones de reconquista, a la vez que se producía un reforzamiento interno de cada uno de dichos reinos que los hacía particulares y únicos.

CASTILLA TOMA EL RELEVO AL IMPERIO ASTURLEONÉS

Durante la Edad Media la mayoría de los príncipes cristianos, especialmente los de los reinos más poderosos —Asturias,

---

[1] F. Ortiz Solano, *España, vieja patria,* Málaga, 2015, presenta las referencias a muchos textos medievales en que se empleaba el término en latín y en romance. En cuanto al origen de la palabra «español», que tiene origen en la lengua provenzal de la región pirenaica, véanse M. Coll i Altentorn, «Sobre el mot 'Espanyol'», en *Estudis de lingüística i de filologia catalanes,* 13, Barcelona, 1970, págs. 27-29, y J. A. Maravall, «Sobre el origen de 'español'», *Estudios de historia del pensamiento español,* Madrid, 1999, I, págs. 7-23. En los primeros siglos tenía muchas formas diferentes: espanyol, espaniol, espanol, español, espagnon (posiblemente pronunciado «españón») y, en el País Vasco, espagnol, que luego sería la forma francesa.

León y, posteriormente, Castilla—, aspiraron a ser hegemónicos respecto a los demás territorios. Los reyes asturianos fueron los primeros en llevar a la práctica estas pretensiones, al menos nominalmente. Así, el primero en denominarse *Imperator* fue Alfonso II (h. 791-842), título con el que pretendía reivindicar la independencia completa de Asturias con respecto al Imperio carolingio, y a él lo siguió Alfonso III (866-911) con el de *Rex Magnus.* Ambas denominaciones fueron utilizadas después por Ramiro II, rey de León entre 931 y 951, mientras que Sancho el Mayor de Navarra (rey entre 1004 y 1035) se intituló *Rex Dei gratia Hispaniarum* y *Princeps diversarum gentium,* creando además el concepto de *regnum Hispaniae,* que implicaba la existencia de una entidad completamente independiente.

Ya en los siglos XI y XII, tanto Alfonso VI (que ocupó el trono de León en 1065 y el de Castilla en 1072, hasta su muerte en 1109) como Alfonso VII (rey de León y Castilla entre 1126 y 1157) utilizaron el título de emperador, este último como gobernante del *regnum-imperium* de León y «emperador de España».

En el siglo XI peninsular únicamente Cataluña poseía una estructura jurídica desarrollada, si bien esta no era la situación de todos los territorios de la Corona de Aragón. En estas circunstancias, solo Cataluña era comparable a otros lugares de Europa, ya que ni siquiera Castilla, el reino peninsular más poderoso, poseía una estructura jurídica, política e institucional tan elaborada como el principado.

El origen de la Corona de Castilla se encuentra en la unión definitiva de los reinos de León y de Castilla que tuvo lugar en el siglo XIII, concretamente en 1230, bajo el reinado de Fernando III el Santo (1217-1252). Previamente, ambos reinos estuvieron unidos en dos ocasiones a lo largo del siglo XI: la primera unión se produjo bajo el reinado de Fernando I, primer rey de Castilla, y la segunda, con Alfonso VI. Los conflictos entre ambos reinos fueron frecuentes como consecuencia del expansionismo leonés —que dio lugar al denominado «Imperio leonés» y fue aceptado por el resto de los territorios peninsulares— y de los deseos de independencia y extensión territorial y patrimonial del condado original de Castilla. La rivalidad también se vio incrementada por las sucesivas particiones territoriales que dispusieron los testamentos del propio Fernando I (dejó Castilla a Sancho el Fuerte y León a Alfonso VI) y de Alfonso VII, cuyos herederos fueron Sancho III de Castilla y Fernando II de León. Y también por la correlación de fuerzas entre las élites y el poder del monarca de turno, ya que no existía un ordenamiento jurídico e institucional que regulara dichas relaciones, sino pactos puntuales que se rompían o se mantenían intermitentemente, puesto que no reconocían la autoridad completa del monarca. De hecho, era habitual que, si el rey era fuerte y decidido, las élites no plantearan problemas, pero si era débil, el reino podía caer incluso en la anarquía. Esta situación se fue modificando durante los siglos XIV y XV con el avance de la Reconquista, que incrementó el poder y la posesión territorial de la aristocracia que participó en este proceso. En consecuencia, la Corona de Castilla, que originalmente había respetado fueros, libertades populares y autonomías locales, sufrió un gran retraso en su desarrollo institucional en comparación con otros reinos europeos de la misma época.

La unificación definitiva de Castilla y León en la figura de Fernando III el Santo —rey de Castilla desde 1217 y de León desde 1230 hasta su muerte en 1252— inaugura la etapa de mayor extensión patrimonial de estos reinos. Sin duda, la acción de reconquista proporcionó un gran poder territorial que en modo alguno se equiparó al desarrollo económico y político, ni tampoco proporcionó mayor autoridad a la Corona. Esta fue la herencia que recibió Alfonso X el Sabio (1254-1284), un rey que pasó a la historia más por su labor cultural que por sus éxitos políticos y militares. Ambicioso pero débil, intentó hacerse, sin éxito, con el título de emperador del Sacro Imperio Romano Germánico, proceso en el que invirtió tantos recursos que dejó muy debilitada a la Corona de Castilla. Su escaso sentido político provocó revueltas internas y su propio destronamiento. En su faceta humanística, fomentó una extensa serie de traducciones de materia científica y cultural del árabe en la mayor obra de difusión del conocimiento de la época medieval. Además, impulsó la preparación de las *Siete Partidas,* donde exponía las medidas necesarias para conseguir un fortalecimiento jurídico de la monarquía. En realidad se trataba de una obra teórica que nunca se llevó a la práctica[2].

La muerte de Fernando de la Cerda, primogénito de Alfonso, dio pie a la lucha intestina que finalizó con la victoria de su hijo Sancho (rey con el nombre de Sancho IV, 1284-1295), que contó con la ayuda de las élites castellanas contrarias a las pretensiones de fortalecimiento del poder real que había tratado de imponer su padre. Se iniciaba así una época de debilidad que la Corona castellana comenzó a superar en el siglo XV. Mientras tanto, pese a su complejidad política y jurídica, tomaba relevo en el poder peninsular la Corona de Aragón, que durante los siglos XIII y XIV impuso su expansión en el Mediterráneo. Así, a los territorios originales —los reinos de Aragón, Valencia y Mallorca y el condado de Barcelona— se sumaron Nápoles, Sicilia, Córcega y Cerdeña. En el siglo XV, las tornas volvieron a cambiar y Castilla recuperó su esplendor, quedando sumida la Corona de Aragón en numerosos conflictos de los que muy lentamente pudo salir[3].

---

[2] Uno de los mejores análisis del reinado de Alfonso el Sabio y su obra se encuentra en J. L. Villacañas Berlanga, *La formación de los reinos hispánicos,* Madrid, 2006, págs. 591-702. Lo califica más como «el Iluminado» o «el Alumbrado» que como «el Sabio».

[3] Desde la publicación de la obra de J. A. Maravall, *El concepto de España en la Edad Media,* Madrid, 1950, la discusión sobre la identidad y la unidad en esta época ha llegado a ser muy extensa. En este momento, el mejor resumen breve es de I. Fernández-Ordóñez, «La idea de España en la Edad Media (siglos VII-XIV)», en A. Morales Moya, J. P. Fusi Aizpurúa y A. de Blas Guerrero (dirs.), *Historia de la nación y del nacionalismo español,* Barcelona, 2013, págs. 47-75. Hasta la fecha, este tomo constituye el *magnum opus* de esta literatura (en adelante me referiré a él como *Historia de la nación*).

«NACIÓN» HISPÁNICA, MONARQUÍA UNIFICADA Y MONARQUÍA HISPÁNICA

Mediado el siglo XV, en territorio castellano se libró la guerra civil que determinaría la Historia de España en los siglos posteriores. No fue la primera, pero sí decisiva para la Corona. La denominada «primera guerra civil castellana» tuvo lugar entre 1366 y 1369, y enfrentó al rey Pedro I el Cruel con su hermano Enrique de las Mercedes, que ocupó el trono tras la muerte de Pedro I en la batalla de Montiel con el nombre de Enrique II de Trastámara, inaugurando una nueva dinastía reinante. Un siglo después, la segunda guerra civil castellana (1475-1479) enfrentó como contendientes a Juana la Beltraneja, supuesta hija de Enrique IV, y a Isabel, hermana por parte de padre de este mismo rey. En esta guerra de sucesión intervinieron activamente los otros reinos peninsulares: Aragón, a favor de Isabel, porque desde 1469 Fernando II de Aragón era esposo de la futura reina católica, y Portugal, porque Juana había sido prometida al rey luso Alfonso V.

La victoria final de Isabel en la contienda inauguró un tiempo nuevo para Castilla y para la Península. Su matrimonio con Fernando, que había heredado la Corona de Aragón en 1479, propició la unión de ambas Coronas bajo su gobierno al modo de la época, es decir, sin modificar las estructuras administrativas, políticas y jurídicas de cada una de las partes. A partir de 1512, con la anexión de Navarra a Aragón, todos los reinos hispánicos menos Portugal pasaron a formar parte de la misma herencia patrimonial, que recibiría, en su debido momento, la futura reina Juana, hija y sucesora de los Reyes Católicos tras las muertes de la infanta Isabel —la primogénita— y Juan —único hijo varón—.

La historiografía sobre España repite, como si de un mito se tratara, que los Reyes Católicos crearon la primera nación moderna. De hecho, la unión patrimonial dio lugar a que algunos historiadores de la época hablaran de «nación española» para referirse a la, podríamos decir, «monarquía unificada». Sin embargo, en las últimas décadas del siglo XX esta idea comenzó a ser cuestionada, hasta el punto de que ya no es una tesis ampliamente asumida. Ciertamente, durante su reinado estaba extendida la idea de que el término «España» se identificaba con toda la Península —y así se mantuvo hasta el fin de la Guerra de Sucesión Española en los primeros años del siglo XVIII[4]—, los propios monarcas rechazaron la posibilidad de denominarse «reyes de España».

Durante el reinado de Felipe II (1556-1598) se hizo común el término de «Monarquía hispánica» para referirse a todo el conglomerado territorial que estaba bajo su dominio, escindido ya el imperio que formaban los principados centroeuropeos, que quedaron en manos de Fernando de Austria, hermano menor de Carlos V. Cierto es que por entonces se aludía a la «Corona de España» o a «España», pero ninguno de los dos términos se llegaron a utilizar de forma oficial.

En general, se puede afirmar que los Habsburgo españoles evitaron modificar el estatus de los distintos territorios y uniformizar las estructuras políticas existentes. Castilla era el reino más importante y de allí obtuvieron los principales recursos económicos que sostenían el mantenimiento del conjunto patrimonial. Su nobleza se oponía menos a la Corona y poseía unas Cortes más dispuestas a colaborar. Por el contrario, la Corona de Aragón mantuvo en esta época unas estructuras estamentales tradicionales muy rígidas, que a veces se negaron a colaborar en la defensa común del territorio.

Ya en el reinado de Felipe IV (1625-1665), fue el conde duque de Olivares el responsable de intitularle «rey de España» e intentar llevar a cabo una especie de integración territorial, aunque se mantuvieran los distintos regímenes políticos y jurídicos de los diferentes territorios. Esta política resultó desastrosa, ya

---

[4] Hasta donde yo sé, la última gran ocasión en la que la Corona portuguesa cuestionó la utilización de las expresiones «Corona de España» o «monarquía de España» para aludir al Estado dirigido desde Madrid fue en la época de la Paz de Utrecht, que se firmó en 1713.

que en cada uno de ellos, incluida Castilla, que era el núcleo hegemónico del Estado y donde más se defendía la integración, pervivió la defensa de su propia condición de nación y de patria[5]. Felipe IV vislumbró que era necesario equiparar los derechos y las responsabilidades de todos los principados[6], pero durante su reinado nunca llegó a proponerse esta gran reforma.

De manera que en el siglo XVII, la palabra «nación» tenía en los territorios hispánicos tres acepciones diferentes: así se denominaba a cada uno de los reinos o principados; también servía para designar a la «nación de España», que estaba integrada por naciones menores, y, por último, para hablar de «nación monárquica», de la que formaban parte todas las naciones que pertenecían a los Habsburgo. Como consecuencia, se escribieron muchas historias locales —si bien nunca se puso en entredicho la lealtad a la monarquía hasta la posterior revuelta catalana de 1640[7]—, si bien dichas obras encerraban en muchos casos historias fantasiosas ajenas a la realidad y carentes de sustento.

En el año 1640, la Península sufrió una crisis territorial interna con dos manifestaciones de primer orden: las revueltas separatistas de Cataluña y Portugal. Después de años de lucha, Portugal consiguió la independencia y Cataluña fue de nuevo integrada en España (1652). Estos acontecimientos marcaron la actual división de la Península y adjudicaron la denominación de España a todos sus territorios, a excepción de Portugal. En cambio, la creación de una nación moderna en España fue obra de

---

[5] I. A. A. Thompson, «Castile, Spain and the monarchy: The political community from *patria natural* to *patria nacional*», en R. L. Kagan y G. Parker (eds.), *Spain, Europe and the Atlantic World. Essays in honour of John H. Elliott,* Cambridge, 1995, págs. 125-159.

[6] R. A. Stradling, *Felipe IV y el gobierno de España 1621-1665,* Madrid, 1989.

[7] Como ha dicho García Cárcel, hasta el siglo XVII «la integración de Cataluña en la Historia de España es total». Citado en A. Morales Moya, J. P. Fusi Aizpurúa y A. de Blas Guerrero, *Historia de la nación*, ob. cit., pág. 136.

Para abordar la situación de Cataluña en España, el estudio más objetivo es G. Tortella *et al., Cataluña en España. Historia y mito,* Madrid, 2016.

sus dos siguientes regímenes: la monarquía borbónica y, aún más, el parlamentarismo monárquico liberal.

LA NACIÓN ESPAÑOLA

Como ya se ha expuesto anteriormente, los historiadores descartan que ya a finales del siglo XV existiera el concepto de nación tal como se entiende en la actualidad, es decir, una sociedad única, unificada desde el punto de vista institucional, con una lengua y una historia comunes, y con derechos y deberes que atañen por igual a todos los ciudadanos, ya que este es un concepto que se elaboró durante la época de la independencia estadounidense y de la Revolución francesa. Sin embargo, está generalmente aceptado que las principales naciones europeas tienen historias muy antiguas y que no fueron construidas única y exclusivamente durante los siglos XVIII y XIX[8].

Tal vez el mejor resumen analítico del estado de la cuestión se debe a Ricardo García Cárcel, quien distingue entre los siguientes conceptos o definiciones:

1) Si maximizamos el Estado propio y común a todos los españoles como eje de la identidad española, el concepto de España no emerge hasta el siglo XVIII, tras la Nueva Planta de Felipe V.
2) Si, por el contrario, subrayamos como claves identitarias nacionales la definición de un territorio global y mantenido con estabilidad a lo largo del tiempo, tendríamos que situarnos en 1512, con la anexión de Navarra como referencia estelar tras la conquista de Granada en 1492 y la

---

[8] Véanse P. J. Geary, *The Myth of Nations: The Medieval Origins of Europe,* Princeton, 2001; C. Beaume, *The Birth of an Ideology: Myths and Symbols of Nation in Late-Medieval France,* Berkeley, 1991, y los estudios reseñados en D. Bell, «Recent Works on Early Modern French National Identity», *Journal of Modern History,* marzo de 1996, 68, págs. 84-113.

unión territorial de las Coronas de Castilla y Aragón con el matrimonio de los Reyes Católicos.

3) Si atendemos a la institucionalización de una lengua común de todos los españoles —el castellano identificado con el español—, entonces tenemos que situarnos en la primera mitad del siglo XVI, con la estela de los grandes elogios del castellano (Valdés, Viciana, Frías, Morales, Nebrija) como referentes.
4) Si nos adentramos en la espesura de la formulación del presunto carácter nacional, entonces hemos de seguir la pista de las teorías de los «humores nacionales» y situarnos a finales del siglo XVI para ver en Botero o Bodino los primeros ejercicios de contrastación nacional que tanto circularán en el siglo XVII y que culminarán en el relativismo cultural de ilustrados como Montesquieu.
5) Si creemos en la trascendencia de la conciencia común, del plebiscito cotidiano de Renan, habría que situarse en las segundas mitades de los siglos XVI y XVIII, escenarios de una beligerante conciencia nacional vinculada con la respuesta a la ofensiva de la llamada leyenda negra.
6) Si nos atenemos a la plasmación de una plena conciencia de soberanía nacional española, entonces el surgimiento de la nación española habría que retrasarlo al siglo XIX, con la Constitución de 1812[9].

Creo que estas definiciones son acertadas y, como veremos, la formación de una nación moderna unida, y no solo de un Estado monárquico, será obra del siglo XIX.

[9] *Historia de la nación,* ob. cit., pág. 96. (He enumerado los conceptos para mayor claridad).

3
La expansión de España en el mundo

El Imperio español

El reino asturleonés comenzó su expansión durante el segundo cuarto del siglo VIII. A partir de ese momento, el avance hacia el sur y hacia el sudeste, más tarde hacia el norte de África y el Mediterráneo, y luego por el Atlántico y una parte considerable del mundo entero, continuó de forma intermitente hasta el reinado de Carlos III, en la segunda mitad del siglo XVIII, es decir, durante más de un milenio. A largo plazo, el «Imperio español», el primer imperio mundial en el que nunca se ponía el sol, se convirtió en un mero tópico de la historia mundial, un asunto generalmente asumido debido a su larga duración. Pero una historia de expansión que duró más de mil años y que atañe a una parte muy considerable del mundo no es un asunto banal, sino algo realmente extraordinario, uno de los hitos más grandes de la historia universal. Estamos hablando de la expresión de una cultura, de una tenacidad y de una resistencia que difícilmente tiene equivalente en la historia.

Se dice que la verdadera historia la construyen los imperios y no los pueblos y las naciones, y, en líneas generales, esta afirmación puede ser cierta. En tiempos remotos tuvieron lugar otras expansiones y conquistas muy rápidas, especialmente las de Alejandro Magno y los árabes, quienes, además, vencieron a algunas de las sociedades y culturas más avanzadas de su tiempo. La de Alejandro fue efímera, pero sus logros perduraron durante siglos. El imperio árabe original duró varios siglos y muchas de las consecuencias que provocó fueron irreversibles y, a largo plazo, muy negativas. En contraste, la expansión romana había sido más lenta, aunque sistemática e implacable, y también tuvo unas consecuencias duraderas, y en su mayor parte, positivas. Los españoles, en realidad, no tenían un «modelo» imperial, pero, si hubieran podido concebir tal cosa, dicho modelo habría sido Roma, si bien ambos imperios tuvieron más diferencias que semejanzas.

Como vimos en el capítulo anterior, desde el siglo IX la Corona asturleonesa había aspirado, de forma intermitente, a intitular a su monarca como *Imperator,* pero es una ironía de la historia que, cuando la Corona de Castilla alcanza las verdaderas dimensiones del primer imperio mundial —en el siglo XVI—, el término «imperio» había caído en desuso. El primer imperio español genuino fue el imperio mediterráneo de la Corona de Aragón, que en ocasiones también tuvo cierta hegemonía, pero indirecta, sobre pequeñas zonas del norte de África. Durante el siglo XIV mantuvo esta expansión sin pretender ser más que la misma «monarquía compuesta» que existía en la Península, y este también sería el caso de la posterior Monarquía hispánica. De hecho, las posesiones aragonesas en el sur de Italia fueron la única parte del imperio habsbúrgico en Europa que estaba formada por territorios españoles conseguidos, al menos parcialmente, por conquista y no tenían su origen en la herencia patrimonial austriaca. De ese modo se crearon también ciertos precedentes que se emplearían en la estructura y la administración del futuro imperio transatlántico.

Una de las opiniones más extendidas acerca del Imperio español es que sus descubridores y conquistadores se guiaron por tres razones: la religión, el deseo de riqueza y el anhelo de alcanzar la fama y la gloria —más breves y contundentes en inglés: *Glory, Gold, and God*—. Este tópico es, sin duda, correcto. La motivación religiosa en la expansión y la conquista ha sido muy frecuente a lo largo de la historia. Un ejemplo obvio es la fuerza de la *Yihad* árabe. La forma más típica es también la más elemental: la potencia imperial está favorecida por Dios, o los dioses, y la conquista se ejecuta en consonancia con su voluntad.

Esta articulación fue algo más complicada en los casos de Portugal y España, ya que la teología cristiana no bendice la conquista militar. La justificación religiosa había evolucionado desde la experiencia medieval de Occidente y de España, desde la cruzada y la Reconquista. Estas últimas iniciativas fueron concebidas como empresas militares, en cierto sentido defensivas, dirigidas a recuperar territorio cristiano robado por los musulmanes. En Italia y en el norte de Europa, especialmente, la cruzada degeneró en agresiones militares puras. El Papa de vez en cuando las declaró contra sus enemigos políticos, y los Caballeros Teutónicos emplearon la cruzada para lanzar salvajes campañas de conquista en territorio báltico, uno de los capítulos más vergonzosos de la historia católica.

Fundamental en la expansión de los países ibéricos fue el fuerte mesianismo del siglo XV, que existió también en varias zonas de Europa, aunque en ninguna con tanta fuerza como en España y Portugal. Este fue el factor que desencadenó la primera expansión portuguesa, la conquista en 1415 de Ceuta, una plaza que desde entonces ha permanecido en manos ibéricas. A largo plazo, la monarquía portuguesa puso más énfasis en la expansión por ultramar que la Corona de Castilla. Después del fracaso de las ambiciones peninsulares de Alfonso V de Portugal, en la época de Isabel la Católica, este sería el enfoque principal de la monarquía lusa. Sus logros cambiaron el curso de la historia mundial, pero no es una exageración decir que la monarquía portuguesa se consumió casi totalmente en una empresa que tenía dos objetivos diferentes: la exploración marítima hasta llegar a Asia y la prosecución de la cruzada terrestre en Marruecos, donde la expansión portuguesa había comenzado. Las dos ambiciones se perseguían simultáneamente, si bien durante algún tiempo para la Corona tuvo prioridad la creación de la talasocracia de ultramar. Sin embargo, ciertos sectores de la aristocracia mostraron un mayor interés en la cruzada en tierra firme, y en el siglo XVI, mientras las carabelas viajaban a la India, las armas portuguesas se adueñaron de una serie de puertos en la costa marroquí y en gran parte llegaron a controlarla. El equilibrio se perdió durante el reinado del joven rey Sebastião (1557-1578), cuando la cruzada en Marruecos llegó hasta el delirio, culminando en la práctica destrucción de la monarquía misma durante la denominada «batalla de los tres reyes» (el sultán reinante, el pretendiente marroquí y el rey portugués), que tuvo lugar en Alcazarquivir en 1578 y en la que los tres cayeron abatidos. La muerte del rey portugués sin herederos directos abrió la posibilidad, por primera vez en dos siglos, de que accediese al trono portugués el rey de España, oportunidad que aprovechó Felipe II en 1580 y que permitió que la dinastía de los Austrias españoles reinara en Portugal durante seis décadas. En momentos anteriores, varios reyes habían dirigido cruzadas que también acabaron en desastre, pero en ningún otro caso las consecuencias fueron tan graves, ya que el final de la dinastía coincidió con la pérdida de la independencia del reino. La monarquía portuguesa se había dedicado a la cruzada con mayor concentración que ninguna otra, y este desastre marcó el principal punto de inflexión de toda la historia del país[1]. También Castilla se vio imbuida por el espíritu de la cruzada y después de la conquista de Granada en 1492 procedió a conquistar varios enclaves en la costa africana.

Carlos V fue el primer rey español —Carlos I— que recibió el título de emperador del Sacro Imperio Romano Germánico —a decir de los coetáneos, «ni santo, ni romano, ni imperio»— tras su elección en Aquisgrán en 1520. Coincidió este momento con la primera fase de la Reforma protestante, y su esfuerzo para tratar de restaurar la unidad religiosa y recuperar una cierta armonía en Europa ocupó gran parte de su atención, aunque se

---

[1] La historia más reciente es J. P. Oliveira e Costa (coord.), *História da expansão do império português,* Lisboa, 2014.

trataba de empresas que no estaban en absoluto a su alcance. Durante varios años mostró una actitud comprensiva y tolerante hacia los protestantes, alejándose de cualquier viso de fanatismo religioso, pero finalmente los acuerdos fueron imposibles y el conflicto desencadenó varias guerras en el corazón de Europa central.

Por el contrario, la época dorada de la conquista de América no fue objetivo prioritario de la política carolina, si bien la herencia patrimonial recibida por Carlos como consecuencia de la política matrimonial de los Reyes Católicos, sus abuelos maternos, sumada a los territorios americanos conquistados, dio lugar a la estructura imperial más extraordinaria de la historia de la humanidad. A estos territorios se unían las posesiones norteafricanas y, en épocas sucesivas, las conquistas en el Pacífico. La discontinuidad geográfica fue uno de los principales problemas del imperio, especialmente en lo que concernía a su administración y su defensa. Hacia la mitad del siglo XVI, la política imperial tenía numerosos frentes abiertos, entre otras cuestiones por el rechazo de los Estados europeos a considerar al emperador como una entidad superior. A pesar de la renuncia antes de su muerte al título imperial y a los Estados centroeuropeos, que recayeron en su hermano Fernando y no en su hijo Felipe II, los territorios de la Corona española eran tan extensos que fueron inevitables los enfrentamientos con los otros países europeos de importancia, Francia e Inglaterra, así como Italia y los Países Bajos, donde mantenían posesiones. El otro frente importante fue el Imperio otomano, ya que tradicionalmente la Monarquía hispánica había actuado como defensora de Europa frente al islam. Ningún otro Estado europeo invirtió tanta responsabilidad, dinero y hombres en este empeño, y sobre todo la Corona de Castilla, que seguía siendo la base financiera y militar[2].

---

[2] Véase F. Martínez Laínez y J. M. Sánchez de Toca, *Tercios de España: la infantería legendaria,* Madrid, 2006.

La Europa del siglo XVI y, más concretamente, España, debió enfrentarse por primera vez en la historia con los problemas básicos, legales y morales del imperialismo. Las posesiones españolas en América, enormes, complejas y lejanas, no constituían de hecho una propiedad real de la Corona. La intervención papal desde el descubrimiento de las tierras, a través de diversas bulas, reconocía el dominio legítimo, pero no la posesión ni la dominación ni la explotación de sus habitantes.

No había precedentes en la historia de una situación como esta: inmensos territorios separados por grandes distancias entre ellos y respecto a la Corona, habitados por una población culturalmente muy distinta e intelectual y tecnológicamente menos desarrollada; gobernados, inesperadamente, por una potencia del cristianismo latino que vivía sometida a unas exigencias morales y teológicas que nunca antes habían sido aplicadas a relaciones de este tipo. De hecho, la Reconquista contra los árabes constituía un precedente tan solo parcial, ya que se había librado contra un adversario bien conocido, pero sin causar los problemas que sí provocaba el dominio de la población autóctona. A pesar de las controversias intelectuales que generó esta situación, cuyo fruto más importante fue la extensión y renovación del derecho natural, así como ciertas innovaciones en la legislación internacional[3],

---

[3] Cuando este debate llegó a su momento culminante, en la década de 1540, evidentemente era imposible que España abandonara su imperio. La voz determinante en el debate, que tuvo lugar en Salamanca, fue la de Francisco de Vitoria, que trató de establecer las normas y los preceptos necesarios para que se administrara más en beneficio de los propios indios, lo que posteriormente se expresó en las Leyes de Indias, a veces ignoradas en la práctica.

Hay una serie de obras clásicas a este respecto, comenzando con estudios como J. H. Parry, *The Spanish Theory of Empire in the Sixteenth Century,* Cambridge, 1940; S. Zavala, *The Political Philosophy of the Conquest of America,* México, D. F., 1953, y L. Hanke, *The Spanish Struggle for Justice in the Conquest of America,* Boston, 1965. También las obras más recientes de

el nuevo imperio se tornó pura y llanamente en una maquinaria de dominación.

Cierto es que la monarquía española, al menos con los Habsburgo, nunca se refirió a las posesiones de ultramar como «imperio». De hecho, teóricamente no eran más que posesiones patrimoniales de la Corona de Castilla y, como tantos otros territorios peninsulares obtenidos con la Reconquista, se denominaron «reinos». Pero en Europa sí existía una conciencia clara de que todos los territorios habsbúrgicos formaban parte del «Imperio español».

Como hemos mencionado anteriormente, durante el reinado de Carlos V, y también con sus sucesores, las posesiones de ultramar no fueron un objetivo primordial de la política exterior española. Eran, eso sí, fuente inagotable de riquezas que mantenían en pie las finanzas reales. Tampoco fue muy abundante la emigración a estas tierras, comparada con la vasta extensión de los territorios, aunque sí suficiente para sentar las bases de una nueva sociedad criolla y mestiza, leal y resistente.

Muy similar fue el número de emigrantes procedentes de las Islas Británicas que se establecieron en las trece colonias norteamericanas, un territorio grande, pero, en comparación, mucho más pequeño que Hispanoamérica, durante los siglos XVII y XVIII. La consecuencia inmediata para los españoles fue la imposibilidad de crear verdaderas colonias como las inglesas. No se podía reproducir el modelo social de la Península porque, en la mayoría de los distritos, no había suficientes españoles y, desde luego, no había suficientes mujeres, ya que estas viajaron a América en un número muy inferior al de los hombres. Esto dio lugar

---

A. Pagden, *The Fall of Natural Man. The American Indian and the Origins of Comparative Ethnology,* Cambridge, 1986; *Spanish Imperialism and the Political Imagination,* New Haven, 1990; *European Encounters with the New World,* Aldershot, 1994, y *Lords of all the World. Ideologies of Empire in Spain, Britain and France c. 1500-c. 1800,* New Haven, 1995; y también D. Armitage (ed.), *Theories of Empire, 1450-1800,* Aldershot, 1998, y J. Muldoon, *The Americas in the Spanish World Order: The Justification for Conquest in the Seventeenth Century,* Filadelfia, 1994.

a unas sociedades y culturas nuevas, mientras en Norteamérica sí se reprodujeron fielmente las normas e instituciones de Inglaterra.

Varios miles de exploradores y conquistadores habían extendido el dominio sobre un territorio de dimensiones casi inimaginables (quince millones de kilómetros cuadrados) en menos de medio siglo[4], mientras que a la otra gran potencia de ultramar, Inglaterra, le llevó más de un siglo y medio ocupar un espacio físico infinitamente menor. Sin embargo, la población femenina inglesa que llegó a los nuevos territorios era más numerosa, con lo que esta nueva sociedad anglosajona alcanzó una mayor densidad y solidez que la hispanoamericana.

Inevitablemente, las nuevas sociedades inglesas de Norteamérica desarrollaron una cultura muy diferente a la de la sociedad híbrida hispanoamericana, con sus élites y pequeñas clases medias hispanoparlantes, pero con una población española muy limitada. Por estas razones, la divergencia en cuanto a su futuro y su desarrollo político y económico sería mayor que la existente entre España e Inglaterra en Europa. De hecho, hacia finales del siglo XX, España e Inglaterra eran bastante más parecidas que las dos Américas.

Este primer imperio británico no poseía un gobierno centralizado y jurídicamente racionalizado como el de España. Cada colonia en Norteamérica gozaba de gran autonomía y muy pronto tuvieron sus Parlamentos e incluso leyes propias. Mientras que el Imperio español reprodujo en gran parte el modelo de Roma, el inglés desarrolló uno más parecido al de la antigua Atenas, con su tendencia a recrear «nuevas Atenas» a escala reducida. Cuando, alrededor de 1770, el Gobierno británico pretendió

---

[4] El primer historiador de los grandes exploradores españoles en su conjunto fue Charles F. Lummis, que escribió acerca de ellos a comienzos del siglo XX. Más recientemente se han publicado nuevas ediciones de las traducciones de sus dos obras principales: *Exploradores españoles en América,* Madrid, 2017, y *Los españoles que ensancharon el mundo,* Madrid, 2017. Más completa es la gran edición de la Sociedad Geográfica Española, *Atlas de los exploradores españoles,* Barcelona, 2009.

gravar a los territorios americanos con algunos impuestos, las semirrepúblicas que eran sus colonias iniciaron un proceso de rebelión. Sus habitantes ya tenían unos ingresos medios superiores a los de cualquier otra parte del mundo y solo les faltaba conseguir un Gobierno nacional independiente. Si bien es verdad que no habrían ganado la guerra que provocó este proceso sin la decidida intervención militar y naval de Francia y España a partir de 1778-1779[5].

Holanda, por su parte, desarrolló un nuevo modelo de imperio comercial mixto en el siglo XVII que fue mucho más eficiente que la vieja talasocracia portuguesa en sus operaciones imperiales y económicas. Fue rentable —y no solo en sus inicios— y no desdeñó adueñarse de territorios grandes, aunque esta no fuera su intención primera. En esto, como en muchas otras cosas, los ingleses siguieron a los holandeses, con la diferencia de que no solo ocuparon lugares que administraban directamente, sino que, hasta finales del siglo XVIII, los territorios más grandes y relevantes fueron las colonias norteamericanas, que, como ya hemos señalado, gozaban de gran autonomía. Inglaterra sí obtuvo un claro beneficio económico de ellas, pero sobre todo a través del floreciente comercio que satisfacía los propios intereses económicos de las colonias, para lo cual no era imprescindible un control político directo. Solamente después de perder la guerra de 1775-1783, el Gobierno británico pudo aplicar este modelo, pero en Asia, África y el Pacífico, donde consiguió un éxito asombroso durante un siglo y medio.

Ya se ha mencionado que durante los siglos XVI y XVII no existió un verdadero interés por parte de España por racionalizar el imperio y explotarlo sistemáticamente. El objetivo funda-

---

[5] En Francia, sobre todo, había un verdadero entusiasmo emocional y filosófico por la causa de los norteamericanos. Sin embargo, el motivo básico de la intervención de Francia fue la razón de Estado, que dominaba aún más en la decisión española. Para ambos países, el mejor estudio individual es L. D. Ferreiro, *Brothers at Arms: American Independence and the Men of France and Spain who Saved it,* Nueva York, 2016.

mental era extraer el oro, o más bien la plata, que se obtenía de las tierras americanas, principalmente de Bolivia y de México. Desde la península Ibérica, no se utilizó el imperio como un factor de integración o de desarrollo de la nación española, por la sencilla razón de que tal concepto estaba poco desarrollado antes del siglo XVIII.

La noción y el término de «imperio» empezaron a utilizarse durante el reinado de Carlos III (1759-1788), que efectuó el mayor esfuerzo de reforma llevado a cabo por cualquier Gobierno del Antiguo Régimen en España. Impuso una política que John Lynch ha denominado «nuevo imperialismo» para lograr una «segunda conquista» a través de la cual Madrid podría gobernar más directamente todo el imperio, imponiendo nuevos impuestos, leyes y regulaciones para controlar y explotar la economía con más eficacia. Directamente desde España se envió nuevo personal que reemplazó a gran parte de los funcionarios criollos, con el fin de formar una nueva burocracia más fuerte, eficaz y «moderna». Esta iniciativa suscitó mucha resistencia por parte de los hispanoamericanos, especialmente —pero no exclusivamente— de los criollos blancos, que desembocó en varias revueltas, aunque, en general, la sociedad hispanoamericana era bastante estable. El descontento entre las élites rara vez llegó al nivel de querer imitar a los independentistas norteamericanos. Desde el punto de vista de la monarquía, el nuevo imperialismo tuvo éxito y, en la última parte del siglo XVIII el porcentaje de ingresos gubernamentales era aún más elevado que antes. Según Céspedes del Castillo, «las reformas carolinas constituyen el más serio y sostenido esfuerzo realizado por cualquiera de las grandes potencias del siglo XVIII con objeto de defender, modernizar y administrar bien sus territorios ultramarinos»[6].

Es curioso que durante los siglos XVII y XVIII el Imperio español acuñara las monedas que se utilizaban en una gran parte del

---

[6] G. Céspedes del Castillo, «América en la Monarquía», en *Actas del Congreso Internacional sobre Carlos III y la Ilustración,* Madrid, 1989, pág., 181, citado por A. Morales Moya en *Historia de la nación,* ob. cit., pág. 151.

mundo. La moneda básica era el real de a ocho, más tarde conocido como peso de a ocho. En la última parte del siglo XVIII, el lugar del mundo con el nivel de ingresos más alto eran las colonias inglesas, pronto convertidas en los Estados Unidos, y la moneda que con más frecuencia se empleaba allí en el momento de la independencia era el peso de a ocho, conocido desde hacía mucho tiempo en el mundo de habla inglesa como *piece of eight* o dólar español. El famoso símbolo del dólar ($) fue inventado por la primera contabilidad estadounidense como abreviación simbólica de esta moneda y adaptado después como representación del dólar.

El siglo XVIII fue la época de la máxima expansión geográfica del Imperio español, con mayor penetración en Norteamérica, principalmente en California, y una nueva exploración hasta Alaska y también en el Pacífico, a pesar de que a finales del siglo XVII se había perdido la mayor parte de las islas caribeñas a manos de otras potencias europeas. En Asia, solo se ocuparon algunos territorios en Filipinas, pero el idioma español se mantuvo entre las élites hasta mediados del siglo XX.

Con la aparición del liberalismo español, la Constitución de Cádiz de 1812 trató de incluir a América en el proceso político y así evitar el error que había cometido el Gobierno británico cuatro décadas antes. En total, un quinto de los escaños y casi la mitad de las presidencias de comisión estaban ocupados por americanos, pero, dada la gran superioridad numérica de la población americana, estas condiciones no convencían a todos. Los representantes americanos mostraban una fuerte identificación orgánica y corporativa con sus regiones y no aceptaban, en la mayoría de los casos, el concepto gaditano de una atomización de todos los ciudadanos (y votantes) en un único gran cuerpo en el que los americanos estarían muy infrarrepresentados y apenas tendrían reconocimiento orgánico.

El imperio de ultramar llegó a su fin durante el colapso del Gobierno español tras la invasión francesa de 1808. Aun así, la inmensa mayoría de la población se mantuvo leal a la Corona. Las primeras Juntas de Gobierno regionales que se formaron no fueron nada más que autonomistas, y la mayor parte de la población, en la medida en que se podía expresar públicamente, reiteraba su lealtad. Las primeras intentonas independentistas fracasaron, y así ocurrió durante varios años. El principal problema que presentaba España era su debilidad política y económica, y la nueva monarquía fernandina instaurada después de la Guerra de la Independencia proyectaba un poder muy mermado.

Los independentistas lentamente fueron adquiriendo fuerza y con frecuencia debieron librar verdaderas guerras civiles para hacerse con el poder. En estas luchas, el protagonismo independentista correspondió, en la mayoría de los casos, a los criollos blancos, mientras que la población perteneciente a otras razas normalmente apoyaba el *statu quo* o se oponía a los criollos. La guerra de castas que tuvo lugar en Venezuela, por ejemplo, fue salvaje. Los independentistas incluso llegaron a pedir «el exterminio» de los españoles, aunque ellos mismos lo fueran en origen. Dada la continuada debilidad de la Corona, después de quince años de luchas intermitentes lograron la victoria. Sin embargo, las guerras civiles, de un modo u otro, se prolongaron durante mucho tiempo.

La actitud de odio que desarrollaron algunos sectores de la población criolla fue, en parte, una evolución de las convulsiones y la violencia que habían desatado la Revolución francesa y las guerras napoleónicas, junto a la acumulación de crisis y desafíos, además de la influencia creciente de las nuevas doctrinas e ideologías. No es sorprendente que el imperio no pudiera sobrevivir a este periodo tan extenso de radicalismo y agitación. A pesar de las numerosas reformas que se pusieron en marcha en la segunda mitad del siglo XVIII, se trataba de un imperio tradicional que había conocido una época muy larga de tranquilidad y estabilidad, algo nunca repetido en la historia de Hispanoamérica. María Elvira Roca Barea apunta:

> Lo que hay que preguntarse no es por qué el Imperio español se vino abajo en la primera mitad del siglo XIX, sino cómo consiguió mantenerse en pie tres siglos, porque ningún fenómeno de

> expansión nacido desde la Europa occidental (y nunca dentro de ella) ha conseguido producir un periodo más largo de expansión con estabilidad y prosperidad[7].

Quizá se puede cuestionar lo de «prosperidad», pero, en general, la conclusión parece acertada.

[7] M. E. Roca Barea, *Imperiofobia y Leyenda Negra,* ob. cit., pág. 437.

4
España y Occidente: auge y declive

La decadencia española: el mito de la intolerancia y del retraso cultural

Desde el *magnum opus* de Oswald Spengler *La decadencia de Occidente,* publicado en 1918, ha predominado la perspectiva de que las divisiones fundamentales en la historia universal no vienen dadas por las historias de las naciones, sino por las de las civilizaciones. Historiadores como Spengler o Arnold Toynbee han dividido la historia humana a partir de este criterio, identificando y analizando las principales civilizaciones, de las cuales la más reciente es Occidente, la única que ha penetrado en casi todo el mundo y que ha alcanzado cierto universalismo.

Lo habitual es que en la historia se distingan varios periodos cronológicos y, en nuestros días, se ha impuesto la división tripartita en Antigua/Medieval/Moderna, en ocasiones con otras subdivisiones internas, Alta y Baja Edad Media, Moderna y Contemporánea, etc. Sin embargo, esa división nació en los siglos XIV y XV gracias a ciertos conceptos que avanzaron los nuevos humanistas italianos, impresionados por el conocimiento que habían adquirido del mundo grecorromano a través de los numerosos manuscritos clásicos que entonces se descubrieron. Estaban seguros de que la sociedad europea en la que vivían era insignificante, por lo menos en lo referente a algunos aspectos clave, en comparación con la civilización clásica. De modo que acuñaron el concepto de «Edad Media», en el que incluían toda la historia de Europa desde la caída de Roma hasta la nueva ilustración filológica que creían haber descubierto. Incluso antes la historia se dividía entre lo «antiguo» y lo «moderno», entendido este último término como lo más reciente. Aunque la idea de tres edades no era totalmente original, sí fue novedosa. Desde entonces, el concepto se fue expandiendo a medida que la «modernidad» de los siglos XV-XVI se afirmaba cada vez más. Finalmente, «en 1688 el historiador alemán luterano Christoph Keller (Cellarius), en el segundo tomo de su *Historia universalis,* fue el primero en definir la "Edad Media" como todo el periodo que se extendía desde el emperador Constantino hasta la conquista de Constantinopla por los turcos en 1453»[1]. Esta terminología ha llegado a ser prácticamente universal y es la manera en la que, aún en nuestros días, identificamos este periodo.

Ya en el siglo XX, después de una gran actividad historiográfica, los historiadores medievalistas comenzaron a sentirse cada vez más a disgusto con la terminología estándar. Para ellos, la historia medieval europea no se encontraba «en medio» de nada, salvo por el flujo temporal, y según este criterio podía afirmarse que cualquier época está «en medio» de lo que había antes y lo que vendría después, es decir, una circunstancia irrelevante. Lo que estos historiadores defendían era que esta llamada «Edad Media» era, ciertamente, la primera época de una civilización nueva, la civilización occidental, que evolucionó desde sus orígenes hasta la época moderna de los últimos siglos. Fue la época de la formación inicial de la civilización occidental.

En sus primeros tiempos, esa civilización occidental carecía de nombre propio. El término «Europa» tenía un carácter estrictamente geográfico, aunque, tras la caída de Roma, comenzó a utilizarse la palabra «europeos» para referirse a sus habitantes. La *Crónica mozárabe* de 754 calificaba de *europeenses* a los fran-

---

[1] J. Le Goff, *Faut-il vraiment découper l'histoire en tranches?,* París, 2014, pág. 15.

cos que habían repelido a los musulmanes, pero el vocablo aún no estaba demasiado extendido. Naturalmente, la Cristiandad latina sí fue consciente de su propia existencia y, ya en el siglo XI, utilizaba el término *Christianitas* o Cristiandad. La utilización generalizada de la palabra «Europa» para designar a la Cristiandad no se produjo hasta varios siglos después, pero su uso ya era habitual en el XVI. Los pensadores ilustrados del siglo XVIII pusieron el énfasis en la realidad de una civilización europea y también empleaban el término de «Edad Media», puesto que creían que el concepto de «civilización» era más reciente. En realidad, expresiones como «Occidente» y «civilización occidental» surgieron durante el siglo XIX[2].

No obstante, ya desde el siglo XVIII se identificó la aparición en esta «cultura occidental» de un segundo ciclo cultural que solemos denominar «Edad Moderna» para distinguirlo de la cultura «medieval», también denominada «Viejo Occidente»[3]. Este segundo ciclo presenta unas características muy diferentes del primero —y a veces contradictorias— y hace que la civilización occidental sea distinta de todas las demás y, por ello, única.

El Viejo Occidente (siglos VIII a XVIII) era tradicionalista, monárquico y católico, y no estaba dominado por valores materialistas. Aunque cada vez se ponía más énfasis en la «razón práctica», se caracterizaba sobre todo por la tensión creadora entre la razón y la fe. Por su parte, el Occidente Moderno era cada vez más antitradicionalista, igualitarista, subjetivista y materialista, y durante varios siglos estuvo dominado sobre todo por protestantes, aun cuando la mayor parte de los gérmenes de su cultura moderna hundiera sus raíces en el Viejo Occidente católico. La historia de las civilizaciones con frecuencia se ha dividido en fases, perio-

---

[2] Véanse K. Wilson y J. van der Dussen (eds.), *The History of the Idea of Europe,* Londres, 1993; A. Pagden (ed.), *The Idea of Europe. From Antiquity to the European Union,* Washington, D. C., 2002, y B. Geremek, *The Common Roots of Europe,* Cambridge, Mass., 1996.

[3] Como en D. Gress, *From Plato to NATO: The Idea of the West and its Opponents,* Nueva York, 1998.

dos o dinastías (por ejemplo, la historia de China o de Egipto), pero en ninguna de ellas es posible encontrar una división en dos culturas aparentemente contradictorias —a pesar de sus muchas interconexiones—, como tampoco lo es encontrar otra civilización cuyas formas, instituciones, descubrimientos y estructuras se hayan universalizado de manera semejante.

El Viejo Occidente comenzó su andadura con un déficit considerable respecto a Bizancio, Oriente Próximo, la nueva civilización árabe o China —probablemente, esta última llevó la batuta en lo que a inventos técnicos se refiere—. En Occidente, la economía romana se había derrumbado y la recuperación fue muy lenta. De hecho, no se observó un progreso de envergadura hasta los siglos X o XI. La desventaja se mantuvo en todos los frentes hasta finales del siglo XIII, cuando el mundo islámico inició su declive —el estancamiento de China comenzó en el siglo XV—. El ascenso de Occidente continuó, con altibajos, hasta adquirir la posición preeminente que ocuparía en los siglos XVIII y XIX.

Durante el curso de este ascenso, numerosos cambios y logros coincidieron en Occidente para crear un modelo cultural cada vez más alejado del de la antigua cultura grecorromana y, con el paso del tiempo, cada vez más productivo. Como ya hemos mencionado, los cambios en la agricultura empezaron en el siglo X con la expansión de los molinos de agua, innovación que se vio acompañada por una clara mejora en la tecnología de la minería. Se formó una sociedad que prácticamente eliminaba la esclavitud y que puso cierto énfasis en el individuo, el matrimonio monógamo, la familia conyugal y las relaciones bilaterales entre las dos ramas de una familia, con un mayor reconocimiento del papel de las mujeres, aunque muy lejos de la igualdad. El catolicismo fue más eficaz que otras religiones a la hora de eliminar el respeto hacia los ancestros y favorecer un cierto enfoque hacia el futuro, al tiempo que contribuyó a reducir la importancia de los linajes. El nuevo monacato occidental fue más práctico y abierto al mundo y, de hecho, desempeñó un papel fundamental en el avance tecnológico, la producción económica y las primeras formas de capitalismo.

La sociedad occidental comenzó a desarrollar estructuras jurídicas algo más prácticas, flexibles y justas, y poco a poco fueron emergiendo nuevas formas políticas que representaban a los diversos estamentos. La tensión entre razón y fe contribuyó a la aparición de un nuevo enfoque sobre el análisis, lo que llevó, en la última parte del siglo XII, a la aparición de las universidades, donde comenzó a ensayarse lo que después sería el método científico. Es probable que del catolicismo surgiera una nueva cultura humanística —mucho más que de cualquier otra religión— por su distinción entre lo divino y lo humano, por un lado, y su capacidad para unirlos en otra dimensión, por otro, pero se trata de un argumento complejo que exigiría un debate más extenso. También en esta época se ensayó la primera fase de la distinción entre Estado e Iglesia, aunque su pleno desarrollo no se produjo hasta los tiempos modernos. El catolicismo desacralizó la naturaleza para empezar a «naturalizarla», llevando a cabo una desmitologización fundamental. Permitió y alentó la investigación de la naturaleza y, a largo plazo, una forma nueva de entender la física, alejándola de las inclinaciones animistas o semiespirituales aristotélicas[4].

Los inventos técnicos eran cada vez más frecuentes y provocaron cambios decisivos en la navegación y la construcción de barcos, la fabricación de papel, la óptica, el reloj mecánico y, posteriormente, la imprenta. En alguno de estos ámbitos existían antecedentes en otras civilizaciones, pero ya en el siglo XV la concentración de novedades técnicas en Occidente era más que relevante. Se recibían influencias de Bizancio, de China, del mundo islámico e incluso de la India, pero el desarrollo técnico adquirió en Europa un peso y un carácter sin parangón. La de Occidente se estaba convirtiendo en la menos «autocéntrica» de las civilizaciones, y por eso llegó a ser la más original y donde mejor se introducían los avances técnicos. Occidente asumió el papel preeminente al aceptar con más facilidad las influencias del exte-

[4] Sobre todo, sigo el argumento de R. Brague, *Eccentric Culture. A Theory of Western Civilization,* South Bend, Ind., 2002.

rior, lo que permitió un desarrollo muy superior respecto a otras partes del mundo.

Aun así, pese a esta sobresaliente capacidad para la innovación, la cultura del Viejo Occidente se mantuvo dentro de un esquema que no se quebró hasta el siglo XVIII, si bien la Reforma religiosa del siglo XVI provocó una ruptura en el seno del cristianismo. El protestantismo no rechazaba la mayor parte de la cultura tradicional, si bien es cierto que, al prestar una mayor atención al individuo, al subjetivismo, a la innovación, al trabajo y al nacionalismo, contribuyó en gran medida, de distintas formas, a abrir una brecha fundamental que se haría mucho más visible en el siglo XVIII[5].

Pero tampoco podemos hablar de una ruptura total en aquel periodo. No es posible establecer una división clara entre las dos épocas de la civilización occidental, ya que las raíces del Occidente Moderno se hunden en el Viejo, y, en cierto sentido, este nunca ha desaparecido. Probablemente, el primer siglo completamente moderno fue el XIX, aunque en muchos aspectos la vida y la cultura tradicionales seguían muy vivas. Por último, desde el punto de vista del análisis histórico, es preciso tener en cuenta que hablamos de dos ideales de cultura, no de dos entidades perfectamente identificadas, y que, por tanto, los márgenes no siempre están delimitados.

En cuanto a España, su papel durante estas dos épocas fue bastante singular, ya que estuvo muy presente en los dos ciclos culturales —y en la transición entre ambos—, aunque su partici-

---

[5] La literatura sobre estas cuestiones es muy abundante. En mi opinión, algunas de las obras más útiles son M. Mitterauer, *Why Europe? The Medieval Origins of its Special Path,* Chicago, 2010; dos libros muy breves de J. Le Goff, *Faut-il vraiment découper l'histoire en tranches?,* ob. cit., y *¿Nació Europa en la Edad Media?,* Barcelona, 2011, y R. I. Moore, *La primera revolución europea c. 970-1215,* Barcelona, 2016. Sobre la cuestión de la relación del protestantismo y el Occidente Nuevo, dos perspectivas diferentes en B. Gregory, *The Unintended Reformation: How a Religious Revolution Secularized Society,* Cambridge, Mass., 2012 y A. Ryrie, *Protestants: The Faith that made the Modern World,* Nueva York, 2017.

pación fue desigual. La singularidad radica en que, una vez desarrollada plenamente su «Edad de Oro» en la primera mitad del siglo XVII —hasta ese momento, la cultura tradicional española era la más avanzada de toda Europa—, las condiciones para llevar a cabo la transición a la época moderna no fueron las más propicias. No hay otra cultura nacional que llegara a tener tanta presencia en la primera época y que encontrara tantas dificultades para desarrollarse en la segunda. Tan solo Italia permite cierta comparación, con una trayectoria distinta.

Como se ha señalado en páginas precedentes, durante los primeros siglos de Occidente, los principados españoles constituían una semiperiferia respecto del núcleo de la cultura europea. Participaron de las transformaciones que se estaban produciendo, pero el retraso en lo referente al ámbito de las innovaciones fue evidente. En el siglo XI, las interconexiones comenzaron a ser más constantes y los enlaces matrimoniales con la realeza de Francia, Inglaterra y otros países se volvieron habituales. La expansión de Castilla en la Península permitió que este reino desempeñase un papel cada vez más importante entre las potencias occidentales, y los estados hispánicos sufrieron las mismas transformaciones jurídicas y políticas que otros países. Incluso fueron pioneros de algunas innovaciones clave; por ejemplo, el primer Parlamento que reunió a los tres estamentos fueron las Cortes de León de 1188.

También la sociedad española participó en las transformaciones culturales con la fundación de dos de las primeras universidades europeas, en Palencia y en Salamanca, y con la formación, en el siglo XII, de la orden dominica, institución que resultó esencial para el desarrollo del pensamiento y la teología en los dos siglos siguientes. Siempre se ha destacado el papel de los eruditos y de las escuelas peninsulares en la transmisión y traducción de numerosos textos fundamentales tanto griegos como islámicos. Entre los siglos XI y XVII, España destacó en ámbitos tan diferentes como las artes, por un lado, y la Reforma católica, por otro, asumiendo el liderazgo de Europa en el siglo XVI. El único lugar donde la cultura del Antiguo Régimen se desarrolló tanto o más que en España fue la Francia de Luis XIV, que, a pesar de apoyarse en la española[6], mostró signos más evidentes de que, en efecto, se estaba iniciando la nueva época moderna.

Sin embargo, sería un error interpretar que la cultura y la sociedad españolas de la época de los Austrias estaban inmersas en un completo tradicionalismo y carecían de tendencias modernizadoras. En realidad, esas tendencias existían y eran bastante numerosas, pero más débiles que las de la sociedad francesa de la segunda mitad del siglo XVII. A finales del siglo XVI la sociedad española había alcanzado un considerable desarrollo urbano y educativo que permitió vislumbrar los primeros destellos de la sociedad y la cultura urbana de masas[7]. La producción cultural en materia de literatura, bellas artes, pensamiento religioso, filosofía y derecho[8] fue cuantiosa y original, aunque la mayor parte siguiera dentro del marco de los valores tradicionales. Se dieron ciertos avances en ciencias y en matemáticas, al tiempo que se producía un importante desarrollo en materias como la geografía, la lingüística —con los primeros estudios sobre lenguas exóticas— y diversos aspectos de la tecnología, desde los barcos hasta la minería.

---

[6] Como señaló Oswald Spengler, «La cultura occidental, en su periodo de madurez, fue un producto francés surgido de España [...]», en *The Decline of the West,* Nueva York, 1980, I, pág. 150. Para la influencia española en la Francia del *grand siècle,* véase J.-F. Schaub, *La Francia española. Las raíces hispanas del absolutismo francés,* Madrid, 2004. En el último cuarto del siglo XVII la monarquía francesa insistía en haber asumido el papel de España no solo como potencia hegemónica, sino también como defensor universal del catolicismo (que, huelga decir, no había sido la política de Francia en el siglo XVI o la primera parte del XVII). En esas décadas, era la Corona española la que a veces se aliaba con países protestantes para defender sus intereses en contra de la agresión francesa.

[7] J. A. Maravall, en *La cultura del Barroco,* Madrid, 1975, recalca, quizá en exceso, la presencia de factores de cambio, los nuevos conflictos y la amenaza de lo cultural y socialmente «subversivo» en esta sociedad, en muchos aspectos tan tradicionalista.

[8] Cfr. J. B. Scott, *The Spanish Origin of International Law,* Washington, D. C., 1950.

Pero nada poseía unos rasgos más propios de la transición que la teoría generada por el escolasticismo económico tardío de la España de los siglos XVI y XVII, con los nuevos cálculos mercantiles aplicados al valor, al precio, a los salarios, a la justicia, a los beneficios y a la banca[9], una teoría económica incluso más refinada que la que se había desarrollado en algunas sociedades del norte de Europa —sobre todo en países protestantes— y, desde un punto de vista económico, más vanguardista.

Los logros culturales del Siglo de Oro —de mediados del XVI a mediados del XVII— fueron asombrosos, sobre todo en la literatura, las artes, la arquitectura y el pensamiento y la cultura religiosos. El florecimiento artístico se debió en parte al mecenazgo de la Iglesia y de una acaudalada aristocracia, que permitió la aparición de una especie de cultura de transición. En cierto sentido, se puede decir que el *Quijote* fue la elegía a una época que estaba dejando de existir, aunque al mismo tiempo la obra planteara un punto de vista más «moderno» y, en algunos aspectos, un subjetivismo y una autorreflexión de tipo posmoderno. El Barroco español de las décadas siguientes llevó la cultura tradicional europea a sus cimas más altas, si bien en líneas generales no formaba parte de la nueva cultura protomoderna que comenzaba a desarrollarse en algunas zonas de Occidente en el siglo XVII. De hecho, ya en la década de 1660 la chispa creadora del Barroco comenzó a desaparecer.

Empezando lentamente en la década de 1580, lo que ocurrió en España durante la centuria siguiente no fue solo el resultado de una cultura y una voluntad perversas o abúlicas propias de los españoles, sino la consecuencia de la confluencia de factores negativos de diversa índole, factores que comenzaron a entrelazarse y a formar un círculo vicioso de creciente debilidad. Existían, ciertamente, tendencias sociales y culturales subjetivas, como el

---

[9] A. A. Chafuen, *Christians for Freedom: Late Scholastic Economics,* San Francisco, 1986; M. Grice-Hutchinson, *The School of Salamanca: Readings in Spanish Monetary Theory, 1544-1605,* Oxford, 1962, y *Early Economic Thought in Spain, 1177-1740,* Nueva York, 2016.

«pundonorismo» y la manía del «endonamiento» —de los que hablaremos más adelante—, que también existían en otros países europeos, pero aún más importantes y perjudiciales fueron los factores objetivos de una política gubernamental que desalentaba la producción y el comercio con el cobro de grandes impuestos y con la cesión de aspectos básicos de las finanzas a intereses extranjeros. La intersección e interacción de los dos tipos de factores —subjetivos y objetivos— dieron lugar a una especie de vorágine que provocó la implosión de una parte importante de la economía, sobre todo en Castilla, que, como dijimos, había sido su base. A ello se sumaron los efectos de la peste e incluso de una variación climática que provocó un enfriamiento generalizado, grandes inundaciones, lluvias y sequías.

No hubo, como se dijo, una influencia predominante del factor religioso, con una separación entre países católicos, teóricamente más atrasados, y protestantes, teóricamente más modernos y avanzados. El hecho de que en el siglo XVII, Inglaterra, protestante, y parte de los Países Bajos, que eran católicos, estuvieran a la cabeza de la modernidad en esta centuria viene a desmentir esa tesis[10].

España es el único gran país occidental para el que la idea de «decadencia» o, al menos, de soportar cierto atraso, llegó a convertirse en obsesión. A menudo se dice que el siglo XVII fue una época de crisis y de declive en gran parte de Europa —del sur y del este, sobre todo, y también en zonas de Europa central—, y se trata de una afirmación cierta, aunque el caso de España parece más acusado. De todos modos, es probable que, proporcionalmente, el declive y la destrucción interna registrados en Alemania durante la Guerra de los Treinta Años (1618-1648)

---

[10] Huelga decir que hay bastante literatura sobre el excepcionalismo inglés. Ejemplos, entre otros muchos, son las obras de A. Macfarlane, *The Origins of English Individualism,* Oxford, 1968, y *The Culture of Capitalism,* Oxford, 1987, y la obra de divulgación de D. Hannan, *Inventing Freedom,* Nueva York, 2013. Sobre algunos de sus orígenes, véase F. Borkenau, *End and Beginnings: On the Generations of Culture and the Origins of the West,* Nueva York, 1981.

fueran equiparables e incluso más severos. Durante esos años, Alemania perdió al menos un 25 % de su población, un retroceso demográfico aún más intenso que el de España y una destrucción masiva de ciudades, aldeas y campos de cultivo. Otro ejemplo es el de la Rusia zarista, que padeció una profunda crisis política y militar en los primeros años del siglo, el llamado «tiempo de las aflicciones», un periodo crítico que no se volvería a dar hasta la revolución de 1917. También Italia, el país grande occidental más parecido a España, sufrió un retroceso acusado, pero no de las dimensiones del español.

Posteriormente, las décadas de 1640 y 1650 estuvieron caracterizadas por diversas crisis domésticas en varios países, como en algunas zonas de Italia, Francia y, sobre todo, Inglaterra, con una guerra civil revolucionaria —la primera en la historia— muy larga y costosa. Pero, sea como fuere, todos estos países —salvo Italia— lograron salir de sus crisis más rápidamente que España.

Algunos historiadores, entre ellos Henry Kamen, han puesto en duda la «decadencia» española basándose en la idea de que, en realidad, nunca hubo un ascenso[11]. Sin embargo, ciertos datos demuestran que, desde el reinado de los Reyes Católicos hasta las últimas décadas del siglo XVI, coincidiendo con el reinado de Felipe II, sí se produjo un avance en la España peninsular: aumentó la población y creció la economía, lo que permitió financiar las guerras europeas y el desarrollo de los territorios de ultramar, al tiempo que se daba el mayor avance cultural conocido en Europa. Aun así, y revisando la larga historiografía sobre este asunto, no se puede eludir que en el siglo XVII España sí conoció una etapa de declive, quizá el más dramático y generalizado de Occidente.

Esta caída afectó, sobre todo, a Castilla, y de forma especialmente intensa entre 1640 y 1680. El reino tuvo que soportar los gastos militares de un modo totalmente desproporcionado, hasta

---

[11] H. Kamen, «The Decline of Spain: A Historical Myth», *Past and Present,* 81, 1978, pág. 25.

el punto de que uno de los procuradores castellanos se quejó de que la monarquía castellana mantenía «un imperio al revés», ya que ningún otro territorio de la Corona pagaba una cantidad de impuestos ni remotamente parecida. Las regiones periféricas se beneficiaron de los pagos militares que recibían de la Corona por mantener las tropas y las plazas, pero Castilla aportaba mucho y recibía muy poco. Las ciudades castellanas, bastante pobladas en el siglo XVI, nunca se recuperaron, como tampoco lo hizo la industria urbana. Las pérdidas demográficas fueron, en términos absolutos, de un millón de personas, cifra que solo empezó a recuperarse en las últimas décadas de siglo XVII.

En general, a lo largo de ese siglo disminuyó el comercio con los territorios de ultramar y, en consecuencia, la llegada de plata, como resultado de un aumento de la frecuencia viajera de Holanda e Inglaterra, los grandes competidores de España en América. Mientras, la desastrosa política gubernamental, totalmente ineficaz, era incapaz de reconducir la economía interior y reducir los gastos militares. Además de la disminución de las actividades urbanas y del abandono de los oficios, el sector agrícola, que era la base de la economía, disminuyó considerablemente. De hecho, el estancamiento de la producción agrícola se prolongó hasta el segundo cuarto del siglo XVIII, momento en que empezó a remontar[12]. Aumentaba el desempleo y también el número de mendigos.

Si algo caracterizó a la sociedad española en el siglo XVII es la importancia cada vez mayor que fue adquiriendo la posición social y conseguir un título nobiliario que permitía vivir sin trabajar y evitaba el pago de impuestos, todo ello en detrimento de la creación de nuevas posibilidades de negocio y actividades comerciales que tan buen resultado había dado en otros países.

---

[12] Según E. Llopis Agelán, en I. A. A. Thompson y B. Yun Casalilla, *The Castilian Crisis of the Seventeenth Century,* Cambridge, 1994. La obra más global sobre el declive en un solo tomo es la de A. Domínguez Ortiz *et al.,* «La crisis del siglo XVII», *Historia de España,* ed. R. Menéndez Pidal y J. M. Jover, Madrid, 1989, vol. XXII.

Como adelantábamos unas páginas atrás, tanto el «endonamiento» como el «pundonorismo» dominaban la sociedad. El primero —paso previo para conseguir un título nobiliario— era la meta de la burguesía, mientras que el segundo implicaba que cualquier asunto se convirtiera en una cuestión de honor[13]. Pero sería un error creer que la del siglo XVII era una sociedad conformista. En las ciudades había también cierta diferenciación cultural, con expresiones de individualismo y nuevas iniciativas. En el teatro se representaban obras en las que había papeles para mujeres fuertes, nada resignadas, y las actrices eran mujeres, no muchachos adolescentes como sucedía en Inglaterra. De vez en cuando aparecía algún matiz de relativismo, tanto en la cultura como en el trato teológico del pecado, si bien es cierto que ninguna de estas muestras eran las dominantes.

Se impuso el belicoso catolicismo tridentino, en el que España había llevado la voz cantante. Su influencia se sentía en casi todo y se ponía de manifiesto en las numerosas expresiones de «providencialismo», que no era la actitud más práctica para hacer frente a los problemas del país. El siglo XVII fue el de los santos, con veintitrés beatificaciones y veinte canonizaciones —casi tres veces más que el siglo anterior—, y en el teatro, los autos sacramentales se representaban con suma frecuencia. El número de clérigos creció enormemente, no tanto por el aumento de las vocaciones como por la versión eclesiástica del «endonamiento».

Tanto la cultura civil como la religiosa o espiritual perdieron gran parte de su creatividad y las manifestaciones artísticas disminuyeron. Por el contrario, el español fue, con mucho, el teatro nacional europeo más prolífico: Lope de Vega escribió alrededor de cuatrocientas piezas conocidas —otras muchas se

---

[13] Un estudio clásico es el de J. A. Maravall, *Poder, honor y élites en el siglo XVII,* Madrid, 1979. Algunos especialistas posteriores han criticado de este libro lo que llaman cierta tendencia a la exageración, algo tal vez inherente al tema mismo. Véase también S. K. Taylor, *Honor and Violence in Golden Age Spain,* New Haven, 2008.

perdieron— y Calderón de la Barca cerca de doscientas, aunque a menudo la cantidad primaba sobre la calidad. Calderón compuso algunos dramas filosóficos y bastantes comedias, en ocasiones muy elaborados, y piezas musicales. Escribió numerosos autos sacramentales, y a los cincuenta y un años se hizo sacerdote, decisión que podría ser un buen reflejo de la época. En sus obras principales enfrentaba la realidad a la ilusión e insistía en el libre albedrío, ambos principios ortodoxos. Se escribieron muchas comedias y dramas, no así tragedias, que, por el contrario, fueron la gloria del teatro inglés. Podremos suponer que ese género no casaba bien con la teología[14]. De hecho, si algo caracterizó al teatro inglés fue el tratamiento de la moral y abordar los comportamientos humanos a veces desde un punto de vista agnóstico[15], lo que lo sitúa en los inicios de la modernidad.

La decadencia de España en perspectiva

Cierto es que la Reforma protestante del siglo XVI impulsó, con el tiempo, la aparición de una nueva sociedad que materializó la reforma política, una nueva forma de entender la economía y un pensamiento crítico que pondría los cimientos de la modernidad. Igualmente, a largo plazo abrió la puerta al subjetivismo y al relativismo de los siglos XX y XXI. Pero también es cierto que las raíces de los principales aspectos teológicos y filosóficos del protestantismo se encontraban en el pensamiento católico y medieval, ya que después de un milenio y medio de estudio y análi-

---

[14] L. J. Hutton, *The Christian Essence of Spanish Literature. An Historical Study,* Lewiston, 1988, subraya la ortodoxia fundamental de la literatura española clásica. La opinión es esencialmente correcta, aunque con algunas excepciones, y requiere multitud de matizaciones. En este sentido, un estudio clásico de la literatura española dentro de la perspectiva de la cultura occidental es O. H. Green, *Spain and the Western Tradition. The Castilian Mind in Literature from «El Cid» to Calderón,* Madison, 1963-1968, 4 vols.

[15] Cfr. R. Ornstein, *The Moral Vision of Jacobean Tragedy,* Madison, 1965.

sis era improbable que se pudiera inventar algo totalmente nuevo. Lo que hicieron los pensadores protestantes fue combinar diversos aspectos de los conceptos espirituales y teológicos, poniendo el énfasis en ciertos elementos innovadores. Incluso el rechazo de la autoridad papal no era nuevo, aunque algunos principios protestantes, como la libre interpretación de la Biblia, habían sido condenados como herejía. Ciertos grupos protestantes elevaban ahora esos principios a la categoría de dogmas, si bien en la práctica eran rechazados por la mayor parte de los fieles; al menos así fue hasta el siglo XIX. Su éxito principal, sin embargo, fue el de disciplinar de un modo más estricto la personalidad moral de cada individuo, dando lugar a unas sociedades más individualistas, característica esta absolutamente contradictoria con la evolución de la sociedad española en los siglos XVII y XVIII.

Al enfrentarse a la Reforma, la sociedad y la cultura católicas se hicieron más reactivas y defensivas. Hasta el siglo XVI, la Iglesia había sido la institución individual más progresista de la historia del mundo y había contribuido enormemente a sentar las bases de los sistemas políticos europeos, el sentido de la personalidad y del individuo, y los comienzos de la ciencia moderna[16]. Sin embargo, durante los siglos XVI-XVIII esta Iglesia no perdió ni sus cualidades ni sus características tradicionales, y no dejó de innovar[17]. Sí se volvió más cauta, dura y exigente. Después, no tanto a causa de la Ilustración como de la Revolución francesa, en el siglo XIX llegó a adoptar posiciones francamente reacciona-

---

[16] Este es uno de los grandes temas de la historia, con una literatura muy extensa tanto de polemistas como de estudiosos. Dos de las mejores obras en la primera categoría son T. E. Woods, Jr., *How the Catholic Church Built Western Civilization,* Washington, D. C., 2005. En la segunda categoría, L. Siedentop, *Inventing the Individual: The Origins of Western Liberalism,* Cambridge, Mass., 2014. Entre las dos se encuentra el estudio del sociólogo protestante R. Stark, *Bearing False Witness: Debunking Centuries of Anti-Catholic History,* West Conshohocken, Pa., 2016.

[17] Cfr. U. L. Lehner, *The Catholic Enlightenment: The Forgotten History of a Global Movement,* Nueva York, 2016.

rias, lo que influyó en gran medida en el devenir de la España de esa época.

Pero ¿qué pensaban los españoles del siglo XVII? ¿Eran conscientes del declive que se estaba produciendo? Si nos referimos a la minoría alfabetizada, la respuesta es que sí. Las primeras advertencias sobre el peligro para la monarquía y el país, si asumía demasiadas responsabilidades bélicas e internacionales, se dieron en la década de 1530. Poco a poco, las críticas fueron incrementándose y, ya en la primera parte del siglo XVII, el análisis de los problemas que se acumulaban y de las deficiencias internas llegó a constituir todo un género, el «arbitrismo», que produjo un amplio catálogo de recomendaciones para enderezar la situación —se puede decir que los primeros analistas del declive fueron los propios arbitristas—. Sin embargo, las dificultades para encontrar soluciones prácticas y llevarlas a cabo eran muy numerosas.

Las repercusiones de la leyenda negra que, a partir del reinado de Felipe II, comenzó a extenderse por Europa —tuvo su punto álgido a partir de las luchas de independencia de los Países Bajos—, también tomaron forma en España, donde, más tarde, surgiría una corriente intelectual que culpaba a los españoles de todos sus males y acentuaba sus rasgos negativos: la escasa inclinación hacia el trabajo, el exiguo interés por la educación y la actividad intelectual, el afán por pertenecer a la nobleza o el valor del linaje, entre otros[18].

Numerosos historiadores españoles y extranjeros han dedicado sus investigaciones a demostrar que gran parte de los postulados «leyendanegristas» no tenían relación con la realidad del país. La decadencia era innegable, pero no absoluta, y la sociedad española mantuvo intactos su sistema de valores y sus normas sociales durante la transición al siglo XVIII, aunque cierto es que la hegemonía militar desapareció para siempre.

Es evidente que, durante estas décadas, el noroeste de Europa, incluyendo parte de la Francia católica, avanzaba más rápidamente que nunca, pero España debe compararse con el conjunto

---

[18] B. Bennassar, *Los españoles: actitudes y mentalidad,* Barcelona, 1976.

de Europa, no solo con Inglaterra y Holanda. Hace tiempo, algunos historiadores británicos descubrieron una «crisis general del siglo XVII» en Europa, pero el término probablemente sea exagerado. Fernand Braudel ha interpretado el declive de España como parte de lo que ocurrió en todo «el mundo mediterráneo» —y no solo en Europa— desde la segunda mitad del siglo XVI[19], mientras que Theodore Rabb afirmaba que en las últimas décadas del siglo XVII casi toda la cultura del Barroco se caracterizó por una mayor «pasividad» y una menor creación artística[20]. Cierto es que durante ese siglo Europa oriental no solo sufrió una decadencia equivalente a la española, sino que experimentó una verdadera regresión social con un incremento muy marcado de la servidumbre. Ni por asomo se produjo en España un fenómeno similar.

En esta situación de declive del sur y el este de Europa, y de aceleración de los países del noroeste, se produjo la apertura de una «brecha modernizadora», cuyos efectos condicionaron el devenir de los tres siglos siguientes. Desde entonces habría «múltiples Europas», que no solo comprendían países y estados diferentes, sino diferentes fases de desarrollo. Entre 1659 y 1975 tuvieron lugar varios acontecimientos clave en la Historia de España que podrían explicarse desde el prisma de la lucha por alcanzar la modernización. En esta lucha, los gobiernos aplicaron una gran variedad de políticas, primero durante el despotismo ilustrado, luego con el liberalismo clásico y, finalmente, con la dictadura cuasi-tecnocrática. La transformación económica se prolongaría durante años, pero en las primeras décadas del siglo XIX España se puso a la cabeza de la innovación política con el surgimiento del precoz liberalismo español de ese siglo.

El reinado de Carlos II (1665-1700) trajo a España ciertas mejoras económicas, políticas reformistas, la reducción de im-

---

[19] F. Braudel, *The Mediterranean and the Mediterranean World in the Age of Philip II,* Londres, 1976, I, págs. 20-22.

[20] T. K. Rabb, *The Struggle for Stability in Early Modern Europe,* Oxford, 1976.

puestos y el aumento de la producción agrícola. El país estaba en condiciones más favorables en 1700 que en 1660, a pesar de que la Guerra de Sucesión (1701-1713) que siguió a la muerte sin herederos de Carlos II implicó, a grandes rasgos, la pérdida de lo que quedaba de los territorios europeos extrapeninsulares de la Corona[21]. Realmente estas pérdidas no hicieron ningún daño a España; más bien al contrario, ya que su mantenimiento había supuesto durante siglos demasiados gastos y numerosos problemas militares. Así, el país podía entrar en el nuevo siglo con cierta dosis de esperanza.

---

[21] M. del C. Saavedra (ed.), *La decadencia de la monarquía española en el siglo* XVII: *viejas imágenes y nuevas aportaciones,* Madrid, 2016.

5
El otoño del Antiguo Régimen

La «primera guerra mundial» y el cambio de dinastía

El siglo XVIII fue el primero de tres siglos consecutivos en los que España iba a sufrir una guerra devastadora en su territorio, algo que nunca había pasado con los «decadentes» Austrias. La Guerra de Sucesión Española (1700-1713)[1] fue intermitente, larga, complicada y costosa. Estalló porque la muerte de Carlos en 1700, sin heredero directo, dejó vacante el trono español y dos candidatos se lo disputaron. Felipe de Anjou, un príncipe francés, nieto de Luis XIV y pariente de la antigua dinastía española, fue nombrado heredero en el testamento de don Carlos, y subió al trono en 1700 con el nombre de Felipe V (1700-1746). El otro pretendiente, y rival en la guerra, fue el archiduque Carlos de Austria —más tarde sería emperador en Alemania—, un pariente algo más lejano, pero que contaba con el apoyo de una coalición internacional que se oponía a lo que se interpretaba como una extensión del poder de la Corona de Francia. Dadas las dimensiones de los imperios europeos, varias de las contiendas de este largo conflicto se libraron en tres continentes, por lo

[1] Se puede encontrar una perspectiva amplia en A. Álvarez-Ossorio (ed.), *La pérdida de Europa. La Guerra de Sucesión por la Monarquía de España,* Madrid, 2007.

que ha sido llamado por algunos la primera guerra verdaderamente «mundial». Catorce años de lucha provocaron más de un millón de muertos, aunque en suelo peninsular no fue tan destructiva como lo sería la Guerra de la Independencia cien años después.

En España, el conflicto tuvo las dimensiones de una guerra civil: los castellanos apoyaron al rey Felipe, mientras los estados aragoneses preferían al candidato austriaco. A la vez, estalló otro conflicto dentro de este cuando las clases altas se decantaron por Felipe y las clases populares de Aragón y Valencia dieron su apoyo a don Carlos, que se comprometió a abolir el régimen feudal aún imperante en estos reinos. Por su parte, una de las consecuencias de la rebelión catalana que había tenido lugar durante el reinado de Felipe IV (1640-1659) fue que durante unos años el principado había permanecido bajo la jurisdicción de la Corona francesa, y muchos catalanes pensaban que el nuevo rey, como miembro de la dinastía de los Borbones, impondría unas políticas centralizadoras, a pesar de que en 1701 había jurado su respeto absoluto a las instituciones catalanas. Así que la última fase de esta contienda fue la conquista de Cataluña por parte del nuevo ejército español de don Felipe. El asedio final de Barcelona sirvió de inspiración a los nacionalistas catalanes de los siglos XX y XXI para fijar la fecha de la fiesta nacional (11 de septiembre).

El gran cambio introducido por la nueva dinastía borbónica con los decretos de Nueva Planta (1716) supuso la extensión de la administración castellana a prácticamente todo el país, como castigo por el apoyo que los antiguos reinos de la Corona de Aragón habían dado al archiduque. No fue un programa de centralización total ni creó un Estado completamente unido, y tampoco el rey se refirió nunca a sus reinos como «España» o se intituló «rey de España», pero sí dio paso a un Estado más uniforme, un preludio a la nación española moderna. Como dice Julián Marías, en el siglo XVIII España se convirtió en «un proyecto de sí misma». Las modificaciones en el terreno institucional y jurídico fueron muchas, no tanto en relación al régimen fiscal ni al reclutamiento militar. Valencia perdió todas sus instituciones; Mallorca, una parte, y Cataluña y Aragón, las Cortes y sus respectivos códigos penales.

El reformismo borbónico

Se inauguraba así un periodo de continuidad más que de cambio, pero se pusieron en marcha ciertas transformaciones apreciables. Los Borbones del siglo XVIII no fueron revolucionarios, pero sí reformistas, y la introducción de nuevas pautas de funcionamiento en los ámbitos jurídico, comercial y fiscal fue muy beneficiosa para la economía. Se eliminaron algunos residuos del feudalismo, se fomentó la libertad de comercio y en Cataluña se fundaron las primeras fábricas modernas. La producción agrícola creció con la roturación de nuevas tierras —como dice John Lynch, «la agricultura aumentó, pero no se desarrolló»[2]—, también lo hizo la producción ganadera, pues con el abandono de la trashumancia y la potenciación de la propiedad privada[3] aumentó notablemente la población y se producía más en las ciudades, debido en parte a la introducción de algunas técnicas más modernas. En los últimos años de esta centuria, por primera vez se pusieron en venta tierras de la Iglesia, aproximadamente la sexta parte, y los compradores fueron nobles o dueños de grandes propiedades[4] y no tanto las clases medias campesinas.

Lo cierto es que las cosas mejoraban, pero no disponemos de estadísticas fiables para comprobar hasta qué punto —solo existen algunas para cuestiones particulares— y así es difícil medir el aumento de la productividad, si es que realmente lo hubo. Por lo

---

[2] John Lynch, *La España del siglo XVIII,* Barcelona, 2004.

[3] Véanse W. Phillips y C. Rahn Phillips, *Spain's Golden Fleece: Wool Production and the Wool Trade from the Middles Ages to the Nineteenth Century,* Baltimore, 1997, y F. Ruiz Martín y A. García Sanz (eds.), *Mesta, trashumancia y lana en la España moderna,* Barcelona, 1998.

[4] La obra magna sobre este tema es R. Herr, *Rural Change and Royal Finances in Spain at the End of the Old Regime,* Berkeley, 1989.

general, parece que se trató más de una expansión que de una transformación; no se consiguió una aproximación a las fuertes economías inglesa y francesa, y hacia finales de siglo la diferencia respecto a ellas era prácticamente la misma que en 1700.

El reformismo alcanzó su momento cumbre durante el reinado de Carlos III (1759-1788), y las principales influencias foráneas procedieron de Francia e Italia —don Carlos había sido rey de Nápoles durante veinticinco años antes de acceder al trono de España—. Era la época de la Ilustración en Europa, que en España contó con algunos destacados representantes, aunque nunca de la importancia francesa, ni tampoco tan radicales y extremistas. Sobre todo es reseñable su interés por las ciencias en campos tan diversos como la botánica, las matemáticas o la geografía.

El estereotipo del español que la leyenda negra había difundido como un ser de moral monstruosa fue sustituido en este siglo por el de un individuo indolente y engreído que colocaba a España en los márgenes de la modernidad. A estas acusaciones dieron respuesta varios autores españoles que, huyendo del pesimismo, mostraban su confianza en que con trabajo, reformas y paz sería posible elevar el nivel del país, conocer otra vez la prosperidad y construir una sociedad más moderna y productiva. Los críticos extranjeros mostraron con frecuencia un claro desprecio hacia España —«África empieza en los Pirineos», aseguraban—, y por ello era habitual que los autores patrióticos no aludieran a la singularidad o a la superioridad —como expresaban los escritos patrióticos de otros países—, sino a todo lo contrario: que España había sido una parte natural de la sociedad del occidente de Europa, que siempre había gozado de las mismas instituciones y que podría recuperar su bienestar de antaño. Es decir, en el siglo XVIII se insistía en que España no era tan «diferente».

POLÍTICA EXTERIOR Y GUERRAS

Durante el siglo XVIII, la rivalidad con Francia, característica de toda la época previa, desapareció como consecuencia del parentesco dinástico entre ambos países, que se materializó con la firma de varias alianzas sucesivas conocidas como «Pactos de familia». Sin embargo, las últimas tres décadas del largo reinado de Felipe V no fueron tiempos de paz, sino que la monarquía volvió a las guerras dinásticas, no de la envergadura del medio siglo anterior. Se hizo un esfuerzo importante por recuperar Sicilia —cedida por la Paz de Utrecht (1713) a la Casa de Saboya—, seguido de varias campañas menores y por la Guerra de Sucesión Austriaca en la década de 1740. En la Paz de Aquisgrán de 1748, la Corona recuperó Nápoles y Sicilia —que constituyeron el Reino de las Dos Sicilias—, y ganó los ducados de Parma y Piacenza, que pasaron a ser propiedad dinástica de los hijos menores de Felipe V y no patrimonio de España. La guerra atlántica con Gran Bretaña fue costosa y no se pudo recuperar Gibraltar, que fue cedido por la citada Paz de Utrecht junto con Menorca. La principal victoria conseguida fue la defensa de Cartagena de Indias —actualmente Colombia— por Blas de Lezo, en 1741, contra una gran armada enemiga en lo que fue la derrota más notable de los británicos durante la primera mitad del siglo. Esta serie de guerras retrasó de manera significativa la recuperación y el crecimiento de la economía, que solo se pusieron en marcha en la década de 1740.

Durante el reinado de Carlos III se reconstruyó la flota española, llegando a ser la tercera armada más grande del mundo. En ocasiones, la calidad de los nuevos barcos era excelente, incluso superior a la de los de los ingleses[5]. Sin embargo, la Marina española dieciochesca adolecía de la escasa preparación de los oficiales y de las tripulaciones, lo que no impidió que algunos almirantes destacaran por sus proezas. Se recuperó algo del prestigio internacional perdido, si bien la Guerra de los Siete Años (1756-

[5] Véase V. San Juan, *La Armada desconocida de Jorge Juan. La estirpe de navíos de vela que fueron la espina dorsal de la Real Armada durante medio siglo,* Madrid, 2015. El *Santísima Trinidad,* construido en La Habana en 1769, con cuatro cubiertas y cuatro filas de cañones, fue el barco de guerra más grande de Europa en el siglo XVIII.

1763) proporcionó una victoria total a Londres y serias derrotas a París y Madrid.

Lo que sí tuvo éxito fue la «guerra de venganza» que Francia y España emprendieron contra Gran Bretaña durante la lucha por la independencia de las colonias angloamericanas, aunque es cierto que la política española fue más reservada y cauta que la del país vecino. París declaró la guerra en 1778, dando un apoyo claro a los norteamericanos y reconociendo su independencia de inmediato, en parte por el fuerte entusiasmo de carácter «liberal» que existía en Francia. El Gobierno de don Carlos declaró la guerra un año después. Se trató de una decisión más dirigida a defender sus propios intereses, si bien algunos ministros advirtieron de que la conversión de las colonias inglesas en una república independiente podía ser perjudicial a largo plazo para el Imperio español. De ahí que, al principio, Madrid no reconociera la independencia de las colonias.

La lucha marítima contra la mayor potencia naval del mundo tuvo sus altibajos, pero la combinación de las flotas francesa y española consiguió un dominio temporal y cosechó algunas victorias. Las fuerzas españolas conquistaron las dos principales plazas fuertes británicas en la costa del sur de Norteamérica y, brevemente, la armada española dominó otra vez el golfo de México. Esto permitió que Francia volcara casi todo su esfuerzo en el apoyo a las fuerzas de Washington, bloqueando cualquier presión de la armada inglesa. La victoria franco-americana de Yorktown en 1781 decidió la suerte de la guerra, pero la paz oficial no se firmó hasta dos años después. España recuperó la isla de Menorca —desde 1713 en posesión de los británicos— y el territorio de Florida, en el sudeste de Norteamérica, proporcionando más seguridad a su imperio, al menos por el momento. Esta fue la iniciativa militar española de mayor éxito durante este siglo, y hay que reconocer que, como ya dijimos, los estadounidenses no habrían triunfado sin la ayuda de Francia y España[6].

---

[6] La mejor historia militar de la guerra en un solo tomo es L. D. Ferreiro, *Brothers at Arms: American Independence and the Men of France and Spain*

Así comenzaron las relaciones con Estados Unidos, que en el futuro sufrirían muchos altibajos. En un primer momento fueron más importantes para el nuevo país que para España, que durante unos años fue su vecino por el oeste y el sur. En sus primeras décadas de existencia, la nueva república mantuvo solamente tres «legaciones» en el extranjero, localizadas en Londres, Madrid y París.

Durante el reinado de Carlos III, el histórico Imperio español —que por primera vez se consideraba así— llegó a su máxima extensión territorial. Se creó una pequeña sociedad de «estancieros», se instalaron nuevas misiones franciscanas en California y se vivió la última gran época de las exploraciones por el Pacífico, el noroeste de Norteamérica y Alaska. En estas dos últimas zonas convergieron tres grandes imperios, España, Gran Bretaña y Rusia, aunque no hubo colisión entre ellos. Los rusos reclamaban Alaska —como extensión de Siberia—; los británicos, las tierras que había al sur —que sería la expansión occidental de Canadá—, y los españoles exploraron toda la zona, pero solo ocuparon California. Fueron notables también las expediciones científicas españolas enviadas al Pacífico. Se podría decir que, por vez primera, había presencia española en casi todo el vasto territorio de Hispanoamérica, y la zona del imperio que realmente estaba ocupada se duplicó entre 1740 y 1790.

Una sola nación a ambos lados del Atlántico

En párrafos anteriores hemos hablado del reformismo de Carlos III y de cómo se había ampliado a todas las regiones espa-

---

who Saved it, ob. cit. Véanse también E. Garrigues y A. López Vega (eds.), *España y Estados Unidos en la era de las independencias,* Madrid, 2013; T. E., Chávez, *Spain and the Independence of the United States,* Albuquerque, 2002; la obra colectiva *La Ilustración Española en la independencia de Estados Unidos,* Madrid, 2007, y L. T. Cummins, *Spanish Observers and the American Revolution 1775-1783,* Baton Rouge, 1991.

ñolas el derecho a comerciar con América y a participar en la explotación de los numerosos recursos que ofrecía. Como parte de esa misma política reformista y uniformizadora, el Gobierno español exportó a América los impuestos establecidos en la Península y realizó los cambios precisos en la administración para que la metrópoli y los territorios de ultramar tuvieran sistemas similares. Las reformas carolinas trataron de crear lo que en la época llegó a denominarse «un solo cuerpo de nación», una única nación de habla española a ambas orillas del Atlántico. El imperio más grande del mundo debía dar paso a la nación más grande del mundo.

Pero los proyectos políticos a menudo no corren paralelos al devenir de la sociedad, y esto fue lo que ocurrió en los territorios de ultramar: el afán por unificar con la metrópoli estimuló el desarrollo de una especie de consciencia política entre la sociedad criolla. Hasta ese momento, la sociedad hispanoamericana había sido relativamente estable. Estaba dividida en una gran diversidad de razas, o de «castas», como se decía allí, pero no era impermeable a los cambios, y durante este siglo las tensiones fueron en aumento. Una administración más centralizada implicaba que se nombraría a más «peninsulares» para ocupar los cargos más relevantes, y los criollos —la minoría blanca, o prácticamente blanca— mostraron su resentimiento ante la pérdida parcial de su estatus, mientras, por otro lado, pretendían mantener su posición dominante sobre los indios, los negros y las diversas castas o combinaciones raciales de unos y otros. Todavía no existía un peligro real de que la Corona española perdiera el control de la situación —como sí le había sucedido a la británica—, pero hubo revueltas criollas en varios distritos entre 1765 y 1781, si bien fueron más importantes las tres grandes rebeliones indígenas que tuvieron lugar entre 1740 y 1780, en las que murieron aproximadamente diez mil criollos y cien mil indios. Los problemas de estatus, derechos, oportunidades y representación llegaron a convertirse en un asunto preocupante, y la división entre los diversos sectores de la población multirracial era tan difícil de superar que hasta la invasión de España por Napoleón pudo mantenerse una administración estable[7].

LA SOCIEDAD ESPAÑOLA DEL SIGLO XVIII: CASTICISMO *VERSUS* AFRANCESAMIENTO

Se puede decir que existieron cuatro corrientes políticas en la España de la última generación del Antiguo Régimen. La oficial era la del absolutismo conservador, racionalista y reformista, que no hacía concesiones ni a las nuevas ideas ni a la representación política. Una segunda corriente que empezó a expresarse en la segunda mitad del siglo fue la ultraconservadora o reaccionaria, opuesta a las innovaciones, a los cambios culturales y a algunas de las reformas[8], que tuvo numerosos adeptos entre el clero, aunque también existió una minoría importante favorable a la innovación y a realizar reformas más extensas, como se vería al comienzo del próximo siglo.

Por su parte, entre las élites culturales y sociales existían otras dos corrientes poco definidas favorables a realizar mayores cambios y reformas. Ambas buscaban en la historia del país raíces y precedentes, con cierta tendencia a idealizar la época de los Reyes Católicos. Una pretendía una especie de nacionalismo cultural, era opuesta al afrancesamiento e invocaba ciertos precedentes fructíferos en el pasado nacional que podrían dar paso a unas reformas más genuinas y libres de las influencias extranjeras. La nación era preexistente, esencialmente como cultura, y se reinterpretaba la gran literatura del Siglo de Oro no solo como clásica o tradicional, sino como el logro cultural más importante

---

[7] Sobre cuestiones de identidad y, sobre todo, de raza en el mundo hispano durante el siglo XVIII, véase el estudio clave de A. Feros, *Speaking of Spain: The Evolution of Race and Nation in the Hispanic World,* Cambridge, Mass., 2017.

[8] F. Puy, *El pensamiento tradicional en la España del siglo XVIII (1700-1760),* Madrid, 1966, y J. Herrero, *Los orígenes del pensamiento reaccionario español,* Madrid, 1988.

de su época, precursora de lo moderno y de la nueva literatura europea de finales del siglo XVIII[9].

La otra corriente, que podríamos denominar «patriótica», buscaba la «felicidad» de España a través de reformas más profundas, superando el absolutismo, limitando los poderes de la Corona y recuperando los principios «constitucionalistas» de la historia del país, no para volver al pasado, sino para armonizar las instituciones en un nuevo equilibrio. Tal proceso abriría paso a nuevas formas más representativas para crear un sistema mixto y equilibrado. De las dos, esta fue la corriente principal, que se podría considerar «preliberal»[10]. Los defensores de estas dos últimas corrientes se dieron cuenta de que, en una sociedad reformada y más moderna, la expansión del individualismo supondría un desafío cada vez mayor al mantenimiento de la unidad y de la coherencia social. Anticiparon así lo que sería la agenda principal del liberalismo durante la mayor parte del siglo siguiente, pero poco podían influir en la política del Estado. De hecho, algunos seguidores de ambas doctrinas formaron parte de los Gobiernos, no para que estos aplicaran sus ideas, sino para que este pensamiento fuera controlado por la estructura del absolutismo, por lo que las reformas más profundas y realmente necesarias fueron rechazadas[11]. Sin embargo, a partir de la década de 1780, una pequeña minoría instruida comenzó a exigir con mayor insistencia cambios más determinantes.

---

[9] Se puede encontrar la mejor exposición sobre esta corriente en la obra de M. Onaindía, *La construcción de la nación española. Republicanismo y nacionalismo en la Ilustración,* Barcelona, 2002. Véase también R. P. Sebold, *Cadalso, el primer romántico «europeo» de España,* Madrid, 1974. Onaindía señala que la expresión más pública de las ideas de ambas corrientes reformistas se dio en el teatro, principalmente en las nuevas tragedias.

[10] La obra de referencia original es A. Elorza, *La ideología liberal en la España ilustrada,* Madrid, 1970, pero la más completa es J. M. Portillo, *Revolución y nación en los orígenes de la cultura constitucional en España (1780-1812),* Madrid, 2001.

[11] Esta es la tesis de F. Sánchez-Blanco, *El Absolutismo y las Luces en el reinado de Carlos III*, Madrid, 2002.

Durante el siglo XVIII se prestó una nueva atención a la historia nacional de España en dos niveles diferentes. Como resultado de cierto desarrollo de la educación, aumentó el número de lectores, sobre todo en las clases medias, mientras que entre los estudiosos se llevó a cabo una revisión historiográfica que ponía más atención a las fuentes y al sentido crítico. Esta revisión fue iniciada por el sacerdote leonés Juan de Ferreras con su *Historia de España reducida a compendio y a debida cronología,* compuesta por dieciséis tomos publicados entre 1700 y 1727. También se fundó la Real Academia de la Historia en 1735, que impulsó una serie de treinta y ocho proyectos desarrollados en las siguientes seis décadas. Sin embargo, su gran *Diccionario Histórico-Crítico Español* quedó sin terminar. En estos años tuvieron lugar los primeros debates «modernos» sobre la historia, y por primera vez se publicaron historias serias de España en el extranjero, como las de Claude Buffier y Juan Bautista Duchesne, ambas traducidas al español en 1734 y 1749, respectivamente. Esta última fue aumentada y revisada sustancialmente en una nueva traducción realizada por José Francisco de Isla, publicada en dos tomos en 1754 como *Compendio de Historia de España.* La versión de Isla tuvo un éxito semejante a la del padre Mariana del siglo anterior[12], fue utilizada como manual durante ciento cincuenta años y conoció innumerables reediciones y cinco ampliaciones durante el siglo XIX[13]. Asuntos importantes que se trataron en esta época con perspectivas más amplias fueron la primera definición histórica de «la decadencia» y el estudio de la historia de América y de la Reconquista[14]. También se puso más atención a la historia particular de las regiones más importantes.

Mientras tanto, la sociedad española vivía los últimos momentos de su cultura tradicional. Pocos fueron los cambios, muy

---

[12] *Historia general de España,* 1601.

[13] E. García Hernán, en R. García Cárcel (coord.), *La construcción de las Historias de España,* Madrid, 2004, págs. 164-191.

[14] M. F. Ríos Saloma, *La Reconquista. Una construcción histórica (siglos XVI-XIX),* Madrid, 2011.

pocas las transformaciones y ninguna la modernización, lo que dio lugar a una producción cultural y artística bastante escasa. Pero sí tuvo lugar una situación peculiar en el siglo XVIII, que fue la imposición de los usos y las costumbres de la cultura popular a todos los estratos de la sociedad. Si bien la alta cultura, las élites más selectas y los sectores intelectuales se vieron muy influidos por las ideas y las modas provenientes de Francia, lo que se denominaba «afrancesamiento», el rechazo por parte de los estratos más populares de la población dio lugar al llamado «casticismo» y a su forma evolucionada, la «majeza». Incluso no era extraño que en ocasiones la nobleza adoptara algunos registros del casticismo.

Esta trasformación ha sido escasamente estudiada, mucho menos que los escritos de las élites ilustradas, pero podemos afirmar que cristalizó durante la segunda mitad del siglo XVIII y que trajo consigo algunos cambios. Si la cultura tradicional dominante hasta entonces era de origen castellano, con predominio de ciertos rasgos como la sobriedad, los colores oscuros, la gravedad o el decoro, a partir de esta época se hará hincapié en la frivolidad, los colores vivos, la irresponsabilidad y la indulgencia, sentando las bases de lo que posteriormente se denominará «España romántica». Podemos concluir que no fue una época de grandes manifestaciones culturales ni artísticas, pero precisamente en estos momentos emerge la enorme figura de Francisco de Goya, uno de los principales exponentes de la nueva cultura que se estaba fraguando.

El impacto de la Revolución francesa y la Guerra de la Independencia

La Revolución francesa fue un acontecimiento histórico de alcance mundial, algunas de cuyas repercusiones todavía son visibles en nuestro siglo XXI. Implicó el fin del Antiguo Régimen en Francia e, indirectamente, en España tras la invasión militar napoleónica. La gran Revolución de 1789 prosiguió durante la década siguiente, ensayando en Francia distintas formas de gobierno que culminaron en el establecimiento del imperio. Fue la primera gran revolución violenta completamente moderna, la primera rebelión secular totalmente humanocéntrica y anticristiana, la primera que rechazaba categóricamente la mayor parte de la cultura y la historia de Occidente. Además, puesto que en esa época Francia era la principal potencia continental, contó con unas condiciones óptimas para convertirse en un movimiento internacional, e incluso llegó a proyectarse fuera de Europa. Tuvo consecuencias profundas en el exterior, pero no fue determinante para la implantación de regímenes radicales en otros países y, cuando así ocurrió, fueron rápidamente derrocados si no contaban con el apoyo de las armas francesas.

Las principales consecuencias de la Revolución fueron tres: la difusión a escala internacional de las nuevas doctrinas liberales y radicales, que a partir de entonces ocuparían un lugar cada vez más importante en la historia europea; el estallido de la más negativa sucesión de conflictos y guerras que había conocido la historia europea hasta la fecha, tanto por su duración como por sus dimensiones militares, que se prolongó hasta 1815; y el decisivo estímulo que supuso para el nacionalismo moderno por su carácter de reforma radical o revolucionaria, pero también, o más, como reacción contra el imperialismo francés. Sin duda, el lugar que mayor impacto recibió de las épocas revolucionaria y napoleónica fue la península Ibérica, y España, el país que vivió el periodo de mayor convulsión de su historia, si exceptuamos la Guerra Civil de 1936-1939[15].

A la muerte de Carlos III, su hijo, Carlos IV (1788-1808), inauguró un reinado que de ninguna manera estuvo a la altura del de su padre. Hombre débil, incompetente y sin determinación ni capacidad de mando, entre 1792 y 1808 su Gobierno es-

---

[15] J.-R. Aymes, «Spain and the French Revolution», *Mediterranean Historical Review,* 6:1, junio de 1991, págs. 62-85, presenta un breve resumen analítico de calidad sobre la primera fase de esta experiencia.

tuvo en manos de Manuel Godoy, favorito del rey, y de su esposa, María Luisa de Parma. Si bien intentó mantener las directrices reformistas implantadas por su padre, las aplicó exclusivamente a la política interior, y solo en lo referente a las cuestiones sociales y económicas, mientras las rígidas estructuras políticas se mantenían intactas y el Gobierno se corrompía cada vez más. Incluso se permitió el deterioro de las fuerzas armadas en una época de crisis.

Como todas las monarquías, la de España fue inevitablemente hostil al proceso revolucionario, aunque hubo expresiones individuales de apoyo y algún alboroto de escasa importancia. La participación en la alianza militar en contra de la Revolución, sin embargo, acabó en desastre, con los ejércitos franceses ocupando Guipúzcoa y creando una república revolucionaria efímera en la que participó una parte de la élite local. Se dio por finalizada con la retirada de los franceses tras la renovación de la paz entre ambos países en 1795, cuando España firmó una alianza con el nuevo Gobierno francés, en estos momentos más moderado que unos años antes. Cuando este Gobierno dio paso a la dictadura militar y luego al imperio de Napoleón Bonaparte, el progresivo debilitamiento de España hizo que se convirtiera en un satélite de Francia. Era una situación degradante que supuso la destrucción de gran parte de lo que quedaba de la armada española en el desastre de Trafalgar (1805).

El Gobierno y, en concreto, Godoy llegaron a ser claramente impopulares, pero Napoleón no estaba del todo satisfecho con su actitud de subordinación y sus verdaderos objetivos pasaban por que España quedara completamente bajo su poder y por emplear sus fuerzas y recursos en la titánica lucha que Francia mantenía en aquel momento con Gran Bretaña. Napoleón pensaba que la monarquía española era débil y decadente, sin voluntad propia, como le había demostrado la manera en que la familia real se dejó secuestrar, en 1808, para colocar a su hermano José en el trono de España. En toda la esfera de Europa que estaba bajo su control, el emperador francés había llegado a su propio compromiso con la Revolución e implantó muchas de sus reformas, aunque no los cambios más radicales. En España, el nuevo rey usurpador, José I, trató de poner en marcha una política ilustrada y anticlerical, y para ello contó con el apoyo de una parte de los reformistas españoles, a quienes los «patrióticos» denominaban «afrancesados». En los primeros momentos del reinado bonapartista, tanto las autoridades como las élites adoptaron una actitud de acatamiento que, sin embargo, duraría poco tiempo.

La Guerra de la Independencia de 1808-1813 constituyó la más intensa y generalizada reacción popular y nacional frente a la invasión napoleónica y el nombramiento de un «rey intruso» registrada en Europa. Lo que ocurrió en España en 1808 provocó el asombro y la admiración de los países del Viejo Continente. Todos los demás territorios ocupados por Francia se habían sometido; los españoles, no. El levantamiento del «pueblo indomable» generó un mito muy extendido en el propio país, mientras en la batalla de Bailén (1808) un solo cuerpo del Ejército español infligió la primera derrota en campo abierto a un ejército napoleónico. La respuesta no se hizo esperar y el emperador envió nuevas fuerzas y más numerosas, que, esta vez sí, barrieron de los campos de batalla al Ejército español. Ocurrió entonces un fenómeno hasta entonces desconocido en el devenir de las guerras de la época, y es que la resistencia popular respondió librando una «guerrilla», una especie de guerra revolucionaria irregular. Se abría así una página nueva en la historia de la guerra y se añadía una nueva palabra al léxico bélico. En 1809, los británicos enviaron su propio cuerpo de ejército —que un año más tarde quedaría bajo el mando del duque de Wellington— para ayudar a la resistencia española, mientras se creaban nuevas unidades en los Ejércitos español y portugués. La lucha llegó a ser la «úlcera española» de Napoleón y una fuerza de trescientos mil soldados no fue suficiente para suprimir la guerrilla o derrotar a las fuerzas militares aliadas que se mantenían en Portugal y en el oeste de España[16].

---

[16] El bicentenario estimuló una gran cantidad de obras, desde muy extensos estudios, como A. García Fuertes *et al., Dos de mayo de 1808: el grito de*

Con frecuencia la historiografía ha ignorado que España luchó en dos dimensiones militares simultáneamente, la guerrilla y los ejércitos regulares. Por su parte, Wellington nunca quiso admitir el mérito de las tropas portuguesas y españolas, pero lo cierto es que sin ellas el éxito habría sido imposible[17].

Dentro de España, el mito de la resistencia popular se mantuvo durante generaciones. Buena parte de los historiadores y especialistas en este periodo siempre han reconocido que, en realidad, se produjo un choque entre las élites reformistas, que apoyaban el régimen bonapartista, y la reacción popular, en la que participaron tanto los defensores del tradicionalismo como los precursores del liberalismo. El predominio de los primeros y su capacidad de movilización fueron innegables: no se luchaba por cambiar las cosas ni por defender una concepción de «España» como nación moderna, sino en defensa de la religión y de una forma de vida tradicional e independiente.

La Guerra de la Independencia fue, en realidad, una lucha titánica bastante más compleja de como casi siempre se ha presentado. Generó dos nuevos términos políticos y militares que España proporcionó al mundo contemporáneo: «guerrilla» y «liberal». Y con ella aparecieron las «dos Españas» de la época contemporánea: una católica y tradicionalista; la otra liberal y anticlerical, inicialmente también católica pero más moderada.

Supuso, además, el principio del fin del imperio hispanoamericano, aunque este proceso fue enormemente complicado. Las ideas de la Ilustración y el lenguaje de la Revolución francesa penetraron en Hispanoamérica, pero en un primer momento contaron con escasos partidarios. Como hemos mencionado en otro lugar, allí el factor determinante fue la división interna entre

---

una nación, Barcelona, 2007, y A. Moliner Prada (ed.), *La Guerra de la Independencia de España (1808-1814),* Barcelona, 2007, a libros más compactos como C. Esdaile, *España contra Napoleón: guerrilleros, bandoleros y el mito del pueblo en armas (1808-1814),* Barcelona, 2006, y J. M. Cuenca Toribio, *La Guerra de la Independencia: un conflicto decisivo (1808-1814),* Madrid, 2006.

[17] A. García Fuertes, *No sin nosotros: la aportación militar española a la victoria aliada en las campañas de 1811 y 1812,* Madrid, 2017.

las castas y las múltiples mezclas de razas. El objetivo primordial de los criollos blancos que formaban la élite era mantener su preeminencia a cualquier precio, y una minoría —Simón Bolívar, José de San Martín y sus seguidores— también buscaba la independencia de España. Por el contrario, como consecuencia del odio que sentían hacia los criollos, los más leales a la monarquía fueron las gentes de color. Primero tuvo lugar la gran rebelión de esclavos en la Haití francesa en 1793, con la consiguiente expulsión de los franceses y la abolición de la esclavitud. Y mientras, presionada tanto por los ingleses como por los franceses, la débil monarquía española se desprendía de gran cantidad de territorio de frontera —Florida del Norte, 1795; Santo Domingo, 1795; Luisiana, 1800; Trinidad, 1802—. Los criollos temían tanto la insurrección popular como la entrega de territorios a otras potencias, mientras que la minoría independentista solo dominaba tres distritos, que unos años más tarde serían los países de Venezuela, Colombia y Chile. En algunos territorios se desató una guerra civil de tipo racial que adoptaría su forma más cruda en Venezuela —«¡Viva el rey! ¡Mueran los blancos!», gritaban sus contrincantes en la lucha contra Bolívar en 1817—. Después de años de caos y de una violencia masiva, los criollos llegaron a un arreglo con los independentistas, abolieron la esclavitud y aceptaron la independencia sin realizar ningún cambio en las estructuras social y racial. La monarquía española perdió su trono durante seis años y, cuando se puso al frente del gobierno, se encontró con un país devastado por la Guerra de la Independencia y los pocos refuerzos que se pudieron enviar entre 1814 y 1825 fueron totalmente insuficientes para restaurar el dominio español. El hecho de que las nuevas sociedades hispanoamericanas no gozaran de la mayoría de los requisitos necesarios para establecer el constitucionalismo y la modernización destinó a generaciones enteras al caudillismo y a las luchas internas provocadas por el populismo radical.

La guerra supuso para España la pérdida de una generación completa de desarrollo cultural y económico. Aunque los españoles se defendieron con valor, el ataque infligido por Francia fue brutal y el coste para España, elevadísimo. Además de la devastación, el saqueo y la destrucción, las pérdidas humanas fueron muy numerosas: se calcula que murió un 10 % de la población, tanto en las acciones de guerra como por las epidemias y las masacres cometidas contra la población civil. Finalizado el conflicto, España vivió tres cuartos de siglo muy convulsos, en los que se sucedieron los intentos por volver a instaurar el Antiguo Régimen, que solo tuvieron éxito de forma temporal. Finalmente, en los últimos años de la centuria se logró cierto periodo de estabilidad.

6
El largo siglo del liberalismo español

Un paso de gigante: la Constitución de 1812

El liberalismo español arranca en los años 1809 y 1810. Fue uno de los primeros en desarrollarse en el siglo XIX y durante las siguientes décadas ejerció una influencia considerable en Europa e Hispanoamérica. Con altibajos, entre 1834 y 1923 proporcionó casi noventa años de gobierno parlamentario al país. Dicho así, parecería una historia de éxito y, sin embargo, por lo general el liberalismo español ha tenido mala prensa y ha sido considerado un fracaso, criticado y denunciado tanto por las izquierdas como por las derechas. Las críticas comenzaron en la década de 1890 y aumentaron con la «literatura del desastre» después de 1898. Fue blanco del noventayochismo y de los críticos del «regeneracionismo», orientación dominante en la primera parte del siglo XX. Las izquierdas lo criticaron por su moderación y por su, según decían, «inautenticidad»; las derechas por su mediocridad, su falsedad y su ineficacia a la hora de guiar a la nación. Bajo el liberalismo se perdieron los restos del imperio y en gran parte se achacó a sus errores la lentitud del desarrollo durante el siglo XIX.

Solamente al finalizar el siglo XX comenzó a revisarse esta leyenda negra, señalando que la historia del liberalismo en Francia también había conocido sus convulsiones, en ocasiones muy violentas, que el desarrollo político moderno en un país aún subdesarrollado debía ser inevitablemente lento y accidentado, y que España comenzó muy temprano ese proceso. De ahí que en la discusión sobre el liberalismo español, el principal punto de atención fuera el largo periodo de estabilidad y modernización que se inauguró con la Restauración, en 1874, recordando que todo el este, el sur y el centro de Europa habían conocido periodos de gobierno autoritario después de la Primera Guerra Mundial, y que en la década de 1930 España había evolucionado rápidamente en la dirección opuesta, creando una verdadera democracia liberal, aunque su duración fuera breve. En cualquier caso, sus luces y sus sombras merecen un análisis atento.

El paso de gigante de corte liberal se produjo de manera bastante abrupta a consecuencia del derrumbamiento del Estado español a manos de Napoleón y de la imposición de la monarquía espuria de José Bonaparte —pronto rechazada por la gran mayoría de los españoles—, que permitieron una inesperada apertura de la que se aprovecharon las corrientes liberales. De otro modo el liberalismo político habría sido inimaginable, porque los Gobiernos del reinado de Carlos IV, pese a ser quizá los más inútiles e incapaces de la Historia de España, sujetaban fuertemente las riendas del poder y no existía un clamor popular a favor del sistema liberal.

En cambio, sería erróneo concluir, como afirmaba la derecha tradicionalista, que fue el resultado de la conspiración de una pequeña minoría. Durante la segunda mitad del siglo XVIII, la lenta pero constante evolución de la sociedad había favorecido la formación de una clase media relevante, así como la transformación de las actitudes de una parte importante de la nobleza. Al menos se habían sentado ciertas bases para modernizar la economía, pero la estructura general del país seguía siendo tradicional. Los nuevos intereses no eran los dominantes, pero estaban en plena expansión. Es probable que, de haber existido una monarquía de tipo absolutista pero reformista, la mayoría de los liberales potenciales hubieran estado dispuestos a aceptarla, al menos durante cierto tiempo.

A partir de la década de 1780, las ideas liberales comenzaron a germinar en una parte reducida de las élites y, posteriormente, durante los veinte años de la Revolución francesa, su evolución llegó a ser bastante rápida. No hay duda de que, sin este desarrollo, la eclosión del liberalismo no habría sido posible.

Al comienzo, la reacción hacia la invasión fue violenta. La primera imagen que los españoles dieron al mundo decimonónico no fue tanto liberal como dramática. En las principales ciudades, prácticamente de manera espontánea, se crearon «juntas» para sustituir a un Gobierno legítimo que, de repente, había desaparecido y quedaba en manos de los invasores, y para coordinar la resistencia, algunos notables del Gobierno anterior constituyeron una Junta Suprema que actuaría como un Gobierno de carácter nacional. El «juntismo» ofrecía un activismo político directo y voluntario de los ciudadanos que, hasta cierto punto, trajo consigo una nueva forma —bastante radical— de emprender los cambios que necesitaba el país.

Como la lucha se volvía cada vez más compleja, la Junta Suprema concluyó que había llegado la hora de restaurar un sistema nacional representativo y en consonancia con los nuevos tiempos. De modo que se convocaron elecciones a Cortes en 1810, un fenómeno sin precedentes en el continente, salvo por la breve experiencia revolucionaria francesa. En la ronda inicial, se dio el voto a los «vecinos» de cada distrito que tuvieran residencia fija o semifija, lo que suponía prácticamente un sufragio masculino universal. Otro aspecto destacable de las nuevas reglas electorales fue el intento de fusionar los procedimientos del Antiguo Régimen con las elecciones liberales. El tradicional sistema estamental dio paso a la elección de diputados de una sola cámara general, aunque se establecieron tres rondas hasta llegar a la elección final de diputados, un sistema complejo e indirecto en el que debían combinarse aspectos clave de lo viejo con lo mejor de lo nuevo. Un obstáculo era que el territorio español estaba ocupado, con lo cual, los límites geográficos no eran fijos y no se conocía con exactitud el porcentaje de la población que podía elegir a sus representantes y luego mandarlos a la zona independiente alrededor de Cádiz. Hubo mucha autoselección de liberales en este proceso y, además, para sustituir las inevitables vacantes se recurrió a «suplentes» que ya se encontraban en Cádiz[1].

La Constitución de 1812 fue más juiciosa y razonable que cualquiera de las redactadas durante la época de la Francia revolucionaria, y para la siguiente generación liberal, la gran Carta Magna europea. Este nuevo «modelo nacional español»[2] inspiró a liberales de Italia, Rusia, Hispanoamérica y otros lugares, en un intento de conciliar las ideas de la Ilustración francesa, angloamericana y escocesa, así como la tradición católica escolástica, con las doctrinas sobre el derecho natural. Para la época, dicho modelo supuso un logro único que ofrecía un sufragio amplio y semidemocrático —indirecto, pero «orgánico»—, y a la vez no traicionaba la mayoría de los aspectos de la cultura tradicional. El éxito debería atribuirse a la élite liberal moderada de los primeros momentos, antes de que los conflictos partidistas y la influencia de las doctrinas más radicales encendieran las pasiones[3].

La gran contradicción española

No hay duda de que en un país con una gran parte de la población analfabeta, la minoría liberal no representaba las opinio-

---

[1] El mejor breviario sucinto sobre las normas y formas de las elecciones en España es la obra de R. Villa García, *España en las urnas. Una historia electoral (1810-2015),* Madrid, 2016.

[2] Según la expresión de M. Mugnaini, «Cult of the Nation, Religion of Liberty or Reason of State? Spain in Italian Foreign Policy (1846-1868)», en J. G. Beramendi *et al.* (eds.), *Nationalism in Europe. Past and Present,* Santiago de Compostela, 1994, págs. 665-676.

[3] Sobre la asamblea que elaboró este documento, véase J. S. Pérez Garzón, *Las Cortes de Cádiz: el nacimiento de la nación liberal (1808-1814)*, Madrid, 2007, y también A. Ramos Santana (ed.), *La ilusión constitucional: Pueblo, patria, nación,* Cádiz, 2004.

nes políticas de la mayoría de los españoles, por lo que el derrocamiento del sistema en 1814 no fue difícil, por más que la «monarquía absoluta» restaurada por Fernando VII fuera en cierto sentido una caricatura del absolutismo practicado por Carlos III. Casi todos los aspectos «ilustrados» desaparecieron y fueron sustituidos por un marcado autoritarismo y una represión muy acusada. La Constitución de 1812 ofrecía una base razonable desde donde iniciar una variante de liberalismo moderado y católico, pero había limitado tanto el poder de la Corona[4] que, una vez de vuelta a España, Fernando VII consiguió la supresión de la Carta Magna mediante la fuerza militar.

Posteriormente, en 1820 y hasta 1823, iniciada esta segunda etapa del liberalismo con la revuelta militar de Riego, el sistema original se vio desbordado por los «exaltados», es decir, la segunda generación de liberales radicales, que iniciaron lo que podríamos denominar la «tradición exaltada» de la vida española, una característica que ha perdurado hasta nuestros días. En realidad, durante estos primeros años de liberalismo, nunca existió una sociedad civil adecuada para mantener el orden liberal; no había una base social, económica y cultural que sostuviera los deseos de las élites minoritarias por avanzar. Esta «contradicción española» —esto es, el mantenimiento de un sistema político más avanzado que la sociedad y la economía del momento— perduró hasta que fue sustituida por la «contradicción franquista» de la década de 1970.

La sociedad española de principios del siglo XIX era profundamente tradicional y la introducción del liberalismo fue tan rápida que provocó una verdadera movilización popular y la lucha contra los principios liberales, al menos hasta mediados de siglo. De entre todos los movimientos populares tradicionalistas sobresale el carlismo, que fue el más singularmente español. La reacción carlista se fundamentaba en dos factores: la religión y la

[4] Véase J. Varela Suanzes-Carpegna, *La monarquía doceañista (1810-1837). Avatares, encomios y denuestos de una extraña forma de gobierno*, Madrid, 2013.

defensa de las instituciones tradicionales regionales. Por eso fue más débil en el sur de España —que nunca tuvo la estructura eclesiástica del norte—, tuvo una fuerza media en el centro-norte del país y arraigó en las provincias vascas, Navarra, Aragón y Cataluña.

A la muerte de Fernando VII en 1833, cuando la corona pasó a manos de su viuda, María Cristina de Borbón, como regente durante la minoría de edad de la futura Isabel II, estalló la guerra civil, una contienda larga, de desgaste, que duró hasta 1840. En realidad, se trataba de una disputa dinástica —el infante Carlos María Isidro, hermano de Fernando VII, opuesto a la sucesión femenina al trono, reivindicaba que era el heredero legítimo— y la regente decidió apoyarse en los liberales moderados para luchar contra los carlistas. El control del Estado y del Ejército, así como el apoyo de las clases altas y el apoyo exterior, fueron fundamentales para conseguir la victoria liberal.

Se trataba, como sucedería en momentos posteriores, de un conflicto entre revolución y contrarrevolución, que también se desencadenó en otros países de Europa y en Estados Unidos. Por ejemplo, Francia adoptó una variante de autoritarismo estatal entre 1851 y 1870, y, a diferencia de España, abandonó el liberalismo puro.

Mientras tenía lugar el conflicto, se promulgó el Estatuto Real de 1834, que no fue votado, sino «otorgado», y se inició la tercera fase del liberalismo español. Las sucesivas concesiones que hubo de hacer María Cristina a los liberales para conseguir su apoyo a la causa isabelina desembocaron en la revolución liberal de 1836 y en la promulgación de una nueva Constitución en 1837, bastante más liberal que el Estatuto, pero no democrática: incluso los españoles más «progresistas» de la época temían a la democracia, como casi todos los liberales europeos del momento.

Los progresistas se mantuvieron en el poder hasta que se celebraron elecciones en 1838. Tras la victoria electoral de la facción moderada se firmó la paz con los carlistas mediante el Abrazo de Vergara (1839), pero la actitud autoritaria de la regente y de los moderados provocó una revuelta progresista que obligó a

María Cristina a exiliarse, lo que permitió el acceso de los progresistas al poder durante la Regencia de Espartero (1840-1843), hasta que los moderados se hicieron con el control de la situación en 1843-1844[5]. Durante este tiempo, el liberalismo español logró situarse de nuevo en la vanguardia en lo referente al sufragio y a las leyes electorales. España había sido uno de los primeros países en abandonar la estructura de estamentos o corporaciones a favor de la votación directa de los ciudadanos, y lo hizo antes que otros países más modernizados, como Alemania o Suecia, e incluso como Gran Bretaña con su *House of Lords*. El liberalismo español fue pionero en el voto secreto en 1812, mientras Gran Bretaña mantuvo el voto oral hasta 1872 y Dinamarca votó a mano alzada hasta 1901. España fue de los primeros Estados en introducir el voto directo —en los inicios se utilizó, como ya hemos visto, el sistema indirecto—, el registro sistemático de votantes, ciertas normas para penalizar las prácticas electorales ilícitas y, más tarde, medidas para concentrar la votación en un solo día. Durante varios periodos de la historia (1837-1846, 1868-1878, 1890-1923 y 1931-1936) implantó uno de los sufragios más amplios de Europa y el sistema igualitario de «un hombre, un voto». En 1834, España había puesto fin a las unidades territoriales del Antiguo Régimen, organizando los distritos electorales en una estructura moderna de provincias y empleando datos demográficos para asignar escaños. Durante todo este periodo y hasta 1936, no hubo país europeo que creara tantas estructuras novedosas de liberalismo avanzado teniendo en cuenta su nivel de modernización; y aunque fracasaron en términos prácticos, no dejaron de ensayarse una y otra vez.

La progresiva modernización del país, lenta, pero existente, fue debilitando poco a poco el tradicionalismo, si bien la derrota frente a los isabelinos en la primera guerra carlista no implicó su

---

[5] Sobre el liberalismo de estos años, véanse I. Burdiel, *La política de los notables: moderados y avanzados durante el régimen del Estatuto Real,* Valencia, 1987, y M. C. Romeo, *Entre el orden y la revolución: la formación de la burguesía liberal en la crisis de la monarquía absoluta,* Alicante, 1993.

completa desaparición. El carlismo mantuvo gran parte de su base en el nordeste —donde seguían en vigor los fueros vascos y navarros—, pero cada vez eran menores las resistencias tradicionalistas, de manera que, muy lentamente, los liberales pudieron hacer algunos cambios en los ámbitos jurídico, institucional, social y económico, y desde el punto de vista político predominaron los postulados liberales.

Así pues, después de 1840, el principal problema no fue la oposición al liberalismo, sino la gran disidencia interna que existía en las filas de los propios liberales, de manera que las facciones no se contentaban con mostrar una actitud de oposición o de retraimiento, sino que, de forma intermitente, pasaban a «la revolución», esto es, a la revuelta violenta. De hecho, la disidencia extrema, por un lado, y el elitismo y el exclusivismo, por otro, serían los problemas básicos del liberalismo durante un siglo más.

En la década de 1840 existía una pujante sociedad liberal, pero la división entre moderados y progresistas era cada vez mayor, y puesto que unos u otros se sentían excluidos, el ambiente era propenso a la insurrección. Parece que el único liberalismo que la España de mediados del siglo XIX podía mantener era una variante elitista y restrictiva, aunque es cierto que esta situación se repetía en la mayor parte de los sistemas parlamentarios de la época[6]. Durante los veinticinco años de reinado de Isabel II (1843-1868), la exclusión se volvió asfixiante, pero, debido a las divisiones partidistas, no pudo hallarse un punto de equilibrio.

A largo plazo, fueron los excesos del liberalismo radical los que dieron lugar a que el carlismo resucitara, especialmente después de la Revolución de 1868 y el inicio del Sexenio Revolucionario (1868-1876) y, posteriormente, tras la proclamación de la Segunda República en 1931. Cabría suponer que si el país hubiera mantenido una evolución parlamentaria ordenada, los dos últimos levantamientos carlistas (de 1873 y 1936) no se habrían producido.

---

[6] M. Santirso, *Progreso y libertad: España en la Europa liberal (1830-1870)*, Barcelona, 2008, sitúa a España dentro del mundo europeo del liberalismo.

El mito del «individualismo español» y el nacionalismo liberal

Así pues, el verdadero problema de inestabilidad era resultado directo de las grietas que presentaba el liberalismo, que ni mucho menos era un bloque monolítico. Lógicamente, eran comprensibles las divisiones de criterios y de doctrinas, unos más conservadores y otros más radicales, pero las verdaderas diferencias tenían un origen social y cultural. En esta época ya se empezaba a hablar del «individualismo español», pero tampoco está demostrado que los españoles sean tan individualistas como se ha llegado a afirmar. Lo que ocurrió en España fue el resultado de la tendencia a formar grupos disidentes que se trataban como sectas rivales, una especie de «particularismo de los subgrupos», o eso que Walter Benjamin llamó «el narcisismo de las pequeñas diferencias», una singularidad española manifiesta durante los siglos XIX y XX que definió bien el destacado antropólogo Julio Caro Baroja hace más de seis décadas:

> Los españoles no son individualistas, sino personalistas, lo cual es muy distinto. El individualismo cree que la sociedad está constituida de individuos que poseen o deben poseer más o menos los mismos deberes y derechos. Este individuo exige que sus derechos sean respetados y acepta respetar los de los demás. El personalista, en cambio, ve a cada persona como un ente aislado (empezando por él mismo) que posee una serie de características diferenciales y no siente escrúpulo alguno en abusar de unos y favorecer a otros, puesto que para él todos son inherentemente distintos, y algunos de ellos le son simpáticos y atractivos, mientras que otros, no. El personalista parte de un ego caprichoso, instintivo e ilimitado para juzgar a su prójimo y decidir lo que este merece o no[7].

---

[7] J. Caro Baroja, *Los judíos en la España moderna y contemporánea,* Madrid, 1961, 3, págs. 258-259. El individualismo, tal y como lo define Caro Baroja, solo fue dominante en los países de habla inglesa, y en algunos protestantes, durante los siglos XIX y XX, pero incluso allí ha entrado en crisis

El personalismo español estaba relativamente bien ordenado en la sociedad estamental tradicional, donde todo el mundo tenía un lugar señalado y refrendado por la religión y la tradición. Pero cuando el país entró en el mundo más abierto y competitivo de la plena modernidad, las cosas cambiaron radicalmente. El tema es, sin duda, polémico, pero ayuda a entender las luchas intestinas que tuvieron lugar entre 1808 y 1939. Principios diferentes había, pero no eran únicamente, ni mucho menos, diferencias de principios.

Con el liberalismo nació también una nueva idea de nación, que se afirmó en las Cortes de Cádiz y quedó recogida en la Constitución de 1812. Por primera vez se reconocía que la soberanía nacional residía en los ciudadanos y que estos eran iguales ante la ley. A partir de aquí había que elaborar una nueva estructura política, proceso que encontró realmente obstáculos:

1) La fuerza del catolicismo: para los líderes católicos, el nacionalismo era una doctrina radical, el clero beligerante durante la Guerra de la Independencia defendía como patrióticos los aspectos más tradicionales, y el carlismo reivindicaba la tradición y, por tanto, no aceptaba una nueva nación asociada a la revolución[8].
2) El lento desarrollo de la economía y del sistema educativo obstaculizó la integración y la formación de la conciencia nacional, mientras en el Ejército no existía el servicio militar universal, sino un reclutamiento clasista.
3) La fuerte oposición a la uniformidad jurisdiccional de los sectores tradicionalistas en las provincias vascas y en Navarra resultaba demasiado intimidatoria para el naciona-

---

con el llamado «posmodernismo», más caótico, o con lo que los sociólogos llaman el «individualismo radical», que no es más que egocentrismo y narcisismo.

[8] He tratado de enfocar esta cuestión en el artículo «Carlism and Nationalism», en L. J. Frary (ed.), *Thresholds and the Orthodox Commonwealth: Essays in Honor of Theofanis G. Stavrou,* Bloomington, Indiana, 2017, págs. 641-655.

lismo liberal, que venció en el campo de batalla pero se doblegó ante unos privilegios fiscales que nunca llegarían a modificarse o suprimirse.

4) Por último, a finales de siglo se unió a esta relación la sensación de fracaso que inhibió la creación de proyectos nacionales y potenció la formación de los nacionalismos catalán y vasco, y otros regionalistas, de forma tal que en el siglo XX el término «nacionalismo» ya no se identificaba con la nación española.

En el siglo XX se demostraría la fragilidad de la nación unificada en la centuria anterior.

El Imperio español, escenario de guerras civiles

España es el único país europeo en el que el siglo XIX comenzó y concluyó con grandes conflictos internacionales: la Guerra de la Independencia y la guerra de Cuba y con Estados Unidos.

Con la Guerra de la Independencia, la influencia internacional de España se eclipsó. Los soberanos se habían sometido al dominio francés y el Estado legítimo desapareció. Después de la primera victoria, el Ejército mostró su debilidad, mientras la lucha antifrancesa en la Península era dirigida sobre todo por Wellington. La monarquía restaurada fue ninguneada en el Congreso de Viena de 1815, donde se rediseñó el mapa de Europa. Si bien los españoles habían contribuido en gran medida a la derrota de Napoleón, apenas recibieron crédito y el Gobierno español ni siquiera fue un firmante oficial de la paz con Francia. En realidad, los reinados de Carlos IV y Fernando VII llevaron el prestigio del país al abismo.

La entrada de un cuerpo del Ejército francés para restaurar en el poder a Fernando VII en 1823 —los Cien Mil Hijos de San Luis— supuso el fin del régimen liberal durante una década y simbolizó la relegación de España a un papel secundario, a la sombra de Gran Bretaña y Francia. Desde entonces se mantendría en la neutralidad perpetua, sin iniciativa en la competición internacional de Occidente, y, de hecho, fue el único país europeo grande que no participó en ninguna de las dos guerras mundiales, situación sin precedentes desde el siglo XI y que se mantuvo hasta la «aceptación» internacional de Franco a mediados del siglo XX.

Por primera vez apartada de los grandes conflictos, España no se vio amenazada por otros países europeos tras la derrota de la Francia napoleónica, aunque el Estado liberal participó en numerosas operaciones militares internas durante el siglo XIX. El Ejército español se hizo tristemente famoso por el pretorianismo político de algunos de sus comandantes, pero, en verdad, nunca fue realmente militarista, en el verdadero sentido de hipertrofia de las actividades estrictamente militares.

Así pues, en la época liberal, España se convirtió en territorio de guerras civiles. A todo este periodo, que empezó en 1814, se le ha definido como «la época de los pronunciamientos», cuya tipología va desde las fuertes presiones políticas —pronunciamiento «civil»— hasta el «cuartelazo» —una amenaza directa del Ejército, sin salir de sus cuarteles—, pasando por el mero «pronunciamiento» directo —se levantaba la bandera de rebelión, pero existía la posibilidad de triunfar sin lucha— o la insurrección militar pura y dura, con peligro de guerra civil. Y todo esto ocurría no porque hubiera insubordinación entre los militares —la mayor parte de los oficiales era políticamente inactiva—, sino porque los mismos políticos liberales la instigaban, de tal modo que los principales «espadones» militares ejercían de «jefes» de los partidos liberales. La introducción del liberalismo produjo convulsiones en diversos países, por lo que es fácil exagerar el caso de España y calificarlo de único, aunque no lo fuera[9]. Sí fue diferente el pretorianismo español, solo equiparable al que existió en Hispanoamérica.

---

[9] Para el argumento de que la experiencia española no fue especialmente anómala, véase N. Townson (dir.), *¿Es España diferente? Una mirada comparativa (siglos XIX y XX),* Madrid, 2010.

La restrictiva o «censitaria» variante del liberalismo que limitaba el sufragio a aquellos varones con determinados ingresos o propiedades gobernó el país durante el reinado de Isabel II y, posteriormente, de 1878 a 1890. Las décadas de 1833 a 1874 fueron extraordinariamente convulsas, con dos e incluso tres guerras civiles —dependiendo de la definición que hagamos de tal concepto— y con incontables revueltas o «revoluciones» locales. Y puesto que el acceso al poder normalmente estaba bloqueado por las restricciones del sistema, el cambio de Gobierno se producía con mucha frecuencia mediante la intervención militar directa.

Tras el interludio del Sexenio Democrático, que desembocó en la proclamación de la Primera República (1873-1874) —una especie de *reductio ad absurdum* del liberalismo radical, con tres guerras civiles consecutivas—, la estabilidad vino de la mano de la restauración de la monarquía borbónica en 1874. Antonio Cánovas del Castillo, que presidió la época de la Restauración (1874-1931), fue sin duda el estadista más destacado del momento y bajo su mandato se logró ese equilibrio, se respetaron los derechos civiles básicos y se disfrutó de una relativa tolerancia política y religiosa, pero también hubo alguna que otra vuelta a momentos anteriores, por ejemplo, con la implantación del sufragio censitario.

Coincidiendo con esta inestabilidad interna, se iniciaron los movimientos independentistas hispanoamericanos (1815-1825); más tarde estalló la Guerra de los Diez Años en Cuba (1868-1878), a la que siguió la Guerra Chiquita (1879-1880) y la desastrosa campaña final de 1895 a 1898.

Entre la Guerra de la Independencia y la Guerra de Cuba tuvo lugar la guerra contra Marruecos de 1859-1860, las campañas en Santo Domingo en la década de 1860, un conflicto naval en las costas de Sudamérica y una operación militar menor en Marruecos en 1894, después de la cual el crucero *Reina Regente* se hundió sin dejar rastro. En términos proporcionales, el país sufrió más con las guerras napoleónicas que cualquier otro Estado europeo y, en total, las campañas coloniales, que terminaron en el más absoluto fracaso, fueron, con mucho, las más costosas, en términos humanos y económicos, que jamás haya sufrido un país de Europa. Sin mencionar que hasta los primeros años del siglo XX el único país que podía semejarse a España en el número de guerras civiles era Colombia.

¿Fracasó el régimen liberal?

Durante gran parte del siglo XIX el liberalismo español se mantuvo moderadamente optimista. Proclamaba el glorioso pasado nacional y perseguía el desarrollo moderno para que el país pudiera alcanzar una posición relevante en el futuro. Pero los conflictos internos y externos impulsaron la aparición de un ambiente de pesimismo que comenzó a instalarse durante y después del Sexenio Democrático de 1868-1874, cuando la nación parecía a punto de disolverse. El desarrollo social, cultural y económico iba a la zaga del de los países occidentales, y el presente y el futuro se veían oscuros.

La Restauración logró la estabilidad política y permitió recuperar cierto grado de competencia, pero, al llegar a la década de 1880, en ciertos sectores se percibía una profunda sensación de fracaso. Era evidente que el liberalismo, la modernización y el éxito no habían ido de la mano. La derrota sufrida por España en 1898 comenzó a ser conocida como «el desastre», y a continuación se suscitaron numerosas críticas, denuncias y propuestas de regeneración. Lo cierto es que, objetivamente, el régimen liberal español no puede considerarse un fracaso, aunque tampoco podría decirse que obtuvo un éxito espectacular[10]. Especialmente desde los últimos años del siglo XX se han llevado a cabo numerosos análisis e investigaciones que ofrecen datos más

[10] La más original y extensa revisión analítica se encuentra en D. Ringrose, *España, 1700-1900: el mito del fracaso,* Madrid, 1996. Para una valorización del periodo que «normaliza» la evolución histórica española, véase J. P. Fusi y J. Palafox, *España, 1808-1996: el desafío de la modernidad,* Madrid, 1997.

empíricos y un análisis más riguroso, relacionado sobre todo con los aspectos económicos[11].

La historiografía apunta al proteccionismo imperante como la causa principal del escaso desarrollo español y de su lentitud, pero las razones fueron múltiples; entre ellas, el coste de las guerras, la infertilidad del terreno, la escasa productividad agrícola, la lenta formación de capitales, las dificultades del sistema de transportes, la poca preparación de la mano de obra y la ausencia de espíritu emprendedor. Con todo, los críticos tienen razón cuando señalan que el hecho de que el crecimiento industrial se centrara en el mercado interno protegido no favoreció un desarrollo rápido.

No obstante, también resulta interesante situar el historial económico de España en un marco más amplio. Durante el siglo XIX no tuvo lugar ninguna transformación fundamental, pero sí se registró un crecimiento sostenido en el que habían comenzado a cambiar ciertas prácticas comerciales y productivas que sirvieron para cimentar avances posteriores, especialmente el incremento del comercio con otros países europeos. A pesar de lo que pueda suponerse, la vinculación de la producción interna española con Hispanoamérica era muy escasa, de manera que la eco-

---

[11] En el conjunto de libros publicados figuran los de P. Martín Aceña y L. Prados de la Escosura (eds.), *La nueva historia económica de España,* Madrid, 1985; Prados de la Escosura, *Comercio exterior y crecimiento económico en España, 1826-1913,* Madrid, 1982; *De imperio a nación: Crecimiento y atraso económico en España (1780-1930),* Madrid, 1988, y *El progreso económico de España (1850-2000),* Bilbao, 2003; J. Nadal *et al.* (eds.), *La economía española en el siglo XX,* Barcelona, 1987; N. Sánchez-Albornoz (ed.), *The Economic Modernization of Spain, 1830-1930,* Nueva York, 1987; A. Carreras, *Industrialización española: estudios de historia cuantitativa,* Madrid, 1990; G. Tortella, *El desarrollo de la España contemporánea. Historia económica de los siglos XIX y XX,* Madrid, 1994; G. Anes (ed.), *Historia económica de España. Siglos XIX y XX,* Barcelona, 1999; J. L. García Delgado y J. C. Jiménez, *Un siglo de España: la economía,* Madrid, 1999; J. M. Martínez Carrión (ed.), *El nivel de la vida en la España rural, siglos XVIII-XX,* Salamanca, 2002; J. Maluquer de Motes, *España en la economía mundial. Series largas para la economía española (1850-2015),* Madrid, 2016.

nomía apenas se vio afectada por la pérdida de esos territorios. Hacia el último cuarto de siglo hubo un repunte de crecimiento, basado sobre todo en la exportación de minerales y alimentos, así como en la construcción de infraestructuras, como la red de ferrocarril o la creación de núcleos industriales, y la aplicación de reformas de carácter financiero o institucional.

Más lento fue el desarrollo agrícola. Los avances conseguidos en otros países de Europa mediante la introducción del uso de fertilizantes o de nuevas técnicas de cultivo no llegaron a España hasta principios del siglo XX. Por el contrario, sí se produjo un considerable crecimiento demográfico y aumentó la esperanza de vida, que llegó a los cincuenta y un años en 1910[12].

Sin embargo, comparado con el rápido crecimiento internacional de la época, el desarrollo económico español se encontraba en un nivel inferior y solo pudo igualarse con otros países europeos cuando estos, en el siglo XX, se vieron inmersos en la Primera Guerra Mundial.

El regeneracionismo

Después de la pérdida de todos los territorios americanos continentales en 1825, España aún mantenía ciertas posesiones de importancia en ultramar. Cuba aportaba riqueza económica, pero, sobre todo, permitía que España pudiera ofrecer aún la imagen de ser un imperio. La reiterada negativa de Madrid a reconocer el derecho al autogobierno de la isla fue uno de los mayores errores de la Restauración; desencadenó el malestar entre la población cubana y, finalmente, un conflicto armado que supuso una enorme inversión en hombres y recursos. Cierto es también que, en esa misma época, en Europa se respiraba un fuerte ambiente imperialista —especialmente en Francia y Gran Bretaña—, y eso hizo que aumentara el temor a perder los terri-

[12] J. Nadal, *La población Española (siglos XVI-XX),* Barcelona, 1984, pág. 211.

torios de ultramar y que se sobrevalorara la importancia de su aportación a la economía española.

Las dos principales campañas cubanas fueron una verdadera catástrofe tanto para los españoles como para los cubanos, y solo en Venezuela, durante la guerra de independencia, hubo otra campaña tan mortífera como la Guerra de los Diez Años, en la que murieron 145.000 hombres del Ejército y de los voluntarios cubanos españolistas, la inmensa mayoría víctima de epidemias y enfermedades. Pasó lo mismo en la guerra de 1895 a 1898, en la que el Ejército sufrió aproximadamente 55.000 muertes[13]. Las bajas de los insurrectos cubanos fueron relativamente altas, pero no alcanzaron cifras tan elevadas. Los estudios más fiables calculan que en el último conflicto murieron unas 170.000 personas en las famosas «reconcentraciones» de paisanos[14]. Y es probable

---

[13] Esta es la cifra presentada por estudiosos cualificados como Melchor Fernández Almagro, Rafael Núñez Florencio y otros, obtenida de las estadísticas del Ejército. En cambio, Raúl Izquierdo Canosa ha investigado todos los libros de registro de enterramientos militares en Cuba, y encuentra que el total de los enterrados fue de aproximadamente 38.000, aunque faltan algunos libros de registro que no han sobrevivido, en *Viaje sin retorno,* La Habana, 2001, 34, págs. 138-146. Sin embargo, las cifras más exactas son las de Enrique de Miguel Fernández, que indican que aproximadamente 45.000 soldados españoles murieron en Cuba entre 1895 y 1898, y de estos, posiblemente 4.000 fueron bajas de combate, en «Las tropas españolas en la Guerra de Cuba: de las estimaciones especulativas a la cuantificación», *Anales de la Real Academia de Cultura Valenciana,* 85, 2010, págs. 248-271. La cifra de la Guerra de los Diez Años, tal vez excesiva, es de A. Stucki, *Las guerras de Cuba,* Madrid, 2017, págs. 10-12.

[14] Estos datos son de A. Stucki, ob. cit., págs. 1-30, y J. L. Tone, *War and Genocide in Cuba, 1895-1898,* Chapel Hill, North Carolina, 2006, págs. 210-215. Las «reconcentraciones» fueron muchas veces informales, de ningún modo precedentes de los «campos de concentración» del siglo XX, pero las condiciones fueron duras por falta de alimentos, que la logística militar no sabía proveer. Los británicos siguieron el sistema en la Guerra de los Boers (1899-1902), con campamentos igual de duros, e incluso más, y con aproximadamente el mismo porcentaje de muertes de civiles. Esto provocó una gran protesta en Inglaterra, y en el último año de la contienda las condiciones fueron suavizadas.

que el número total de militares españoles muertos en Cuba fuera más elevado que el total de bajas de ambos bandos producidas en la Guerra Civil de 1936-1939.

La derrota sufrida en 1898 ante Estados Unidos no supuso el aislamiento de España ni que abandonara los foros internacionales. De hecho, la entrada de España en Marruecos en 1906-1913 no fue una iniciativa completamente española, sino un efecto del torbellino del nuevo imperialismo francés[15]. España no era una excepción en un final del siglo XIX con numerosos conflictos dentro y fuera de las fronteras europeas: enfrentamientos bélicos entre dos países tan importantes como Francia y Prusia (1870), la conflictiva tensión con Francia y Portugal que provocó la expansión colonial británica en África, los intentos por parte de Italia para hacerse con posesiones en el norte de África, la derrota de Rusia frente a Japón en la guerra de 1904-1905... España no estaba sola, pero la fractura interna que provocó la pérdida colonial removió los cimientos nacionales.

Tradicionalmente se ha dicho que la pérdida de los restos del Imperio causó en España una reacción mucho más importante que la que siguió al fin del imperio continental en 1825. Las razones de esta diferencia tienen que ver con la mayor alfabetización de la población, con el aumento de las clases medias y de la opinión pública, con la mayor conciencia política y, sobre todo, con el crecimiento de la clase intelectual. En realidad, todas estas condiciones estimularon la aparición de una nueva literatura que reflexionó sobre los asuntos políticos y los problemas del país, y manifestó un espíritu autocrítico y regeneracionista cada vez más acentuado, que llegó a su punto más álgido en los últimos años del siglo. De toda la producción literaria, tal vez la frase más la-

---

[15] Aunque la Guerra de Marruecos de 1859-1860 volvió a despertar el interés de España en África, en líneas generales los dirigentes españoles evitaron implicarse del todo en la zona. M. C. Lecuyer y C. Serrano, *La Guerre d'Afrique et ses repercussions en Espagne. Idéologies et colonialisme en Espagne 1859-1904,* París, 1976, y E. Martín Corrales, *Marruecos y el colonialismo español (1852-1912),* Barcelona, 2002.

pidaria se encuentra en la obra *Luces de bohemia* de Valle-Inclán: «España es una deformación grotesca de la civilización europea».

Es la época de la denominada «literatura del desastre» y de la Generación del 98 —como se les empezó a llamar diez años después—, y llama la atención que tuvieran una visión tan sesgada de su propio país. Tremendamente negativos, sobre todo por las mencionadas pérdidas territoriales, estos escritores no llegaron a identificar los aspectos positivos, pese a que España estaba plenamente integrada en la órbita europea y, con mucho esfuerzo, había alcanzado cierto grado de modernización.

El regeneracionismo, en sus múltiples variantes, se convirtió en lema habitual hasta la década de 1930, cuando fue sustituido por la revolución y el franquismo. Pero estos últimos regímenes ponían un énfasis aún mayor en su propio concepto de regeneracionismo. La regeneración del país se perseguía desde distintas ópticas: política, socioeconómica y cultural[16], y en el año 1930 tanto la cultural como la socioeconómica habían avanzado de manera considerable, si bien la política fracasó estrepitosamente.

La crítica política del regeneracionismo puso el punto de mira en el «caciquismo», alegando que el sistema español era especialmente corrupto, con elecciones manipuladas y resultados falsos. La realidad era que, poco a poco, el sistema político estaba llegando a ser cada vez más genuinamente liberal, con reformas electorales, una mayor movilización de la población y un alto índice de conciencia política. Caciques existían en muchos países europeos, como también los había en numerosas zonas de Estados Unidos. Todos los sistemas políticos occidentales pasaron por varias fases de desarrollo, con lacras y limitaciones, y no está contrastado que el español fuera más deficiente que el de cualquier otro Estado, sobre todo teniendo en cuenta el nivel de desarrollo de la sociedad. La democratización, de hecho, fue difícil en toda la Europa central, meridional y oriental, y en la Fran-

---

[16] Para un resumen reciente de los varios aspectos del fenómeno, véase la obra de V. L. Salavert Fabiani (ed.), *El regeneracionismo en España: política, educación, ciencia y sociedad,* Valencia, 2007.

cia decimonónica se alcanzó tras un proceso enormemente conflictivo. No había razones para esperar que en España no fuera igualmente problemática. Los sistemas decimonónicos, restrictivos y elitistas, se vieron sometidos a presiones de diversa índole antes o inmediatamente después de la Primera Guerra Mundial.

El régimen liberal, pero predemocrático, de la Restauración fue el más apropiado para la España de la última parte del siglo XIX. Como ha señalado David Ringrose, «en lugar de interpretar el asunto teleológicamente —es decir, pensar que España no había llegado a ser tan democrática como debía—, debemos considerar que la combinación de parlamentarismo, elecciones y clientelismo tradicional que se dio en España era una fase de la evolución de la cultura política que surgió en toda Europa»[17]. A diferencia del primer medio siglo del liberalismo, se alcanzó una verdadera tolerancia y lo que Carlos Dardé ha llamado «la aceptación del adversario»[18]. Mantuvo un reformismo constante y una evolución positiva, llegándose a inaugurar el sufragio universal masculino en 1890, a pesar de que, como hemos visto, el sistema de votación encontró grandes dificultades a la hora de llevarse a la práctica, y no tanto por el caciquismo y el fraude, ya que ambos existían, sino por la escasa conciencia política y la baja participación en una sociedad semianalfabeta.

También se ha dicho que el «turnismo» entre los dos partidos, conservador y liberal, fue artificial, y sin duda lo era, pero también es cierto que este sistema era mucho mejor que los de los anteriores periodos liberales, ya que permitía la alternancia en el poder. Lentamente, las elecciones comenzaron a celebrarse con más garantías y durante los primeros años del siglo XX tambien empezaron a tener un carácter más democrático, sobre todo en las grandes ciudades. Para entonces, los dos líderes políticos principales, Cánovas y Sagasta, ya habían desaparecido, el primero asesinado por un anarquista italiano en 1897. En el si-

---

[17] D. Ringrose, *España,* ob. cit, pág. 137.

[18] C. Dardé, *La aceptación del adversario: política y políticos de la Restauración, 1875-1900,* Madrid, 2003.

glo XX, los dos partidos se dividieron y los liberales se fraccionaron en media docena de grupos. Entre 1907 y 1912 surgieron las figuras de otros dos líderes reformistas, Antonio Maura, moderado, y José Canalejas, progresista —también murió asesinado por un anarquista—, pero ambos fracasaron en sus intentos de regeneración. Por su parte, la oposición estaba muy dividida entre republicanos, carlistas, socialistas, anarquistas y regionalistas, y este fraccionamiento explica en buena medida su propia debilidad. La modernización puede producir fragmentación, y esto ocurrió en España de una forma especialmente acusada, lo que explica por qué los aparatos de los partidos principales —también divididos internamente— continuaban dominando el sistema electoral y por qué las elecciones no podían dar lugar a Gobiernos mayoritarios y estables.

La crisis de la Restauración

El sistema entró en crisis en 1917. La Primera Guerra Mundial y la Revolución rusa iniciaron una larga serie de conflictos políticos y sociales sin precedentes en extensión, variedad y profundidad, que abrieron la puerta a una nueva época que se ha llamado «de guerra civil doméstica e internacional». Eran conflictos que estallaban en sociedades parcialmente transformadas y de enorme complejidad, pero con grandes problemas estructurales, sociales y culturales.

España experimentó en 1917 una triple crisis —militar, política y social—, pero el sistema sobrevivió gracias a que cada una de ellas fue abordada por separado. También las crisis, como la sociedad y la política, estaban fragmentadas. En 1919 la revolución social era una realidad en varios países, sobre todo en los que habían sido derrotados en la Primera Guerra Mundial, pero, en España, la «cuestión social» ya era muy grave en los últimos años del siglo XIX. Si, entrado el siglo XX, el sistema no se desestabilizó completamente fue por dos razones fundamentales: la primera, porque el país había mantenido la neutralidad, lo que le permitió evitar las peores consecuencias de la guerra, y la segunda, porque los movimientos obreros y republicanos estaban divididos. El Partido Socialista Obrero Español (PSOE) era el más lento y débil de sus congéneres europeos, y el principal movimiento de trabajadores, el anarcosindicalismo de la Confederación Nacional del Trabajo (CNT), era revolucionario, antipolítico y abstencionista. La combinación de la debilidad socialista y del abstencionismo anarcosindicalista, junto a las divisiones y a la escasa fuerza de los partidos republicanos, hizo imposible reducir la fuerza electoral de los fragmentados partidos establecidos.

La «cuestión social» estalló sobre todo en Barcelona y en otros centros industriales, y entre los jornaleros agrícolas del sur, que mostraron con frecuencia un malestar profundo, si bien no excesivamente violento. Aunque los anarquistas ya habían cometido actos «terroristas» en la década de 1890 y en los primeros años del nuevo siglo —a Barcelona se la llamaba *la ciutat de les bombes*—, habían asesinado a tres presidentes de Gobierno —el último en 1921, Eduardo Dato— y fueron los autores de otros atentados fallidos contra políticos y contra el propio rey Alfonso XIII —en 1906, el día de su boda con Victoria Eugenia de Battenberg—, la violencia directa de «lucha de clases» no estalló en Barcelona hasta 1917[19]. En realidad, el primer atentado se produjo a iniciativa de un agente alemán como parte de la estrategia de «revolución mundial» que siguió Alemania con el fin de perjudicar a países que, como España o Estados Unidos, ayudaban directa o indirectamente a los enemigos de Alemania[20]. El asesinato de un industrial catalán logró el efecto deseado y desencadenó una serie de actos terroristas y contraterroristas que causó más de trescientas muertes en Barcelona, Bilbao y otras ciudades du-

[19] M. A. Serrano, *La ciudad de las bombas. Barcelona y los años trágicos del movimiento obrero,* Madrid, 1997.

[20] La estrategia revolucionaria alemana sigue siendo uno de los aspectos menos conocidos de la Primera Guerra Mundial, a pesar del éxito espectacular de su ayuda a Lenin y los bolcheviques en Rusia. Para todo el abanico de tácticas de esta estrategia, véase S. G. Payne, *La Europa revolucionaria,* Madrid, 2011, págs. 39-42.

rante los seis años siguientes, pero no impidió que el comercio de España con Francia y Gran Bretaña se redujera. Lo que sí consiguió fue agravar aún más los conflictos domésticos en España[21].

La última crisis fue de carácter militar y se desencadenó a raíz del conflicto de Marruecos. El Gobierno no se esforzó por ocupar todo el territorio del Protectorado hasta 1919, pero la insurrección que se produjo en el Rif y en otras zonas se convirtió pronto en la rebelión militar anticolonial más grave del mundo afroasiático en aquel momento. El Ejército sufrió una derrota humillante en 1921 —el desastre de Annual— con casi diez mil bajas. Las consecuencias políticas internas fueron más graves que en 1898, por lo que se insistió en la investigación de «responsabilidades». Persistía el conflicto social, el «terrorismo» anarquista en Barcelona iba en aumento y parecía que el intento de reunificar el Partido Liberal terminaría en el fracaso de un Gobierno cada vez más débil.

En 1923 España tenía tres opciones: primera, continuar debilitándose con el sistema de partidos establecido y con unos Gobiernos cada vez más divididos; segunda, alentar una reforma democrática profunda que creara un liderazgo y un equilibrio político nuevos, y tercera, optar por una solución de tipo autoritario. La primera alternativa no parecía ofrecer soluciones novedosas. La segunda era atractiva en teoría, pero imposible en el mundo real por la profunda división de los partidos y de los movimientos políticos. En los últimos años, las fuerzas republicanas se habían moderado y, probablemente, el pequeño Partido Socialista habría cooperado. El problema principal era la ausencia de un líder o de una coalición que iniciara semejante reforma. Quizá podría haberse intentado por iniciativa del rey, pero se

[21] El libro de mayor envergadura sobre la lucha sindical en Cataluña es probablemente A. Smith, *Anarchism, Revolution and Reaction. Catalan Labour and the Crisis of the Spanish State, 1898-1923,* Nueva York, 2007. El estudio clásico de los movimientos revolucionarios en esos años, ahora un tanto desfasado, es G. L. Meaker, *The Revolutionary Left in Spain 1914-1923,* Stanford, 1974.

habría encontrado con la oposición de los principales partidos[22]. De hecho, la tercera alternativa fue la que se llevó a cabo, aunque sus consecuencias fueron totalmente inesperadas.

Uno de los principales logros de la Restauración fue el de poner fin a los pronunciamientos. Es cierto que eliminó la intervención directa de los generales, pero no acabó completamente con la influencia militar. Entre los postulados más llamativos del regeneracionismo estaba la posibilidad de reclamar un «cirujano de hierro», un jefe carismático que se hiciera cargo de los problemas existentes y los resolviera con iniciativas autoritarias. En el Ejército existía bastante malestar por la situación de Marruecos y la fragilidad del Ejecutivo de Madrid, y se puso en marcha una conspiración para imponer de modo temporal a un general que se hiciera cargo del Gobierno y pusiera orden. El capitán general de Barcelona, Miguel Primo de Rivera, encabezó el último pronunciamiento clásico de la Historia de España el 15 de septiembre de 1923. La respuesta del Gobierno fue muy débil: acudió al rey para que este lo frenara, pero no hizo ningún esfuerzo para obtener un mayor respaldo cívico frente a las exigencias de los militares. Finalmente, Alfonso XIII optó por pedir la dimisión del Gobierno y ofrecer la presidencia del nuevo Gabinete a Primo de Rivera, una decisión fatal a largo plazo, porque, años después, le costaría el trono.

Pocos lo entendieron así en aquel momento, pero el largo siglo del liberalismo español concluía a manos de un pronunciamiento incruento.

---

[22] Para sustentar el argumento de que 1923 habría sido el mejor momento para intentar una reforma democrática más profunda, véase el análisis de F. del Rey Reguillo, «¿Qué habría sucedido si Alfonso XIII hubiera rechazado el golpe de Primo de Rivera en 1923?», en N. Townson (dir.), *Historia virtual de España (1870-2004). ¿Qué hubiera pasado si...?,* Madrid, 2004, págs. 93-137.

7
De la Dictadura a la Segunda República

Primo de Rivera prometió una dictadura temporal a la romana, un Gobierno de emergencia de noventa días para resolver problemas acuciantes de una forma «pronta, digna y sensata», por lo que la recepción por parte de la opinión pública fue bastante positiva. Ortega y Gasset le aclamó, porque parecía ser ese «cirujano de hierro» tan deseado desde hacía tiempo. La Dictadura se enfrentó a cuatro clases de problemas: orden público, saneamiento del Gobierno y de la administración, cuestiones económicas y Marruecos. Lo más sencillo era solucionar el orden público, porque, ante un Gobierno autoritario dispuesto a reprimir a anarquistas y comunistas, estos ni rechistaron durante siete años, hasta 1930. Sí hubo un número limitado de detenciones, pero no se produjo ninguna ejecución. Después de toda una generación cargada de atentados y actos terroristas, la solución parecía sencilla.

El dictador pensó ordenar y reformar la administración gubernamental mediante el nombramiento de «delegados de Gobierno», que serían oficiales militares encargados de supervisar diversos sectores de la administración. No está claro qué consiguieron, pero da la impresión de que la Dictadura intentó cambiar, y de manera decidida, el funcionamiento del Estado. Y, mientras tanto, la economía prosperaba.

El asunto más difícil era Marruecos. El dictador no deseaba conquistar todo el territorio y prefería un arreglo político, pero el jefe rifeño, Abd el-Krim, proclamó la independencia total. Primo de Rivera se replegó y emprendió una reorganización de las fuerzas españolas, mientras Abd el-Krim, lleno de arrogancia, cometió el error de atacar una parte del sector francés, la zona principal de Marruecos. El Gobierno francés no había querido cooperar con España, pero, ante la ofensiva rifeña, firmó un acuerdo con el dictador español, dando paso a una ofensiva dual de ambos ejércitos —desde el norte y el sur— que logró la victoria total en 1927.

Los tres meses de gobierno estipulados originalmente por Primo de Rivera se convirtieron en años. Durante un tiempo empleó el argumento de la crisis de Marruecos, pero, tras la formación de la alianza militar con París, estaba cada vez más claro que la resolución del conflicto no tardaría mucho en llegar. Fue entonces cuando el dictador cometió su gran error: en diciembre de 1925 disolvió el Directorio Militar, que actuó como su Gabinete original, e inició la «fase civil», nombrando un Gobierno regular compuesto por ministros principalmente civiles. Parecía que la Dictadura temporal se volvía permanente.

Si Miguel Primo de Rivera, un hombre campechano de temperamento informal e ideología liberal, hubiera anunciado que, después de algunos meses, cuando se hubiera alcanzado la victoria militar definitiva, dimitiría para dar paso a nuevas elecciones parlamentarias, posiblemente habría ocupado un lugar de honor en la Historia de España. Había restaurado el orden, había reformado ciertos aspectos de la administración, había devuelto el honor al Ejército y asegurado una victoria en Marruecos..., y luego habría podido dar paso a la democracia. Entonces la transición habría sido mucho más sencilla y la mayoría de los actores políticos habría colaborado con bastante entusiasmo en la restauración de un Gobierno parlamentario[1].

---

[1] Para una interpretación de la Dictadura en gran parte favorable, véase R. Tamames, *Ni Mussolini ni Franco. La dictadura de Primo de Rivera y su tiempo,* Barcelona, 2008.

Pero, como dicen los franceses, el apetito viene con el comer, y «el Dictador», como se le solía llamar, no quería abandonar el poder. Primo de Rivera insistía en que tenía una misión que cumplir y todavía gozaba de cierta popularidad. La economía continuaba mejorando y propuso una serie de medidas de tipo corporativo para fomentarla aún más. Finalmente, en 1928 intentó la reforma constitucional mediante la creación de una nueva Asamblea Nacional, pero la solución mágica no llegó y la Asamblea se disolvió sin lograr sus objetivos. Las relaciones con el Ejército se complicaron cuando el dictador planteó una reforma militar más profunda y se organizaron varias conspiraciones contra él, tanto civiles como militares. Para colmo, en 1929 el valor de la peseta bajó considerablemente.

Quedaba claro que la Dictadura no era la solución y la opinión pública se volvió en su contra. Antes de finales de enero de 1930, Alfonso XIII pidió la dimisión a Primo de Rivera, y este, que había gobernado durante más de seis años y se encontraba muy enfermo de diabetes, no tuvo más remedio que exiliarse en París, donde murió a las seis semanas.

Posteriormente, los errores pasaron del dictador al rey. En lugar de anunciar elecciones en tres meses, don Alfonso comenzó a dudar y nombró a otro general, Dámaso Berenguer, para presidir la llamada «dictablanda», que permitiría restaurar un Gobierno parlamentario de un modo lento y cauteloso. La Dictadura había durado tanto que las estructuras y las redes clientelares de los viejos partidos se habían disuelto. Los políticos veteranos que quedaban de la época de la monarquía liberal estaban descontentos y el rey había perdido apoyo y popularidad. Durante más de un año se hicieron varios intentos para organizar elecciones, pero sin éxito. Cuando, tímidamente, se convocaron los comicios en abril de 1931, solo fueron municipales, y una nueva alianza republicano-socialista ganó en casi todas las grandes ciudades y presionó para que el rey entregara cuanto antes el poder. Alfonso XIII se encontró aislado de repente. Después de un siglo de liberalismo, la sociedad española no toleró mantener a un rey complaciente con el autoritarismo.

El derrumbamiento de la monarquía, sin embargo, fue un golpe duro para la convivencia cívica, y no porque la monarquía parlamentaria disponga de una varita mágica —la mayor parte de las democracias funcionan bastante bien sin ella—, sino porque España había tenido graves problemas de estabilidad en el siglo anterior y porque, en la década de 1930, se hallaba en medio de una cultura política europea que estaba entrando en crisis, algo que inevitablemente tendría consecuencias negativas para el país. Durante medio siglo, la monarquía había tenido un éxito razonable en su papel de moderador y regulando el acceso al Gobierno, y se había convertido en un símbolo de unidad y continuidad, cualidades que, al desaparecer, no tardarían en conducir al país al desastre.

No hay duda de que Alfonso XIII se había desacreditado al consentir la Dictadura, pero habría que preguntarse si un regreso inmediato de las elecciones generales tres meses después de caer el dictador habría permitido el retorno a una monarquía parlamentaria funcional, reformista y democratizadora. El rey y el general Berenguer deberían haber tomado una decisión arriesgada, y no hay garantía de que hubieran tenido éxito, aunque probablemente era su única opción. Las tácticas dilatorias actuaron como un bumerán. Los antiguos partidos monárquicos casi habían desaparecido y a los líderes que quedaban les aterrorizaba dar un salto en el vacío, que es justo lo que sucedió en abril de 1931. La alternativa de convocar elecciones inmediatas había fracasado, pero era difícil imaginarse un resultado todavía peor del que se produjo.

¿Qué veredicto debe dictar la historia sobre el papel de Alfonso XIII?[2]. La Constitución de 1876 había reducido las fun-

---

[2] Los estudios principales son de J. Tusell y G. García Queipo de Llano, *Alfonso XIII: el rey polémico,* Madrid, 2001, y C. Seco Serrano, *La España de Alfonso XIII: el Estado. La Política. Los movimientos sociales,* Madrid, 2002. La obra de A. Osorio y G. Cardona, *Alfonso XIII,* Barcelona, 2005, ofrece

ciones del rey, aunque conservaba su papel de árbitro en el «turnismo» entre los dos partidos principales. El monarca fue acusado de injerencia y de arbitrariedad, pero, en general, se esforzó por reconocer a las fuerzas políticas emanadas del sistema y por cooperar con ellas. Es absurdo pensar que el rey fue personalmente responsable de la división, del faccionalismo, del bloqueo de las reformas y de las crecientes tensiones que sufría el régimen. España, ciertamente, no ganaba nada cambiando un rey por un presidente de la República y, de hecho, los dos jefes de Estado de la República, Niceto Alcalá-Zamora y Manuel Azaña, fueron más arbitrarios que don Alfonso. En realidad, el rey no conspiró con el dictador en 1923[3], sino que aceptó los resultados de un pronunciamiento al que ninguna fuerza política o militar parecía dispuesta a enfrentarse —obedecía a una nueva tendencia en la política europea— y que, en un primer momento, fue bien recibido por un amplio y transversal sector de la opinión pública española. Por último, cuando quedó absolutamente claro que el dictador había perdido apoyos, el rey le pidió su dimisión. Con esto no pretendemos decir que el comportamiento de Alfonso XIII entre septiembre de 1923 y diciembre de 1929 fuera siempre sensato o juicioso. No hay duda de que debería haber actuado de otra manera en varias ocasiones. Sin embargo, es de justicia reconocer que tuvo que lidiar con una situación cada vez más difícil y que, ocurriera lo que ocurriera, nada dependía solo de una iniciativa que tomara o dejara de tomar el monarca. Al final optó por abandonar el trono para no alentar la confrontación civil. Cinco años después, el presidente de la República no se comportaría del mismo modo.

---

una versión más ambivalente, mientras que las de J. Moreno Luzón (ed.), *Alfonso XIII: un político en el trono,* Madrid, 2003, y R. Borràs Betriu, *El rey perjuro. Don Alfonso XIII y la caída de la monarquía,* Barcelona, 2007, son más críticas.

[3] El análisis clave a este respecto sigue siendo el de J. Tusell, *Radiografía de un golpe de Estado: el ascenso al poder del general Primo de Rivera,* Madrid, 1987.

Después del desastre de 1873-1874, el republicanismo gozaba de mala prensa en España y durante mucho tiempo sus partidos eran pocos y con frecuencia estaban muy divididos. Pero, poco a poco, durante la Dictadura esta situación comenzó a cambiar; se fundaron nuevos partidos más radicales y se creó una alianza republicana. Finalizada la Dictadura, las tácticas dilatorias y la confusión del nuevo Gobierno les aportaron una ventaja considerable y algunos políticos monárquicos anunciaron su conversión al republicanismo. En junio de 1930 formaron un Comité Revolucionario presidido por Niceto Alcalá-Zamora, el más veterano y conocido de esos nuevos «conversos». Era un político inteligente, abogado y un gran erudito, que había sido jefe de la facción más pequeña del antiguo Partido Liberal. Católico y bastante más conservador que los demás republicanos, también era un hombre hipersensible y muy egocéntrico[4]. Posteriormente, su Comité consiguió el apoyo de los socialistas y de los catalanistas de izquierda.

Aunque el Gobierno había anunciado que pronto convocaría elecciones, el Comité Revolucionario pensaba recurrir a una insurrección en cuanto fuera posible, abriendo la espiral de violencia que a medio plazo ahogaría en sangre al país mediante el típico pronunciamiento militar mal organizado que se produjo a mediados de diciembre de 1930. Murieron tres personas y, en una oleada de huelgas violentas convocadas por la CNT, que resurgió como un vampiro, fallecieron veinte más. Sin embargo, el Gobierno mostró poca iniciativa y carecía de prestigio moral para reprimir a sus opositores, que pronto recobraron la libertad. En las elecciones municipales de abril de 1931, la alianza republicano-socialista esperaba obtener cierto apoyo, pero la realidad es que la gran mayoría de los escaños municipales los ganaron los candidatos monárquicos. Sin embargo, ante la victoria aplastante de los republicanos en las grandes ciudades, la moral

[4] Hace poco traté la obra de Alcalá-Zamora durante la Segunda República en mi estudio titulado *Alcalá-Zamora: el fracaso de la República conservadora,* Madrid, 2016.

de los monárquicos se desplomó y, en la noche del 14 de abril, Alcalá-Zamora y sus seguidores se hicieron con el Gobierno, abriendo la etapa más polémica de la historia contemporánea española.

El nuevo Gobierno se presentaba como una democracia, y no hay duda de que, esencialmente, fue un régimen democrático y constitucional durante casi cinco años, hasta las elecciones de febrero de 1936. Sus políticas y sus procedimientos fueron muy deficientes en algunos aspectos, y la afirmación de Javier Tusell de que la Segunda República constituía «una democracia poco democrática» es del todo cierta; sin duda alguna, la mejor definición en cuatro palabras. Pero, pese a todo, era un régimen democrático. No convocó ningún referéndum para legitimarse, pero durante esos cinco años fue un régimen legítimo, sencillamente porque la gran mayoría de los españoles lo veían así. Esa era, por ejemplo, la opinión del general Francisco Franco, un monárquico a quien no le gustaba nada la República.

A la vez que se iniciaba el régimen democrático se puso en marcha un proceso revolucionario cada vez más violento que pronto ofreció el espectro más amplio de movimientos revolucionarios de Europa, planteando una serie de exigencias, cada vez más radicales, que ningún país del mundo podría haber satisfecho. Al principio, una pequeña minoría de extrema derecha reaccionó de manera histérica al grito de «¡La República nos lleva al comunismo!». En 1931 este planteamiento parecía absurdo, pero seis años después se demostraría que no estaba tan lejos de la verdad.

El nuevo régimen nació con ciertas ventajas respecto a algunas de las nuevas repúblicas de la Europa del Este en 1918-1919. Por ejemplo, no fue necesario crear desde cero un nuevo sistema estatal, ni reconstruir una economía devastada por la Primera Guerra Mundial, ni absorber un gran número de refugiados procedentes de territorios irredentos, ni enfrentarse a un monarquismo populista de masas ni a una población mayoritaria de campesinos, pese a la gravedad de los problemas agrarios que existían en ciertas partes de España. En 1930, por vez primera, menos del 50 % de los españoles trabajaban en el campo. Pero había problemas estructurales de difícil solución, especialmente la situación de los cerca de dos millones de jornaleros y sus familias que estaban sometidos a un paro estacional y cuya conflictividad aumentó como consecuencia de la rápida modernización de la sociedad en general. Durante la República se produjo, por primera vez en España, la movilización democrática de masas, lo que hubiera sido impensable en la generación anterior. Otro aspecto que llamaba la atención era la incompleta integración de las regiones, con sus niveles dispares de modernización, un problema estructural que exacerbó los nacionalismos periféricos y añadió una dimensión horizontal a las divisiones sociopolíticas verticales.

Es una paradoja de la Historia española que el relativamente veloz desarrollo que tuvo lugar entre 1915 y 1930 no lograra superar los conflictos internos, mientras que, en cierto modo, sí agudizó las consecuencias políticas de estos. Las numerosas mejoras, junto con el aumento de la alfabetización y la creciente movilización, habían elevado tanto los niveles de conciencia política como las expectativas de una sociedad que era más moderna, productiva y políticamente consciente, y que exigía —o, al menos, lo hacía una parte significativa— cambios aún más rápidos. Durante 1930 España comenzó la fase intermedia de la expansión de la industrialización, en la que los conflictos sociales se agudizaron al máximo. En ese momento, los trabajadores ya eran lo bastante conscientes y se hallaban lo suficientemente movilizados como para exigir mucho más, pero, al mismo tiempo, el país no tenía a su alcance los medios para completar la industrialización y lograr una prosperidad generalizada.

Es en esa coyuntura cuando se genera un proceso revolucionario cuyos orígenes no están en las condiciones de opresión, sino en las exigencias de cambios y de mejoras rápidas, que, de repente, dan lugar a la revolución violenta y no a la transigencia pacífica. Esta teoría se explicó por primera vez en la obra de Alexis de Tocqueville titulada *El Antiguo Régimen y la revolución,* donde se presenta la clásica teoría conductista de la revolución, a diferencia de la marxista, basada en el materialismo y en las condiciones socioeconómicas. Aunque estas pueden ser también importantes, la revolución moderna y violenta es el resultado —psicológico, en primera instancia— de unas aspiraciones crecientes, como las producidas por la modernización española de la década de 1920. La llegada de la República agudizó esas aspiraciones, que se vieron interrumpidas por los efectos de la Gran Depresión, por la victoria del centro-derecha en las elecciones de 1933 y por la derrota de la insurrección revolucionaria de 1934. Esta teoría conductista de la revolución ilumina la situación de Francia en 1789, de Rusia en 1917 y de España en la década de 1930 (también de otros países).

La estructura y las condiciones sociales también afectaron a la demografía. El crecimiento más o menos rápido de la población dio lugar a que en España —como en Rusia, Italia y Alemania— hubiera más varones jóvenes en los años treinta que en ningún momento previo, y estos formaron el sector más proclive a la radicalización y a la confrontación. Aunque la mano de obra del sector agrario había disminuido, en términos proporcionales, durante los años veinte, el crecimiento general de la población provocó que el número de jornaleros fuera, en cifras absolutas, demasiado alto, sin duda un factor estructural de la radicalización agraria.

En cambio, una gran parte de los españoles continuaban siendo moderados o claramente conservadores. Los partidos revolucionarios, incluso unidos con las izquierdas «burguesas», nunca lograron una mayoría de votos en unas elecciones normales. La derecha moderada de la CEDA (Confederación Española de Derechas Autónomas) superó con creces a la derecha radical autoritaria, precisamente por ser más moderada y legalista, y el país en su conjunto no era ni radical ni revolucionario, si bien había importantes minorías radicales y revolucionarias que sí disfrutaban de oportunidades en un régimen democrático aún no consolidado e inmerso en una crisis económica y política sin precedentes.

En la Europa de aquel momento España iba a contracorriente, como en 1820-1823. Tras la primera etapa de democratización de los años veinte, las nuevas tendencias de cambio —salvo en la Unión Soviética— se inclinaban hacia la derecha, y en los años treinta, hacia la derecha autoritaria y el fascismo. La coyuntura ciertamente era negativa, porque en los años treinta se encuentra el enfoque principal de la «larga generación» de guerras mundiales e intensos conflictos sociopolíticos que se extendió de 1914 a 1945. Este fue el periodo de más luchas internas y externas simultáneas en la historia de Europa, provocadas por los conflictos de masas originados por la industrialización, la búsqueda de la igualdad y el nacionalismo moderno. Los años de la Gran Depresión no fueron propicios para nuevos experimentos democráticos.

Con todo, no es fácil demostrar que la coyuntura histórica predeterminase por sí misma el curso de los acontecimientos. Durante algún tiempo España fue relativamente inmune a varias de las principales fuerzas motivadoras del gran conflicto europeo, como el nacionalismo (a excepción del periférico) y el imperialismo, mientras que, por eso mismo, el fascismo fue bastante débil hasta las últimas semanas de la República. Proporcionalmente, el impacto de la depresión en España fue menor que en otros países, especialmente en lo referente al aumento del desempleo, y, de hecho, en 1935 una gran parte de la economía experimentó cierta recuperación —al menos, más que en Francia—.

España no se hallaba implicada en problemas exteriores, lo contrario de lo que había sido habitual durante la mayor parte de su historia. No había amenazas que vinieran de fuera, pero, paradójicamente, esto dio a los españoles la oportunidad de consumirse en luchas intestinas. La preocupación se centró en observar si las fuerzas domésticas imitaban las tendencias autoritarias de otros países, ya fuesen comunistas o fascistas. Y, por otra parte, dado que la unidad frente a los retos exteriores —de hecho, inexistentes— no parecía necesaria, las minorías radicalizadas (derechistas o izquierdistas) se sintieron libres para dar rienda suelta a sus extremismos.

La coyuntura general —con los cambios en el contexto internacional— sin duda influyó en el país, tanto en términos de inspiración positiva como de aparición de recelos y temores. Las izquierdas obreras se sentían cada vez más atraídas por el espejismo de la revolución tal y como la había representado la revolución bolchevique en la Unión Soviética. Los anarquistas marchaban a su propio son, mientras que los socialistas y otros grupos marxistas se sentían fascinados por los ideales leninistas —aunque eran incapaces de emularlos en su totalidad— y, al mismo tiempo, se encontraban lo bastante lejos de la tétrica realidad de la Unión Soviética estalinista como para sucumbir al desencanto —al menos hasta 1938-1939, cuando dicha realidad ya había sido parcialmente introducida en la zona republicana—. Igualmente importante fue la aversión demostrada por las izquierdas ante la victoria del fascismo y de las derechas autoritarias en Europa central en 1933-1934, rechazo que tuvo un claro «efecto llamada» en diversos países y que contribuyó a la polarización en España.

Pero los problemas más serios derivaron de los profundos errores de los líderes políticos, de sus decisiones y de los conflictos de los partidos organizados, y no tanto de problemas estructurales o coyunturales. El sistema republicano no contó con líderes de relevancia, aunque de ningún modo España fue el único país que, en su época, adoleció de esta característica.

Así pues, los problemas políticos de la República comenzaron con los propios fundadores. Afirmaban representar una ruptura decisiva con el pasado, lo que no significaba aspirar a un nivel superior, sino volver a las convulsiones del pasado, a los años anteriores a 1874. La ruptura, en realidad, fue con el medio siglo liberal y tolerante que precedió a 1923, un típico producto del radicalismo español que reflejaba el tenaz sectarismo y el enorme personalismo de la política partidista decimonónica, así como la insistencia en considerar que el Gobierno era más una especie de patrimonio que una representación de los diversos intereses nacionales.

La nueva Constitución de 1931 codificó principios básicos. Fue concebida a partir del programa de un importante sector de los partidos políticos que se impuso a quienes no compartían sus valores. En aspectos clave, esta Carta Magna no fue un producto del consenso nacional, como tampoco lo fueron sus predecesoras partidistas decimonónicas —con la excepción de las de 1837 o 1876—, y, lo que es peor, pronto se puso de manifiesto que los grupos responsables de su redacción no se comprometieron con las normas que acababan de establecer. En cuanto perdieron las elecciones de 1933 exigieron la anulación de los resultados y la oportunidad de volver a intentarlo, ya que su concepto de la República era «patrimonial» y no aceptaban que se adoptasen políticas distintas a las suyas[5]. La falta de consenso sobre las reglas básicas del juego fue un claro impedimento desde el principio, sobre todo entre los propios republicanos.

Las reformas que emprendió la República eran necesarias, pero no se aplicaron bien

Para sectores clave de la coalición fundadora, el nuevo sistema no significaba un compromiso con un conjunto de reglas constitucionales, sino más bien una ruptura decisiva y la permanente hegemonía de un proceso revolucionario de izquierdas que implicaba cambios políticos definitivos y también otros irreversibles en las relaciones entre Iglesia y Estado, la educación, la cultura y la estructura socioeconómica, así como en la solución de problemas fundamentales de autonomía regional y de reforma militar. Algunas de estas reformas eran claramente saludables, pero no deberían haber impedido el respeto por los dere-

[5] En cambio, puede afirmarse que el poder judicial constituyó un elemento de fortaleza, ya que permaneció en gran medida libre de la abierta politización, lo que provocó las críticas tanto de las izquierdas como de las derechas. No discriminó injustamente a favor de aquellos culpables de delitos violentos, ya fueran derechistas (como en los primeros años de la Alemania de Weimar) o izquierdistas. De ahí la apremiante preocupación de las izquierdas en 1936 por aprobar nuevas leyes que permitiesen la purga política del poder judicial, lo que parecía indicar que este último había quedado en su mayor parte libre de la influencia de los cambios políticos.

chos y por el procedimiento democrático, incluso al precio de su retroceso parcial o temporal.

Con frecuencia se ha formulado la pregunta de si el liderazgo republicano originario no intentó llevar a cabo reformas demasiado profundas y rápidas, sobrecargando el sistema. Teniendo en cuenta la manera en que se emprendieron dichas reformas, la respuesta es afirmativa, pero no está claro que este sea el caso si hablamos de la esencia de las propias reformas. El país tenía necesidad de una transformación modernizadora mediante un amplio programa político centrado en reformas técnicas y prácticas para el beneficio común —el desarrollo educativo, la reforma militar, la autonomía regional, las obras públicas, la reforma de las condiciones laborales y algunas medidas de reforma agraria—. En muchos aspectos, eran una necesidad tan obvia que en un primer momento pareció posible crear una coalición nacional que las respaldara.

Los logros republicanos, tanto en obras públicas como en algunos aspectos de la reforma laboral, fueron evidentes. Hacía tiempo que una reforma militar era necesaria y, en muchos e importantes aspectos, la que llevó a cabo Azaña resultó positiva. Casi todo el mundo estaba de acuerdo en que también era necesario algún tipo de reforma agraria, aunque los puntos de vista de unos y otros eran del todo dispares. Por ello, la ley de 1933 no estuvo bien concebida, si bien, al contrario de lo que se ha dicho, el campo no sufrió un retroceso absoluto durante el segundo bienio, mientras que, bajo el Frente Popular, la situación se volvió caótica, injusta y extremista, y muchas veces no sujeta a la ley. Era imperante también la separación de la Iglesia y el Estado —que, en principio, la propia jerarquía eclesiástica aceptaba— y la reforma de aspectos importantes de sus relaciones, un ámbito en el que pudo haberse logrado mucho con un coste mínimo. Pero, como decía Alcalá-Zamora, insistir en quitarle derechos fundamentales y perseguir a la Iglesia y a sus fieles era hacer una «Constitución para una guerra civil».

La presentación de las reformas como un «trágala» estuvo mal gestionada desde el principio, debido tanto a la retórica sectaria como a los procedimientos políticos de la coalición gobernante. En algunos temas se fomentó, de manera gratuita, una oposición antes inexistente por la ausencia del menor espíritu de conciliación o de deseo de consenso. La falta de tacto de Azaña, que parecía responder a un estilo deliberado, convirtió la reforma militar, en general sensata, en algo que se percibió (con exageración) como una *vendetta* antimilitar y que generó la hostilidad entre unos oficiales que, al principio, no eran contrarios a la República.

Pero lo peor fueron, por supuesto, el estilo y la esencia de las reformas religiosas de 1931-1933, que se concibieron como una venganza contra los intereses católicos —pese a que la mayoría de los españoles creía más en el catolicismo que en cualquier otra doctrina o credo—, lo que dio lugar no solo a la separación en sí de la Iglesia y el Estado, sino a la vulneración de los derechos civiles, institucionales y educativos al instigar una especie de persecución religiosa. Inicialmente, el objetivo era reducir el catolicismo a ritos puramente privados, como antes se había hecho con el protestantismo, pero después, en la primavera de 1936, se dio paso a una persecución violenta, con la clausura de escuelas, la confiscación ilegal de iglesias y otras propiedades, los ataques personales a católicos, la prohibición de celebrar la misa en ciertas áreas y los cada vez más frecuentes incendios de edificios católicos. La idea era seguir, en un primer momento, las políticas extremistas de las repúblicas de Francia y Portugal para luego pasar a un extremismo superior al del México posrevolucionario, que había conducido a una guerra civil que duró varios años.

Por esas razones no se puede concluir que la reforma educativa bajo la República fuera un logro positivo, por más que, con frecuencia, se la haya alabado. La anulación de la libertad de enseñanza constituyó un atroz atropello, un atentado contra la libertad religiosa y, también, contra la cultura misma. Es cierto que el Gobierno de izquierdas construyó y abrió numerosas aulas, pero su objetivo era cerrar las católicas, llegando, en el mejor de los casos, a una suerte de equilibrio en cuanto a la expansión de las facilidades educativas.

La política fiscal fue ineficaz y los intentos de reforma en ese ámbito fueron muy escasos. Se puso un énfasis exagerado en mantener el equilibro de los presupuestos en una época de depresión, y, como suele suceder, la mayoría de los líderes mostraron su ignorancia —y su falta de interés— sobre aspectos fundamentales de la economía, un defecto habitual en aquella década en muchos países.

El modo de acercarse a algunos de estos problemas, como si de un juego de suma cero se tratase, resultó contraproducente, ya que hizo que cada vuelta de la rueda política se utilizara como una venganza contra quienes habían tenido previamente el poder, estableciendo medidas políticas retroactivas y desalentando cualquier posibilidad de consenso. La verdad es que las izquierdas rechazaron esa idea —la del consenso— desde el comienzo, creyendo que podrían controlar la República de manera perpetua, pues era «suya», y prepararon una ley electoral de mayorías con la falsa idea de que eso les garantizaría la victoria en todas las elecciones. Cuando se vio que no era así, regresaron los intentos de manipulación anticonstitucional y la revuelta armada. A este respecto, la República, más que conseguir algún progreso respecto a la antigua monarquía parlamentaria, supuso una regresión a las convulsiones del siglo XIX. Esto era lo que Ortega y Gasset tenía en mente en 1932-1933 cuando se lamentaba de que los líderes republicanos, en lugar de ocuparse de los problemas más apremiantes, encarnasen una vuelta a ciertas fijaciones del pasado.

Uno de los aspectos más destructivos del republicanismo «patrimonial» fue que, para la mayoría de los nuevos líderes, se desdibujaron las realidades de la sociedad española de la época, ignorando, por un lado, la amplitud de los intereses conservadores y del catolicismo popular en el país, y, por otro, el potencial de la expansión del extremismo obrero revolucionario, al tiempo que se exageró el atractivo de sus propios programas de progresismo republicano. Este exceso de confianza se debió al éxito inicial de la ruptura de 1931, cuando muchos moderados, e incluso conservadores, votaron de forma puntual a los republicanos, y los monárquicos estuvieron durante años desorientados y desmovilizados. Esa situación dio lugar a unas Cortes Constituyentes y a una Constitución que no representaban al país en su conjunto. Sin duda, un Parlamento más genuinamente representativo habría producido una Constitución más moderada y, aun así, relativamente progresista, que habría hecho de la República una forma de gobierno más aceptable para la mayoría de la opinión pública. En resumidas cuentas, podría haber favorecido el contagio del liberalismo de las clases medias a una gran parte de la población agraria, e incluso a la minoría obrera no revolucionaria.

El hecho de que no se pudiera aprobar, entre 1933 y 1935, una reforma constitucional y electoral fue un grave error. Aquí acertó Alcalá-Zamora cuando insistió en la necesidad de una nueva ley electoral, pero la propuesta fue bloqueada por algunos partidos pequeños que creían que podrían prosperar más como miembros de una gran alianza. Huelga decir que fueron eliminados casi totalmente en las elecciones de 1936.

Unas fuerzas políticas muy dispares

La práctica inexistencia de políticos de relieve fue otra de las consecuencias negativas de la Dictadura, que, como vimos, suprimió los antiguos partidos. No es sorprendente que el vacío en las tareas de gobierno y la fiscalización parlamentaria se rellenase con inexpertos. El drástico cambio de personal que tuvo lugar en 1931 se repitió, en un grado considerable, en las dos elecciones siguientes, en parte debido a las exageradas consecuencias de la ley electoral, y fue uno de los obstáculos más destacados del nuevo régimen. Las figuras más tolerantes y conciliadoras de la República se encontraban entre la minoría de centristas y conservadores moderados, que ya habían adquirido experiencia durante el régimen anterior, pero se vieron ampliamente superados en número por los novatos radicalizados.

El comportamiento de los intereses económicos fue similar al de cualquier país en circunstancias parecidas, respaldando siempre las opciones más moderadas, aunque, en ciertos casos, se produjo un desplazamiento hacia la derecha radical. Mercedes Cabrera, la principal historiadora de la política de los grupos económicos en este periodo, ha llegado a la conclusión de que las fuerzas económicas no plantearon ninguna alternativa propia y real, confiando en que un régimen republicano más estable y centrado preservaría la ley y el orden. El sector de los grandes terratenientes se sintió atraído por la derecha radical, pero, en general, no jugó ningún papel corporativo de importancia a la hora de subvertir el sistema de forma directa[6].

En un primer momento, las fuerzas abiertamente subversivas no fueron ni importantes ni numerosas, con la excepción de la CNT, flanqueada por los pocos comunistas que había en la extrema izquierda. Más tarde se produjo la subversión de la derecha radical monárquica y de la Falange, pero estas fuerzas no alcanzaron la importancia de los anarcosindicalistas, que constituyeron un movimiento de masas, por más que las tácticas insurreccionales libertarias nunca supusieran una seria amenaza de derrocamiento del régimen. Quizá la principal consecuencia de su presencia fuera el mantenimiento de la presión sobre la UGT, situación que debilitó el compromiso socialista con el reformismo socialdemócrata.

Mucho más importantes fueron las posturas de los que Juan Linz denominó los dos grandes partidos «semileales»: los socialistas y la CEDA. Por un lado, es imposible equipararlos, porque la CEDA siempre respetó la legalidad, no creó milicias armadas, no recurrió a la violencia y nunca lanzó una insurrección contra la República. Los grupos izquierdistas y el presidente de la República reprocharon a la CEDA que nunca se comprometiera con el republicanismo. Los líderes de la Confederación católica decían que había ciertos derechos e intereses superiores, como los de la religión, pero garantizaban el compromiso del grueso del electorado católico con los procedimientos legales y parlamenta-

---

[6] M. Cabrera, *La patronal ante la II República,* Madrid, 1983, págs. 307-312.

rios, y cumplieron con su promesa, que es mucho más de lo que puede decirse de los socialistas. Al contrario de estos, los cedistas siempre rechazaron la violencia y mantuvieron cierta ambigüedad en cuanto a las dimensiones de la reforma constitucional que deseaban hacer. ¿Se mantendría o no la forma esencial de la República democrática?[7].

La cúpula cedista fue culpable de errores notables, por un lado, a la hora de evitar una erosión a manos de la derecha radical autoritaria y, por otro, al ir en la dirección opuesta para apaciguar a los sectores del centro. No siempre encontraron el punto medio. Es difícil evaluar la obra del único Gobierno en el que la CEDA dominó, en 1935, porque Alcalá-Zamora, empleando los poderes —en realidad, poderes excesivos— de un presidente de la República, permitió que gobernara durante solo seis meses, aunque disponía de una mayoría parlamentaria estable.

La política de exclusión que el presidente Alcalá-Zamora practicó respecto a la CEDA constituyó el talón de Aquiles de la Segunda República e imposibilitó una evolución pacífica. La alternativa fue entregar el poder a unas izquierdas mucho más radicalizadas que en 1931, que ya no tenían interés alguno en el régimen constitucional original, sino en una república popular más revolucionaria. Solo en la imaginación de las izquierdas moderadas era posible que un sistema «democrático» funcionase sin llegar a un acuerdo con la opinión católica. Por tanto, debe plantearse la cuestión de si la decisión correcta en diciembre de 1935 no hubiera sido seguir el proceso constitucional y parlamentario, sin manipulaciones, dado que una democracia liberal no puede funcionar durante mucho tiempo de ninguna otra manera.

En diciembre de 1935 Alcalá-Zamora se negó a seguir la lógica de la democracia parlamentaria y permitir que el partido más votado formase y dirigiese el Gobierno, pero la alianza que

[7] El estudio más completo, objetivo y juicioso de la «ambigüedad» de Gil-Robles y la CEDA es la obra de M. Álvarez Tardío, *Gil-Robles. Un conservador en la República,* Madrid, 2017.

le apoyaba tenía una mayoría parlamentaria estable con dos años más de vida. Si lo hubiera hecho, en el peor de los casos se habría producido una significativa reforma constitucional en 1936-1937 que hubiese cerrado el paso al 18 de julio. Naturalmente, como en toda situación hipotética, es imposible saber exactamente qué forma habrían adoptado los cambios. Si, en el peor de los casos, se hubiese creado un sistema semicorporativo y más autoritario, podría haber significado el fin de la democracia republicana durante, quizá, una década, pero incluso ese resultado habría sido mucho menos catastrófico que lo que ocurrió en realidad. Podría haber conllevado resistencia y algún derramamiento de sangre, pero en un grado muy inferior al de los horrores de la Guerra Civil y los comienzos del régimen franquista, y habría sido mucho más reformable que este último. Visto retrospectivamente, incluso en la situación menos favorable, el liderazgo de la CEDA no habría provocado el peor de los resultados.

En la izquierda, la semilealtad de los socialistas fue mucho más problemática, hasta el punto de que podemos preguntarnos si eran siquiera «semileales». Su contribución a la coalición del primer bienio fue relevante y parecía que se estaba dando un paso importante en la evolución, maduración y expansión del movimiento socialista en España en un momento en el que solo los partidos socialistas de los países más desarrollados —Alemania y otros del norte de Europa— habían llegado tan lejos. Con todo, el PSOE careció de la madurez de los socialdemócratas alemanes y su respuesta ante la adversidad fue la opuesta a la de estos[8]. Aunque llegaron a participar en el Gobierno cinco años antes que los socialistas franceses, sus ambigüedades pueden identificarse más con las de los socialdemócratas austriacos, cuya

[8] Véanse H. A. Winkler, «Choosing the Lesser Evil: The German Social Democrats and the Fall of the Weimar Republic», en *Journal of Contemporary History,* 25: 2-3, mayo-junio de 1990, págs. 205-207, y Winkler, *Der Weg in die Katastrophe: Arbeiter und Arbeiterbewegung in der Weimarer Republik 1930-1933,* Berlín, 1990.

posición ambivalente osciló, en cierto modo, entre la Segunda y la Tercera Internacional. Al final, los socialistas franceses se comprometieron con la colaboración democrática, llegando a ocupar la jefatura de un Gobierno parlamentario «burgués», mientras que en España el «caballerismo» revolucionario adquiría cada vez mayor influencia.

La insurrección republicana de diciembre de 1930 no desestabilizó la monarquía, y las tres insurrecciones anarquistas de 1932-1933 tampoco amenazaron seriamente a la República. Sin embargo, la insurrección revolucionaria de 1934 fue otra cosa, pues puso de relieve que el grueso de las izquierdas españolas se hallaba comprometido con diversas formas de acción revolucionaria, incluso contra la República democrática. La riqueza y la diversidad del fenómeno revolucionario en España no tuvieron parangón en otros países. Su variedad y extensión derivaban de una estructura social conflictiva y subdesarrollada y de un sistema político democrático movilizado y fragmentado. Desde la década de 1820 la vida política española había mostrado con regularidad la conjunción casi única de formas e instituciones políticas avanzadas en un marco de atraso social y económico. La oportunidad para la movilización de masas y la democracia ilimitadas durante la República —todo en una época de depresión—, justo después de una generación de rápida modernización, repentinamente elevaron la clásica «contradicción española» a un nivel inaudito.

Esto no significa que España estuviese simplemente «madura» para la revolución, como sostenían varios teóricos, porque, en aspectos fundamentales, su sociedad había llegado a ser demasiado compleja para que los revolucionarios la conquistaran con facilidad. Si la mano de obra urbana e industrial era, en proporción, muy superior a la de Rusia en 1917, también lo eran las clases medias y las conservadoras en general. En España había una considerable población propietaria de tierra que era, en esencia, contrarrevolucionaria, algo que nunca existió en Rusia. Y ahí estaba la gran diferencia. Con los pequeños propietarios incluidos, las clases medias eran mucho más grandes. Incluso algunas de las condiciones que favorecieron la revolución en sociedades más atrasadas, como la dominación política o económica extranjera o la ausencia de instituciones libres, no estaban presentes en España, donde las circunstancias eran más similares a las de Italia después de 1919. Pero, en este último país, la mayoría de las izquierdas obreras se volvió más moderada y terminaron por intentar renovar la democracia. El caso español de 1934-1937, empezando con la sublevación revolucionaria de las izquierdas obreras, encabezada por un movimiento socialista, pero no bolchevique, contra una democracia establecida, carecía de precedentes en Europa.

No podía esperarse que aquellos que rechazaban la democracia parlamentaria, ya fueran de derechas o de izquierdas, asumieran la responsabilidad de salvaguardar las instituciones parlamentarias. La principal responsabilidad recayó en quienes eran responsables de su creación, esto es, los liberales de centro y los republicanos de izquierda.

De todos los sectores políticos, solo los liberales centristas adoptaron en un primer momento posiciones en clara defensa de la democracia constitucional y de las reglas del juego. Sin embargo, sus diversos partidos carecían de la fortaleza necesaria para equilibrar el sistema. El principal papel de centro lo desempeñó el Partido Radical de Alejandro Lerroux. Para que el régimen español alcanzara una estabilidad igual a la de la Tercera República francesa habría sido necesario que los radicales españoles, de clase media y moderados, a pesar de su nombre, desempeñaran un papel moderador como el de sus homónimos franceses, lo que, desde luego, intentaron hacer entre 1933 y 1935, aunque el propio presidente republicano —él mismo centrista— fuera su peor enemigo.

Los republicanos radicales pecaron más por omisión que de obra. No cometieron errores en cuanto a la violación de la letra o del espíritu de la práctica de la democracia, pero adolecieron de una organización fuerte y estable, tras una expansión rápida y un tanto desorganizada, y también, en ocasiones, faltaron políticas efectivas. En cambio, los radicales se convirtieron en los únicos representantes en España de algo que resultaba habitual en las democracias de otros países: un sector político destacado dedicado a implementar políticas moderadas que habrían supuesto beneficios para las clases medias, con una filosofía tolerante del vive y deja vivir. En la sobrecargada atmósfera española, su «normalidad» resultó ser poco atractiva y se les acusó de falta de moralidad y de propósito. Carecían de la amplia base social que tenían los radicales de Francia. Y, también, al final, el liderazgo se tambaleó: Lerroux demostró ser demasiado mayor y poco enérgico, mientras el resto de las mentes pensantes del partido no estuvieron a la altura, pues carecían de visión o de capacidad. Los radicales no fracasaron por cometer grandes errores, como sí hicieron Alcalá-Zamora o las izquierdas, sino por no poder ser más de lo que fueron[9]. Si hubieran contado con homólogos significativos en el centro, la democracia constitucional podría haber sobrevivido.

Un problema llamado Alcalá-Zamora: el comienzo de la crisis de la República

Ningún republicano tuvo un papel de mayor relevancia que Niceto Alcalá-Zamora, el primer presidente del régimen que ejerció de jefe del Estado desde diciembre de 1931 hasta abril de 1936. El presidente se veía a sí mismo como el último garante de la República liberal. No había duda de su sinceridad, pero muy pronto él mismo se convirtió en un problema. Alcalá-Zamora era un liberal y constitucionalista genuino, así como un distinguido jurista y un escritor de bastante talento, pero también era un político de la época del caciquismo, de

[9] El estudio clave sobre los radicales en la Segunda República es la obra de N. Townson, *La República que no pudo ser. La política de centro en España (1931-1936),* Madrid, 2002. Véase también O. Ruiz Manjón, *El Partido Republicano Radical (1908-1936),* Madrid, 1976.

una cultura política elitista y oligárquica poblada de personajes notables que representaban una forma de transición desde una cultura tradicional basada en el estatus y el concepto del honor. Por ello se encontró con numerosas dificultades para superar su excesivo personalismo y su obsesión con su liderazgo.

Alcalá-Zamora llegó a interpretar su poder no como técnico y protocolario, al estilo del presidente de la Tercera República francesa, sino como un hiperactivo «poder moderador» independiente, casi a la manera monárquica —si bien denunció con ferocidad la supuesta «tiranía» de Alfonso XIII—. Esto fue posible por el embrujo de una Constitución defectuosa basada en un sistema de «doble confianza» para alimentar el poder ejecutivo, dependiente tanto de la elección personal del presidente de la República como de los votos en el Parlamento[10]. Así, llegó a interferir más en el funcionamiento normal del Gobierno parlamentario que el tan criticado Alfonso XIII. En cuanto la fuerza de la coalición de Azaña comenzó a declinar en 1933, el presidente retiró su confianza del líder republicano de izquierda incluso antes de que hubiese desaparecido su mayoría parlamentaria. Aun así, su interferencia en el Gobierno de Azaña fue mucho menos arbitraria que la que tuvo en las segundas Cortes (1933-1936), durante cuyo mandato actuó de modo casi constante para desbaratar la posibilidad de un Gobierno mayoritario normal, haciendo y deshaciendo Gabinetes a voluntad y sustituyendo Ejecutivos mayoritarios por otros minoritarios, siempre a su libre albedrío. Un proceso en el que, inevitablemente, se ganó el odio de las derechas y de las izquierdas por igual.

En cierto sentido, se comprende que el presidente asumiese la responsabilidad de intentar mantener algún tipo de equilibrio político, aunque resulta más que dudosa su aparente disposición

---

[10] Para un estudio lúcido de este problema en una perspectiva comparada, véase J. J. Linz y A. Valenzuela (eds.), *La crisis del presidencialismo,* Madrid, 1977.

a contribuir a la destrucción del principal grupo de centro existente, que era el Radical de Lerroux. Debido a su marcada rivalidad personalista, no aceptaba que el principal líder del centro político no fuera él mismo; de ahí su ambición por crear un nuevo partido de centro subordinado a su propio liderazgo. Lo hizo manipulando la administración electoral desde el Ministerio de la Gobernación a través de su nuevo favorito, Manuel Portela Valladares, a quien nombró presidente del Gobierno pese a no tener escaño en las Cortes. Todo esto fue un puro delirio que en modo alguno se correspondía ni con la realidad parlamentaria ni con un constitucionalismo honesto, por lo que no sorprende que culminase en el desastre.

Como dijimos, el mayor de sus errores fue negar el poder a la CEDA en diciembre de 1935 y, posteriormente, el de insistir en convocar unas elecciones innecesarias en una situación tan peligrosamente polarizada. Al Parlamento aún le quedaban dos años de vida y se contaba con una mayoría estable y con una agenda legislativa completa que podría haber dado paso a la reforma democrática de la Constitución. Destruir una situación de gobierno parlamentario fue el colmo de la irresponsabilidad, y Alcalá-Zamora lo hizo porque quería vetar un Ejecutivo liderado por Gil-Robles. De modo que precipitó el comienzo de la crisis de la República sin la menor necesidad. Las elecciones, en esas condiciones, se convirtieron en una especie de plebiscito sobre el proceso revolucionario abierto en 1934 y la contrarrevolución. Si se hubiera permitido a las Cortes continuar su vida normal y culminar su ciclo constitucional, celebrándose elecciones a finales de 1937, podrían haberse aprobado nuevas reformas significativas, con la posibilidad de alcanzar una situación de cierta calma y estabilidad. La disminución de la polarización podría haber permitido unos resultados electorales que habrían obstaculizado el estallido de la Guerra Civil. Nunca se pueden verificar proposiciones hipotéticas, pero es razonable creer que tal alternativa habría sido menos desastrosa, e ilógico pensar que habría sido peor.

Manuel Azaña fue el líder incontestable de las izquierdas republicanas y el único jefe político que gozó de un poder y de una responsabilidad equivalentes a los del presidente Alcalá-Zamora. Y así llegó a ser uno de los principales responsables de la República. Azaña fue terminante al afirmar que el constitucionalismo republicano debía interpretarse no como unas reglas fijas con resultados inciertos, sino como una serie de normas partidistas que garantizaran los resultados de antemano. Su rechazo de una democracia liberal y tolerante, con reglas iguales para todos, a favor del radicalismo y la polarización exclusivista coincidió con una movilización de masas que magnificó las consecuencias de ese sectarismo. Puesto que los principales líderes de la política republicana rechazaban en la práctica las reglas del juego que ellos mismos habían demandado y diseñado, estaba claro que el Estado democrático no podía sobrevivir por mucho tiempo.

El problema básico era sencillo: Azaña y los demás sectores de izquierdas no aceptarían como legítimos los resultados de unas elecciones de las que no resultaran ganadores. Cuando la desunión de las izquierdas permitió una derrota contundente en los comicios de noviembre de 1933, Azaña y los demás líderes del republicanismo de izquierdas y de los socialistas intentaron en cuatro ocasiones convencer a Alcalá-Zamora de que debía anular los resultados de las primeras elecciones completamente democráticas de la Historia de España[11], permitiendo un «apaño» constitucional para que ellos pudiesen formar un Gobierno no parlamentario, sino arbitrario, y acabar convocando nuevas elecciones que garantizasen una victoria de izquierdas. Y siguieron con esa cantinela durante 1934. Posteriormente idearon una suerte de pronunciamiento a través de una huelga general y un Gobierno alternativo en Barcelona que forzase la mano del pre-

[11] R. Villa García, *La República en las urnas. El despertar de la democracia en España,* Madrid, 2011, es el estudio definitivo de estas primeras elecciones completamente democráticas.

sidente de la República. Sin embargo esta vez los socialistas no cooperaron. Después, cuando tales actitudes llevaron a los socialistas y a los catalanistas de izquierda a la insurrección revolucionaria de 1934, este acto sanguinario nunca recibió ni una palabra de condena por parte de Azaña, que acabó sellando un pacto electoral con unos revolucionarios que nunca renunciaron a sus metas antidemocráticas ni a sus métodos insurreccionales.

La presentación de Manuel Azaña como el símbolo de la «República democrática» es una de las grandes equivocaciones, supercherías y falsedades de la historiografía española contemporánea. La verdad es que Azaña nunca pensó en practicar la democracia, sino que siempre insistió en una «hiperlegitimidad» de las izquierdas a la hora de controlar la República, fueran cuales fuesen los resultados electorales. Insistía en la vuelta a la época de las maniobras alegales y, sobre todo, de los pronunciamientos, cuando el Gobierno solo podía cambiar de manos a través del insurreccionalismo típico de las izquierdas españolas decimonónicas. Pero en el siglo XX, con la plena movilización, no se trataría de un pronunciamiento, sino de una guerra civil.

La utopía radical nunca recibió más apoyo electoral que el 20 % de los votos. De ahí su insistencia en depender de los socialistas para convertir su programa en leyes. Quería apoyarse en ellos, aunque los socialistas no se dejaron llevar por unas ideas políticas que no eran las suyas. Aun así, Azaña siguió buscándolos, incluso cuando estos le habían dejado perfectamente claro que su objetivo era la revolución violenta y autoritaria. Parece que su sueño era que las reformas radicales, o bien terminaran contentando a los socialistas, o bien permitieran a los republicanos de izquierda, de algún modo incomprensible, ganar más apoyos. Pero no ocurrió ni lo uno ni lo otro.

El destacado periodista catalán Josep Pla, el primer historiador de la Segunda República, se refirió varias veces a lo que llamó el «kerenskismo ideológico» de Azaña[12], comparándolo con

---

[12] J. Pla, *Historia de la Segunda República Española,* Barcelona, 1940, IV, *passim.*

el último presidente ruso derrocado por los comunistas. En ocasiones, los revolucionarios españoles también hablaban del «papel de Kérenski», que asignaban a Azaña, pero la comparación es engañosa e injusta para el propio Kérenski. El líder ruso cometió el error, al final, de tratar de cooperar con los bolcheviques, pero nunca les entregó el poder y tuvieron que derrocarle mediante un golpe de Estado. Azaña acabó entregando el poder a los revolucionarios por propia voluntad el 19 de julio de 1936, cuando el recién designado José Giral les dio las armas.

8
El camino al 18 de julio[1]

La Guerra Civil de 1936 marcó el punto de inflexión en la historia contemporánea de España y, durante su curso, José Ortega y Gasset subrayó la importancia de «estar bien informado» sobre su «primer y más sustancial capítulo», que definió como «su origen, las causas que la han producido»[2]. Por lo general, la parte dedicada a las causas y los orígenes inmediatos de la guerra es la menos rigurosa y, con frecuencia, el tema es soslayado e incluso ignorado. La historiografía de la Guerra Civil debe aceptar el desafío de Ortega y prestar atención a los orígenes inmediatos del conflicto, que se hallan en los siete meses que van de diciembre de 1935 a julio de 1936.

El análisis de este periodo no presupone ningún determinismo, puesto que todo lo que ocurrió fue la consecuencia de unas políticas que perfectamente podrían haberse planteado al revés. Y este parece ser el caso hasta el 14 o el 15 de julio. Como se verá, finalmente se tomaron varias decisiones concretas dirigidas a no dar marcha atrás.

---

[1] Para una visión más amplia, véase mi libro *El camino al 18 de julio. La erosión de la democracia en España (diciembre de 1935-julio de 1936)*, Madrid, 2016.

[2] En el «Epílogo para ingleses» de la nueva edición de *La rebelión de las masas* de 1938.

En muchas ocasiones se ha dicho que España estaba demasiado atrasada, o que el contexto internacional era demasiado complejo para permitir el desarrollo de un régimen constitucional y democrático. Pero lo único que podemos verificar es lo que de verdad pasó. Durante cuatro años y medio, el sistema funcionó, esencialmente, como un régimen constitucional y democrático, siempre y cuando los actores principales así lo desearon. El régimen sobrevivió a la quema de conventos en 1931, a las tres insurrecciones anarquistas de 1932-1933, a la débil intentona militar de 1932 e incluso a la gran insurrección de los socialistas de 1934, cuyo objetivo era imponer el socialismo revolucionario.

También sobrevivió a las exigencias de los partidos de izquierda de anular los resultados de las primeras elecciones democráticas de la Historia de España, cuando en noviembre-diciembre de 1933 presentaron cuatro propuestas diferentes en el espacio de una semana al presidente de la República, Niceto Alcalá-Zamora, con el fin de cancelar los resultados electorales. Aquel fue el mejor momento de Alcalá-Zamora, que se mantuvo firme a favor de los procedimientos constitucionales.

En cambio, su actuación fue muy diferente en el tiempo que duraron las Cortes constituidas tras dichas elecciones. Durante 1934 y 1935, Alcalá-Zamora a menudo interfirió para obstaculizar las actividades del Gobierno parlamentario. Finalmente, acabó con aquellas Cortes de un modo más que arbitrario, hecho que fue denunciado por casi todos los políticos democráticos del centro. El propio presidente de la República marcó el primer hito decisivo en el camino al 18 de julio cuando, en diciembre de 1935, vetó la formación de un Gobierno con mayoría parlamentaria —pese a que tal mayoría existía— y, un mes más tarde, puso fin a aquellas primeras Cortes democráticas disolviendo el Parlamento cuando aún le quedaban dos años de vida.

Como dijimos en el capítulo anterior, otros dos años de gobierno parlamentario estable posiblemente habrían calmado los ánimos y se habrían podido evitar tanto la erosión de la democracia como el estallido de la guerra. Además, como ya vimos antes, nombró un Gobierno de gestión a su conveniencia, presidido por Portela Valladares, que ni siquiera tenía escaño. Para colmo de males, le encargó la creación de un nuevo partido que el propio Alcalá-Zamora presidiría —una vuelta a los antiguos estilos caciquiles—, con el objetivo de que desde el Gobierno se manipulasen los resultados de las nuevas elecciones.

Un segundo acontecimiento clave fue la formación del Frente Popular, organización, como ya hemos dicho, muy diferente de su homónima en Francia. El Frente Popular francés era una alianza de partidos democráticos creada para defender y fortalecer la democracia de su país. El español, por el contrario, fue la alianza de un número importante de partidos cuya intención era la de convertir la República en un régimen exclusivamente de izquierdas que anulara totalmente la influencia y la actividad del centro y las derechas. Aún más, el Frente Popular español fue una alianza contradictoria entre los partidos de la izquierda burguesa y los movimientos revolucionarios, que no se proponía formar un Gobierno mayoritario y que fue incapaz de crear otro programa que no fuera el mínimo electoral, por lo que, después, las divergencias serían muy profundas. Esta coalición se formó sobre la base de una total incertidumbre en cuanto al porvenir —que recordaba el dicho leninista de *kto kogo* («¿quién explota a quién?»)—, en un pulso que ganaron los movimientos revolucionarios que consiguieron doblegar a la izquierda burguesa.

Tal vez el hecho más importante fue el largo proceso electoral que se desarrolló desde febrero hasta mayo de 1936. Durante ochenta años, los propagandistas de la izquierda española han insistido hasta la saciedad en la «legitimidad» de un Gobierno «elegido democráticamente». Y pese a que era evidente que las tres últimas fases del proceso electoral fueron fraudulentas, durante casi un siglo se creyó que la primera vuelta de las elecciones del 16 de febrero había sido democrática en sus procedimientos. Ahora resulta que ni siquiera eso fue cierto[3]. La votación original el 16 de febrero fue libre y, en general, correcta, pero el proceso

[3] M. Álvarez Tardío y R. Villa García, *1936. Fraude y violencia en las elecciones del Frente Popular,* Madrid, 2017.

revolucionario comenzó esa misma noche y durante los días siguientes se produjeron, y con gran violencia, grandes manifestaciones y asaltos contra los centros conservadores y las iglesias. Al final, durante los días 18 a 20 de febrero se ocuparon los gobiernos locales de ocho provincias para falsificar el escrutinio final, lo que dio la victoria —en justicia, habría sido un empate— al Frente Popular. Así pues, la alianza izquierdista se apropió ilegalmente de unos cuarenta escaños en las dos vueltas electorales, convirtiendo el empate en una mayoría absoluta.

La campaña electoral de febrero de 1936 fue la más violenta de la Historia de España, con más de cuarenta muertos, y la violencia de las izquierdas continuó en la segunda vuelta del primero de marzo, lo que provocó la retirada de los partidos de derechas, aunque había pocos escaños en disputa. La tercera fase comenzó con la reunión de la Comisión de Actas de las nuevas Cortes el 25 de marzo, que anuló aproximadamente 25 escaños de las derechas para otorgárselos al Frente Popular. Casi todos los historiadores, incluso un comunista como fue Manuel Tuñón de Lara, han condenado este acto fraudulento. La última fase tuvo lugar el 3 de mayo con la repetición de las elecciones en las provincias de Cuenca y Granada, y con la supresión violenta y casi completa de las derechas. En total, estas coacciones permitieron que unas 23 actas pasaran al Frente Popular, que obtuvo una mayoría de 107 escaños, suficiente para reformar la Constitución a su antojo.

Otro hecho que incidió directamente en la erosión de la democracia tuvo lugar cuando Alcalá-Zamora rechazó la petición de declarar el estado de guerra el 17 de febrero. Esta decisión habría frenado el proceso de fraude y podría haber cerrado el paso al deterioro de la ley y el orden que se produjo a partir de entonces.

La formación apresurada del Gobierno de Manuel Azaña el 19 de febrero fue el siguiente paso, pues se dio inicio a una política ambigua. Por un lado, se produjeron una serie de abusos fundamentales, como el cierre de los colegios católicos, la eliminación de la misa en algunas parroquias, la expulsión de curas, nuevas leyes para garantizar un control político y unilateral de los jueces y los tribunales, la inclusión de milicianos revolucionarios como «delegados» de policía —en algunos casos, criminales que habían sido juzgados y condenados— para aplicar la ley y, a largo plazo, la puesta en marcha de un proceso para ilegalizar a las organizaciones de derechas.

Desde el bloque de las izquierdas burguesas simplemente se dejaba hacer, con pocas restricciones y casi ninguna detención, a sus aliados del Frente Popular, de cuyos votos dependían. Esto dio paso a un elenco asombroso de desórdenes y atropellos. Cualquier alternativa amenazaba con «romper el Frente Popular» y Azaña estaba dispuesto a todo menos a eso. En ocasiones, se actuó contra los anarquistas, que no formaban parte del Frente Popular, y en algún momento hubo cierta reacción por parte del Gobierno —con mortíferas iniciativas de las fuerzas de orden—, pero siempre de carácter episódico, no metódico.

Además de las elecciones, no hubo nada más decisivo en el camino al 18 de julio que la gran cantidad de desórdenes de todo tipo que se sucedieron, un hecho sin precedentes, en tiempos de paz, en ningún otro país europeo de la época con régimen parlamentario. Los españoles tienen fama —inexacta y falsa— de ser impacientes, pero su capacidad para aguantar abusos durante los largos meses de desgobierno de Azaña y Casares Quiroga no tiene comparación posible.

Enumero a continuación algunos de ellos:

— Una ola de huelgas que se inició en la primavera, muchas sin objetivo económico alguno más allá de pretender la dominación de la propiedad privada, y que a menudo estuvieron acompañadas de violencia y destrucción de propiedades.
— La incautación ilegal de propiedades, sobre todo en las provincias del sur, en ocasiones legalizadas a posteriori por un Gobierno sometido a la presión de los revolucionarios. Los efectos económicos fueron destructivos, dado que no fomentaron la modernización y la productividad,

sino la redistribución de la pobreza, sin capital y sin desarrollo tecnológico.

— Una cadena de incendios provocados y la destrucción de propiedades, sobre todo en el sur.

— La incautación de iglesias y propiedades eclesiásticas, sobre todo en el sur y el este (pero también en otras zonas del país).

— El cierre de colegios católicos, que provocó el comienzo de una crisis educativa, así como la supresión de las actividades religiosas católicas en varias localidades, acompañada de la expulsión de sacerdotes.

— Un importante declive económico —rara vez ha sido estudiado, y nunca en detalle— con una seria caída de la Bolsa, fuga de capitales y, en algunas provincias del sur, abandono de los cultivos, dado que los costes de la recolección superaban con creces el valor de la cosecha.

— La amplia extensión de la censura, que produjo una grave limitación de las libertades de expresión y reunión.

— Varios miles —no se sabe cuántas— de detenciones políticas arbitrarias de miembros de partidos derechistas, que culminaron con el secuestro de Calvo Sotelo.

— La impunidad en la comisión de los delitos para los miembros de los partidos frentepopulistas, que apenas sufrieron arrestos.

— La politización de la justicia mediante la aprobación de nuevas leyes, con el fin de facilitar las detenciones y procesos políticos arbitrarios e ilegalizar a los partidos derechistas, reemplazando a jueces según el capricho del Gobierno.

— Cambios arbitrarios de funcionarios y personal en los gobiernos provinciales y municipales de muchas provincias, a veces para eliminar a los representantes elegidos y sustituirlos por miembros de los partidos frentepopulistas.

— El comienzo de un proceso de disolución oficial de los grupos derechistas, que empezó con los falangistas en marzo, los sindicatos católicos en mayo, y la pretensión de actuar de igual forma contra los monárquicos de Renovación Española en vísperas de la Guerra Civil. Cuando el Tribunal Supremo anuló la ilegalización de Falange a primeros de junio, el Gobierno no hizo el menor caso, sino que, por el contrario, promovió aún más detenciones de sus altos cargos y responsables. El proceso se diseñó para crear las condiciones adecuadas para que existiera un monopolio político de izquierdas, que se alcanzó, en primer lugar, en las agrupaciones sindicales. Los azañistas la llamaban la «República de izquierdas» y los comunistas, la «República de tipo nuevo».

— La subversión de las fuerzas de seguridad gracias a la incorporación de elementos revolucionarios. Uno de ellos estuvo al mando del escuadrón que asesinó a Calvo Sotelo. Igual de notoria fue la incorporación de activistas socialistas y comunistas, nombrados *ad hoc* como policías suplentes.

— El incremento de la violencia política, aunque su extensión fuera muy desigual en las distintas zonas del país. Algunas provincias vivieron en relativa calma, mientras que en otras se sucedieron los momentos de violencia política, sobre todo en las ciudades de mayor tamaño. En seis meses y medio murieron más de cuatrocientas personas.

La revolución: el objetivo de las izquierdas

Todo esto dio lugar a un marco sociopolítico que numerosos historiadores, incluso simpatizantes de las izquierdas, han calificado de «situación prerrevolucionaria». Y, llegados a este punto, surge una pregunta básica: ¿cuáles eran los proyectos exactos de los movimientos revolucionarios para pasar de estas condiciones prerrevolucionarias a la revolución directa? Entre 1932 y 1934 los anarquistas y los socialistas habían protagonizado cuatro insurrecciones violentas y todas habían fracasado. Aprendieron la lección poniendo en práctica el consejo que León Trotski dio en su *Historia de la revolución rusa,* cuando subrayó que los revolucionarios deben actuar a la defensiva e iniciar la revolución bajo el disfraz de contestar a una agresión de los contrarrevolucionarios. De ahí que ni la FAI-CNT, ni el PSOE-UGT, ni el pequeño POUM leninista tuvieran planes para lanzar una insurrección inmediata, sino que, por el contrario, su idea era continuar con el desgaste del sistema republicano y capitalista. Concretamente, el principal sector revolucionario, los caballeristas del PSOE-UGT, pensaba provocar a ciertos sectores del Ejército para que se sublevaran y resolver la crisis subsiguiente con una huelga general que les permitiera hacerse con el control del Gobierno republicano de un modo «semilegal», con la justificación de haber actuado a la defensiva.

Incluso los comunistas cambiaron de táctica. Hasta 1935, la Internacional Comunista, o Comintern, había seguido una política guerracivilista a ultranza y había perdido las contiendas en todos los países salvo en Rusia. Por eso, en 1935 decidió adoptar la nueva táctica fascista de formar alianzas y explotar la «legalidad burguesa». De ahí los orígenes del Frente Popular. En 1936, el PCE fue el único movimiento revolucionario en España que desaconsejó terminantemente la táctica de la revolución y la guerra civil, y que insistió en explotar el sistema utilizando medios legales o semilegales —con casi todas las instituciones en manos de las izquierdas— para ilegalizar a las derechas, usando las instituciones de la República democrática para transformarla, con poca violencia, en una «República de tipo nuevo»; esto es, la República Popular revolucionaria, que se logró meses después del estallido de la Guerra Civil.

Las izquierdas han insistido muchas veces en que las derechas no tenían paciencia y que rechazaban las «reformas». Pero eso es categóricamente falso. Lo contrario sería más acertado, a la vista de las reiteradas declaraciones de los grupos de empresarios. Las reformas sí fueron aceptadas —salvo algunas de las más extremas, que destruían la economía—, pero, lógicamente, se pedía respeto a la Constitución y a la ley para poner fin a los actos subversivos y violentos. En mayo de 1936, los propietarios de varios hoteles de Barcelona ofrecieron ceder una parte de las acciones de sus negocios a sus empleados, y convertirlos así en propietarios, si abandonaban las huelgas y las demandas desmesuradas. A mediados de ese mes, la Federación Patronal Española y la Confederación Española Patronal Agrícola anunciaron oficialmente que aceptaban los cambios impuestos por la ley, dejando claro que se encontraban en el límite de sus posibilidades, y pidieron una vuelta a la ley y el orden. En la provincia de Córdoba, incluso los pequeños propietarios que pertenecían a los partidos republicanos de izquierda enviaron una carta al Instituto de Reforma Agraria en la que pedían que este organismo se ocupara de sus propiedades y pagara la compensación especificada por la ley, ya que, en las condiciones en que se encontraba el campo, cultivar la tierra resultaba inútil.

El 7 de junio, mediante un Manifiesto firmado por 126 asociaciones empresariales de diverso tipo, se aceptó la mayoría de los cambios aprobados, e incluso algunas de las nuevas propuestas, aunque solicitaba que se tomaran medidas para frenar la anarquía. Se pidió un nuevo arbitraje más justo y neutral, y un acuerdo oficial similar al que había negociado el Gobierno del Frente Popular francés. A finales de junio, en Madrid, una asamblea general de las Cámaras de Comercio de toda España pidió lo mismo.

¿Cuál fue la respuesta de los partidos políticos del centro y de la derecha? La protesta en las Cortes, el único foro del país que no estaba sometido a censura, fue generalizada, pero, más allá de la queja parlamentaria, la angustia fue la nota dominante. Finalmente, el 25 de mayo, Felipe Sánchez Román, amigo personal de Azaña y líder del pequeño Partido Nacional Republicano —un grupo moderado de centro-izquierda—, planteó la formación de un nuevo Gobierno de alianza de las fuerzas del centro y de las izquierdas moderadas con el objetivo de restaurar la vigencia de la Constitución. Un mes más tarde, Miguel Maura, político de centro y uno de los fundadores de la República, propuso lo mismo en una serie de artículos publicados en *El Sol,* definiendo esa alternativa como «una dictadura constitucional republicana». El partido de Azaña discutió las propuestas, que fueron apoyadas por algunos políticos de su mismo partido, como Claudio Sánchez-Albornoz, pero al final las rechazó de plano, prefiriendo mantener el *statu quo* de desgaste del orden constitucional.

El Gobierno afirmó con contundencia que rechazaba el diálogo y esperaba la sumisión total de las derechas. La CEDA, el único partido derechista de masas, no tenía una sección paramilitar, si bien una parte de su juventud se estaba radicalizando. Los carlistas —poco numerosos— tenían sus propias milicias, pero rechazaban la cooperación con otros grupos. Los monárquicos alfonsinos buscaron armas en Roma sin éxito, porque Mussolini consideraba que la vida política española era una especie de jaula de grillos. Los falangistas crecían rápidamente tanto en número como en acciones violentas, pero a mediados de marzo habían sido ilegalizados y no podían formar milicias de importancia. La extrema derecha miraba al Ejército, y, de hecho, varios jefes militares habían comenzado a conspirar, pero no contra la República, sino contra el Frente Popular, aunque no habían tenido éxito.

La conspiración militar

Tres meses después de las elecciones cualquier foco de rebelión dentro del Ejército estaba totalmente desdibujado, y la gran mayoría de los oficiales no era proclive a alzarse en armas. Por entonces, el Ejército estaba muy dividido desde el punto de vista político, pero ningún mando de peso en activo estaba dispuesto a convertirse en líder de un movimiento contra el Gobierno. Finalmente, el general de brigada Emilio Mola, que mandaba las fuerzas del pequeño cuartel de Pamplona, se ofreció para organizar una conspiración militar a escala nacional y, a finales de mayo, había conseguido el apoyo de algunos oficiales de importancia. Lo que Mola proponía era una reforma tajante de la República para recuperar la disciplina, descartando totalmente la restauración de la monarquía. Aun así, a finales de junio, solo un 15 % de los oficiales estaban dispuestos a participar en una revuelta armada, y Francisco Franco no formaba parte de esa minoría. Mola llegó a un acuerdo con los falangistas, pero el 9 de julio las negociaciones con los carlistas fracasaron y Mola se sintió incapaz de llevar a cabo su empresa. El general veía con buenos ojos la propuesta de Miguel Maura de formar una «dictadura constitucional republicana», pero también se daba cuenta de que la idea no parecía tener el menor apoyo por parte del Gobierno. Dudaba entre dar un salto en el vacío o dimitir y huir al extranjero.

De ahí la gran importancia del secuestro y asesinato de José Calvo Sotelo en Madrid la noche del 12 al 13 de julio de 1936. Ni mucho menos fue uno más de los cuatrocientos asesinatos sucedidos en aquellos meses, y la enorme resonancia de este acontecimiento no tuvo que ver con el hecho de que la víctima fuera uno de los portavoces más importantes de las derechas en las Cortes, sino con la forma en que se hizo y por la identidad de los asesinos. Un diputado del Parlamento no podía ser detenido salvo por votación de las Cortes y, sin embargo, Calvo Sotelo fue secuestrado en su casa, por la noche, y asesinado poco después por un escuadrón ilegal de guardias de Asalto y cuatro milicianos del Partido Socialista mandados de forma irregular por un capitán de la Guardia Civil, que había sido repuesto en sus funciones tras una condena a treinta años por haberse amotinado en 1934 e intentar derrocar el régimen. Estos hombres formaron la primera de las famosas «checas de Madrid» y fue uno de los socialistas quien asesinó al jefe monárquico de un tiro en la nuca, al estilo soviético. La conmoción que causó el suceso la expresó Gregorio Marañón en una carta dos días después. Marañón había votado por el Frente Popular en febrero, pero ahora afirmaba que «todo el país está indignado, *como no lo ha estado jamás*», subrayando estas últimas palabras de su propia mano.

Este asesinato «salvó» la conspiración militar. Provocó en un sector del Ejército un efecto inmediato y dramático, convirtiéndose en el catalizador de una sublevación militar que, desde aquel instante, adquirió una dimensión importante. El propio Franco se comprometió con el alzamiento por vez primera y miles de oficiales le siguieron. En la mañana del asesinato se dispuso de la última oportunidad para abandonar el camino que condujo al 18 de julio y dar marcha atrás, pero ¿cuál fue la reacción del Gobierno de Santiago Casares Quiroga? Prácticamente ninguna. Prometió una «investigación» rutinaria, como si se tratara de un accidente de tráfico, que nunca se llevó a cabo, y, por el contrario, extendió la censura para esconder la verdad y detuvo a más miembros de la derecha, como si estos hubiesen sido los responsables.

Por los testimonios de izquierdistas prominentes, como Francisco Largo Caballero, Juan-Simeón Vidarte, Santiago Carrillo y otros, sabemos que Casares Quiroga no buscaba la reconciliación ni estaba dispuesto a hacer lo posible por evitar la sublevación, sino que deseaba que esta se produjera porque estaba seguro de poder aplastarla. Al Ejército español se le consideraba una especie de tigre de papel, y una victoria fácil sobre los sublevados proporcionaría al Gobierno mayor fuerza e independencia.

Incluso en esas condiciones, Mola dudó. Impresionado por la propuesta de Miguel Maura, unas doce horas después del asesinato de Calvo Sotelo intentó contactar personalmente con Mariano Ansó, presidente de la Comisión de Guerra de las Cortes. No conocemos sus intenciones a ciencia cierta, pero parece que pretendía establecer algún tipo de comunicación con el Gobierno para averiguar si este había pensado tomar alguna iniciativa de moderación o conciliación que hiciera innecesaria la rebelión. De todas formas, Ansó dice en sus memorias que rechazó el contacto con Mola, decisión constitucionalmente correcta pero tal vez desastrosa desde el punto de vista político. Al día siguiente, Mola emitió las órdenes finales para poner en marcha la sublevación.

Una vez iniciada la insurrección, el error de cálculo del Gobierno pronto se hizo evidente. Después de consumar todo el camino, paso a paso, hacia el 18 de julio, Manuel Azaña decidió dar marcha atrás en las primeras horas del día 19 nombrando un nuevo Gobierno de izquierdas más moderado. Pero ya era demasiado tarde. Para colmo de males, el último y mayor de sus errores lo cometió veinticuatro horas después, cuando cambió de criterio y optó por favorecer a los revolucionarios entregándoles las armas y, en gran medida, el poder.

Revolución y contrarrevolución

Durante ocho décadas, las izquierdas españolas han denunciado la insurrección del 18 de julio, lo que, desde un punto de vista partidista, es perfectamente lógico, porque lo que desencadenó fue mucho más allá de lo que habían deseado y dio al traste con todas sus ambiciones de dominar España. Desde un punto de vista práctico, en cambio, no es una denuncia convincente, puesto que nunca ha existido un proceso revolucionario que no haya provocado una resistencia contrarrevolucionaria, si bien, en ocasiones, esta ha fracasado.

Desde muy pronto, la propaganda izquierdista afirmó que la sublevación contrarrevolucionaria constituyó una «rebelión en contra de la democracia». Pero, de hecho, fue una rebelión en contra de la erosión total de la democracia, porque, si se hubiera mantenido la democracia constitucional, nunca se habría producido una sublevación de importancia. Es una paradoja que el general Franco, que no creía en la democracia, reclamase la conservación y el respeto a la Constitución democrática.

Se ha dicho que, en España, las derechas y el centro deberían haber estado dispuestos a dejarse atropellar indefinidamente, lo que puede ser cierto desde la perspectiva de una lógica partidista. Pero no puede ser un argumento de peso, puesto que, en términos de historia comparada, es totalmente «ahistórico», antiempírico e incluso absurdo. En toda la historia es difícil encontrar un grupo social o político relevante que hubiera actuado como pedían las izquierdas españolas. De hecho, lo que llama la atención es lo contrario; es decir, la extraordinaria paciencia de las derechas. En muchos países no se hubiese tolerado ni la mitad de lo que se estaba soportando desde hacía meses en España. Cualquier persona que dude de esta afirmación que compare el caso español con las tres grandes guerras civiles de la época moderna en los países de habla inglesa —1640, 1775 y 1861— y verá inmediatamente que la situación en España era bastante peor. Habitualmente se da por supuesto que los países de habla inglesa son los que llevan la batuta en cuanto a defensa de la democracia moderna y del Gobierno constitucional, y, en efecto, no se encontrará entre sus ciudadanos la menor disposición a dejarse atropellar indefinidamente.

Uno de los problemas que surgen cuando estalla una contrarrevolución es que esta, en muchas ocasiones, no implica únicamente la anulación de la revolución. Si fuera así, en España se habría vuelto a Lerroux y a Gil-Robles. Pero, como señaló Joseph de Maistre hace dos siglos, una contrarrevolución no es solo lo contrario de una revolución, sino que a menudo se convierte en una especie de revolución contrapuesta, que es lo que pasó en España. Clausewitz se refirió a lo que en las guerras (y las revoluciones) se denomina el efecto de *Wechselwirkung*, esto es, la acción recíproca y la mutua transformación de la radicalización en el núcleo de los conflictos. Este fue el caso del movimiento franquista durante la Guerra Civil, que pronto se desplazó mucho más allá de los, en principio, limitados objetivos políticos de la conspiración originaria de Mola para abrazar una «revolución nacional», autoritaria y semifascista. Estas antítesis dialécticas no son infrecuentes en la historia, pero España corría un doble riesgo. Antes del 18 de julio, las izquierdas erosionaron la democracia por medio de un proceso revolucionario de desgaste constante que duró cinco meses, pero, a su vez, la contrarrevolución creó un radicalismo de oposición igualmente violento y mantuvo un Gobierno autoritario durante cuatro décadas. El precio del proceso revolucionario fue, sin duda, muy elevado.

Es demasiado simplista creer que el autoritarismo de Franco fue el fruto únicamente de las ambiciones malvadas del propio dictador. Es cierto que, una vez elevado a la jefatura única, manifestó su gran ambición y dio paso a un régimen personalista, pero de ningún modo creó la situación autoritaria en que se encontraba España a mediados de julio de 1936. Más bien, como hemos visto, fue el resultado directo de las condiciones prerrevolucionarias creadas por las izquierdas. El general siempre defendió una política firme que mantuviera la ley y el orden, y, sin duda, habría evitado la creación de una situación desordenada y autoritaria.

En julio de 1936 casi todas las fuerzas políticas pedían un régimen autoritario para España. La CNT quería imponer por la violencia su propia utopía en una fecha indeterminada; el caballerismo y el POUM pretendían la implantación de la dictadura del proletariado; los comunistas se afanaban por construir la «República de tipo nuevo»; los azañistas y los prietistas perseguían una República solo de izquierdas, eliminando políticamente a la mitad de la nación; los carlistas querían imponer su visión monárquica, los monárquicos alfonsinos deseaban una monarquía autoritaria y corporativista; los falangistas, su llamada «revolución nacionalsindicalista», e incluso bastantes personas del centro o de la izquierda moderada pedían una dictadura constitucional republicana. Fue tarea de Franco ordenar todo esto, por las buenas o por las malas.

También se ha dicho —falsamente— que nadie deseaba la guerra civil. Lo exacto sería decir que nadie quería una guerra civil tan larga y destructiva, y, claro está, una guerra civil que se perdiera. Pero del mismo modo que había muchos que buscaban un nuevo régimen autoritario, los había que buscaban una guerra civil que —eso creían— sería breve y que ganarían. Este fue el objetivo de los comunistas hasta 1935, aunque luego cambiaron, y de los teóricos marxistas revolucionarios, como Araquistáin y Maurín, ya que muchos revolucionarios —sobre todo entre los caballeristas— insistían en que nunca podría haber una revolución verdadera sin una guerra civil que, naturalmente, ellos ganarían. Todos los marxistas revolucionarios la consideraban una inevitabilidad histórica, mientras los anarcosindicalistas insistían en la redención a través de su gran insurrección revolucionaria cuando llegara la hora. Los monárquicos y los falangistas también pedían alguna clase de confrontación armada, pero no pregonaban la guerra civil con la misma confianza. Mola se dio cuenta de que dar un golpe de Estado en Madrid era totalmente imposible —y Franco estaba esencialmente de acuerdo— y que la insurrección militar solo podía triunfar mediante una guerra civil que esperaba que fuera breve. Los conspiradores monárquicos pensaban lo mismo, y por eso buscaron armas en Berlín y en Roma, pero, como ya hemos dicho, no tuvieron éxito. De todos ellos, el que durante más largo tiempo mantuvo la posición más moderada y responsable fue el propio Franco.

Ironías de la historia.

9
LA GUERRA CIVIL DE 1936-1939
EN PERSPECTIVA COMPARADA

La Guerra Civil española de 1936-1939 se ha descrito de muy diversas maneras, en su mayoría relacionadas con afinidades ideológicas o luchas de poder internacionales. En pocas ocasiones se ha analizado partiendo de su definición más precisa, la de un combate entre la revolución y la contrarrevolución que, pese a ser un fenómeno relativamente típico en la Europa de la primera mitad del siglo XX, no deja de ser singular por su ubicación geográfica, su momento y ciertos rasgos característicos. Los Gobiernos de Gran Bretaña y Francia no fueron demasiado reacios a reconocer esta realidad; de ahí su renuencia a intervenir en términos militares, mientras que el régimen que más empeño puso en considerarla en esos términos —sin hablar de sus operaciones propagandísticas para tratar de despistar a los occidentales— fue la Unión Soviética, que durante el conflicto y los siguientes cincuenta años siempre se refirió a la «guerra nacional-revolucionaria española», poniendo el énfasis en la lucha revolucionaria, al contrario de los comentaristas occidentales. Los rasgos más singulares de la Guerra Civil española tienen que ver con el momento en que se produjo, mucho después de la oleada revolucionaria de 1917-1923, poco antes de la Segunda Guerra Mundial y, en principio, en contra de las tendencias políticas imperantes en la Europa de la década de 1930. Con su escenario, que la convirtió en la única guerra civil de grandes proporciones registrada en Europa occidental en esa época, y con sus orígenes: de las guerras civiles ocurridas entre 1917 y 1949, fue la única no provocada por los efectos de una guerra exterior o, al menos, la única que no se vio directamente influida por ese factor.

No obstante, es importante matizar la tercera singularidad. Todos los especialistas coinciden en que la contienda española estalló a consecuencia de una profunda fractura interior. Pero la década de 1930 fue un periodo de conflictos políticos y de crecientes tensiones internacionales en el conjunto de Europa, de manera que el contagio entre países desempeñó un papel relevante, aunque secundario. El ejemplo soviético fue fundamental para la radicalización del socialismo español, mientras la derecha española se inspiró menos en el fascismo que en los regímenes autoritarios y católicos de Austria y Portugal. De igual modo, los dos bandos reaccionaron ante las iniciativas del contrario con una alarma acentuada por los acontecimientos que estaban teniendo lugar en el extranjero. Después, la Guerra Civil española generó su propia interacción, conduciendo a un rápido incremento de la influencia comunista y soviética en un bando, y, en el otro, a la decisión por parte de Franco de adoptar un modelo semifascista.

Las nuevas repúblicas francesa (1871) y alemana (1918-1919) nacieron democráticas pero contrarrevolucionarias, y reprimieron sin miramientos la Comuna de París y la revolución obrera, respectivamente. Ocurrió lo mismo con el nacimiento del régimen parlamentario democrático de Finlandia en 1918 —sistema que sigue en vigor en el siglo XXI—, que inauguró su historia política con la fuerte represión de una violenta revolución socialista. La República española tomó la dirección opuesta, pues dio expresión a uno de los procesos revolucionarios más intensos del siglo, proceso que impregnó las instituciones y que resultó muy difícil de canalizar, desviar o derrotar.

La Guerra Civil fue el punto culminante de ese devenir revolucionario, y solo en el noreste de Europa —en Rusia, Finlandia y Letonia— y en Hungría pueden encontrarse ejemplos equivalentes en alcance y profundidad. En España, los movimientos revolucionarios movilizaron a más población, en términos proporcionales, que en ningún otro país, con la posible excepción de Letonia. Solo en Rusia la base revolucionaria fue mayor, debido, sobre todo, a la presencia masiva de campesinos, que, pese a estar enormemente descontentos, no estaban políticamente organizados. De hecho, en Rusia, la proporción de la población agrícola afiliada a organizaciones revolucionarias fue notablemente inferior a la de España.

Todas las guerras civiles de la época las iniciaron los comunistas (o sus aliados más próximos, como en Finlandia) y, en gran medida, se convirtieron en pugnas entre comunistas y anticomunistas. Pero no fue así en España, donde los primeros eran relativamente débiles. La Guerra Civil española se distinguió por su carácter auténticamente «frentepopulista», con un semipluralismo izquierdista mucho más acusado que en otras contiendas. Con todo, el aglutinante del Frente Popular tuvo un efecto más negativo que positivo y, sobre todo, se basó en el «antifascismo», de manera que la desunión interna fue el principal inconveniente de su semipluralismo.

La revolución española fue singular por su rapidez y su carácter explosivo, por el enorme número de obreros que participaron («la principal revolución proletaria del siglo XX») y, como decimos, por ese carácter semiplural, no solamente comunista. El único equivalente en cuanto a magnitud podría encontrarse en 1919 en la Hungría del régimen de Béla Kun, producto de una situación nacional catastrófica tras haber perdido la guerra mundial y haberse producido la subsiguiente disolución del Estado austrohúngaro. Por el contrario, después del golpe bolchevique registrado en Rusia, Lenin no tenía previsto una revolución socioeconómica tan profunda, y tampoco los rojos finlandeses. Más tarde, en Yugoslavia y Grecia, la táctica frentepopulista (en estos casos, «Unidad Nacional»), así como el problema de las múltiples nacionalidades y la guerra europea, contendrían a los comunistas.

En una parte importante de las guerras civiles revolucionarias europeas, la izquierda tenía la ventaja de contar con la superioridad del modelo bolchevique, más eficaz en cuanto a centralización y movilización. Sin embargo, España, donde se impuso la tendencia opuesta, no contó con esa prerrogativa. Aquí fue la derecha la que disfrutó de un fuerte liderazgo, basado en un sólido (aunque no sofisticado) modelo castrense, que recabó un considerable apoyo extranjero. Al principio, la República dispuso de mayores recursos, pero no los utilizó con sensatez y pronto se encontró con que la puerta del mercado de armas internacional estaba parcialmente cerrada. De manera que la abrumadora superioridad económica y financiera de la que Prieto alardeaba en agosto de 1936 acabó por no ser decisiva. Por el contrario, el éxito de la política económica de Franco, pese a haber recibido una atención relativamente escasa por parte de los historiadores, fue un aspecto importante de la guerra. En parte, ese éxito reflejó la superioridad de una contrarrevolución eficazmente gestionada y centralizada frente a la caótica revolución colectivista, también tuvo que ver con la capacidad para adquirir, a crédito, grandes cantidades de armamento extranjero, así como otros suministros.

La Guerra Civil española también fue singular en su condición de guerra de religión, por el carácter masivo del anticlericalismo de los revolucionarios y por la reacción virulenta que desató. En cierto sentido, este fue un componente tan importante como la movilización militar. En todas las guerras civiles revolucionarias de la primera mitad del siglo XX hubo factores religiosos, pero nunca de forma tan determinante como en España. En Rusia, a pesar de la religiosidad del conjunto de la población, el anticlericalismo era frecuente entre el campesinado, pero la mayor parte no vivió la guerra civil desde presupuestos religiosos, en parte porque el odio de los bolcheviques a la religión no se expresó del todo hasta después de la contienda. Orlando Figes, autor de la mejor historia social de la guerra civil rusa, concluye: «Según todos los testimonios, los campesinos rusos no tenían a sus sacerdotes en muy alta estima. Cuando se compara esta situación con el respeto y la deferencia que mostraban los campesinos de la Europa católica hacia los suyos, se comienza a comprender por qué la Rusia campesina tuvo una revolución y, por ejemplo, la España campesina una contrarrevolución»[1]. En España, el peso de la religión enlazaba con el papel que tradicionalmente había tenido el catolicismo y con la obsesión de los revolucionarios con la Iglesia.

La intervención extranjera fue de gran importancia para los dos bandos y su relevancia solo puede compararse con las registradas en Letonia y Hungría, y, después, en Grecia. Esto no fue planeado por ninguno de los dos lados[2], si bien algunos teóricos marxistas españoles, como Luis Araquistáin y Joaquín Maurín, ya habían aludido a la posible necesidad de ayuda soviética. Su conclusión fue que en España era improbable otra intervención extranjera en defensa de una sublevación contrarrevolucionaria porque nada parecido había ocurrido en el país desde 1823, y que, si eso se producía, la lógica de las circunstancias conduciría a una intervención soviética reactiva. En realidad, si la sublevación militar hubiera sido el levantamiento débil que la izquierda esperaba, ni Hitler ni Mussolini habrían intervenido. Los teóricos marxistas escribían como si no supieran que se estaba produciendo una radicalización de las relaciones entre las potencias europeas, aunque también es verdad que la fase expansiva de esa radicalización no tuvo lugar hasta 1937-1938. Por ejemplo, cuando Italia invadió Etiopía en 1935, la izquierda española, después de denunciar el hecho, apenas le prestó atención.

No es del todo sorprendente que la contrarrevolución acabara por imponerse, ya que eso era lo que había sucedido en diversos países europeos. De hecho, había vencido en Finlandia, en los Estados bálticos, en Alemania, en Italia y en Hun-

---

[1] O. Figes, *A People's Tragedy: The Russian Revolution 1891-1924,* Nueva York, 1996, pág. 67.

[2] La única excepción fue la de los monárquicos de extrema derecha de Renovación Española, que negociaron un acuerdo con el Gobierno italiano en marzo de 1934 y un contrato de compra de armas en junio de 1936. El primero se quedó en letra muerta y el segundo tuvo que ser renegociado después del comienzo de la guerra.

gría, y lo mismo ocurriría en Grecia. Las excepciones fueron Rusia y, posteriormente, Yugoslavia. Una peculiaridad del caso español fue que su Estado contrarrevolucionario no impusiera el típico régimen parlamentario europeo, sino un sistema autoritario nuevo y radical. Gracias a una combinación desigual de apoyo, represión, astucia política intermitente y bastante suerte en las relaciones internacionales, ese régimen se mantuvo en el poder más que ningún otro Estado contrarrevolucionario, a excepción del régimen parlamentario democrático de Finlandia.

Desde el punto de vista militar, la lucha en España también fue singular, porque, de todas las guerras civiles europeas, esta fue la que más movilización provocó y la más avanzada militarmente, en gran medida gracias a la intervención extranjera. Fue la única guerra civil de la época en la que, después de los primeros meses, se enfrentaron dos ejércitos totalmente organizados. En el caso de Rusia, aprovechándose de su enorme población, el Ejército Rojo reclutó a muchas más tropas que su correlato español, pero solo en la segunda mitad de la contienda fue ese ejército capaz de mantener a tantos soldados movilizados y equipados como el Ejército Popular de la República durante el periodo 1937-1939. Proporcionalmente, este era más numeroso, y lo mismo puede decirse del ejército nacional de los sublevados.

En la guerra civil rusa, los blancos contrarrevolucionarios tuvieron que asumir una posición periférica desde el punto de vista geográfico, mientras los bolcheviques dominaban el núcleo central del país. Este fue un obstáculo que los blancos nunca lograron superar. A primera vista podría parecer que los nacionales en España, con sus centros originales en Pamplona, Sevilla y Marruecos, estaban en una situación similar a la de los blancos rusos, pero ni mucho menos fue así. Aunque no ocupaban otras grandes ciudades, desde las primeras semanas dominaron una gran parte de las provincias agrícolas del norte, donde, además, recibían apoyo político, lo que les permitió crear una base sólida de la que carecieron sus equivalentes rusos.

La Guerra Civil española se libró con una asombrosa variedad de armas procedentes de muchos países europeos, así como de Norteamérica y México. El Ejército Popular utilizó treinta y cinco tipos de fusiles y diecinueve de ametralladoras, mientras los nacionales también dispusieron de un amplio abanico de armas, al que se unieron muchas tomadas a los republicanos. La diversidad del armamento y de las municiones supuso un desafío para ambos bandos y, años después, varios analistas señalaron que la guerra supuso un hito en la historia militar y armamentística, adelantando armas y tácticas que se usarían en la Segunda Guerra Mundial. Esa afirmación es algo exagerada pero esencialmente cierta. En gran medida, la Guerra Civil española fue un conflicto de baja intensidad que se libró, principalmente, con armas que se estaban quedando obsoletas.

Sin embargo, en algunas de las batallas de alta intensidad que se libraron se emplearon armas modernas. Primero los soviéticos, y luego los alemanes e italianos introdujeron algunas de sus últimas innovaciones armamentísticas —sobre todo aviones, pero también tanques soviéticos y cañones antiaéreos alemanes— y, hasta cierto punto, utilizaron la guerra española como campo de pruebas, aunque no fuera esta la razón principal para intervenir. La única táctica novedosa de relevancia que se introdujo en España fue la de las armas combinadas, que intentaba coordinar el uso de la infantería, la artillería, los vehículos blindados y, sobre todo, el apoyo aire-tierra (incluyendo los bombardeos en picado). Esas prácticas se estaban convirtiendo en una doctrina habitual en los Ejércitos soviético y alemán, pero en España solo pudieron aplicarse de manera rudimentaria o incompleta. Franco, sus lugartenientes y los comandantes republicanos, que tenían poca o ninguna preparación en la materia, fueron labrando su experiencia mediante la prueba y el error. Los asesores alemanes y soviéticos proporcionaron algo de instrucción, dieron consejos y, en ocasiones, contribuyeron en la dirección de las operaciones, mientras el personal alemán, italiano y soviético manejaba con frecuencia aviones, tanques y piezas de artillería. En líneas generales, quienes dieron un uso más eficaz a las armas combinadas fueron los sublevados, que las usaron cada vez más a partir de la primavera de 1937. Los pilotos españoles de la aviación franquista llegaron a desarrollar algunas innovaciones tácticas propias, como la de ametrallar posiciones enemigas en cadena, con una serie de cazas volando en círculo y repitiendo una o más veces el ataque.

No obstante, en España no se puso en práctica en toda su amplitud la combinación de armas que sí se planteó durante la Segunda Guerra Mundial. La fantasía de que los alemanes pusieron a prueba en España la *Blitzkrieg* es exagerada, porque en la época de la Guerra Civil los estrategas germanos aún no habían concebido del todo esa doctrina. Los tanques alemanes recibidos en España —pequeños e inadecuados— no podían competir con los vehículos soviéticos, más grandes y potentes. Además, gran parte de la guerra española se libró en terreno montañoso, que poco tenía que ver con las llanuras y carreteras de Polonia, Francia y la Unión Soviética. En consecuencia, las operaciones mecanizadas fueron más elementales. Los soviéticos pocas veces consiguieron emplear eficazmente sus blindados, y los tanques alemanes e italianos tuvieron una utilidad limitada.

En la última parte de la guerra, los mejores carros de combate de Franco eran los cerca de ochenta vehículos soviéticos incautados a los republicanos y organizados en dos unidades del ejército nacional. Este es uno de los muchos ejemplos de la eficaz utilización que hicieron los sublevados del armamento capturado, un importante aspecto —poco mencionado— que terminaría revelando la superioridad en armas que los nacionales tenían en 1938. Los cazas Polikárpov fabricados en la zona republicana y aprehendidos por el mando franquista estuvieron en el ejército del aire nacional durante casi quince años, mientras que los tanques soviéticos, cada vez más obsoletos, formaron parte de las pequeñas unidades acorazadas del ejército de Franco durante casi dos décadas.

Otro mito de la guerra es el que dice que, a consecuencia de los bombardeos de Guernica y otras ciudades, España se convirtió en el campo de pruebas para el bombardeo estratégico. Es cierto que, a través de las operaciones de la Legión Cóndor, los alemanes aprendieron a mejorar sus técnicas de bombardeo, pero debe destacarse que no hubo ninguno de importancia. Se produjeron muchos ataques contra ciudades e instalaciones portuarias, pero todos a pequeña escala. Muchos resultaron aterradores, lógicamente, para quienes los sufrieron, pero en la Guerra Civil española una incursión aérea de envergadura era aquella en la que morían cien personas o más, y es imposible comparar estas acciones con las hecatombes de la Segunda Guerra Mundial, cuando muchísimos miles de personas perecerían en un solo bombardeo masivo.

La Luftwaffe alemana no desarrolló nunca planes de bombardeo estratégico y se centró en los ataques tácticos que formaban parte de operaciones de armas combinadas, lo que explica por qué su único intento de gran bombardeo estratégico, la llamada Batalla de Inglaterra, en 1940, fue un fracaso absoluto. Los primeros bombarderos alemanes recibidos en España ni siquiera eran bombarderos propiamente dichos, sino lentos aviones de pasajeros que podían equiparse con bombas. Las dos localidades más dañadas por la Legión Cóndor, Durango y Guernica, no sufrieron bombardeos verdaderamente estratégicos —en ese caso, el objetivo habría sido Bilbao, principal centro industrial y demográfico, que en realidad apenas sufrió daños de la aviación—, sino que fueron bombardeadas por su cercanía al frente principal.

De hecho, la experiencia en España funcionó al revés, animando a los alemanes a utilizar aviones de combate para apoyar operaciones en tierra. Una lección importante fue la relativa a la concentración y los ataques en masa, además de la necesidad de emplear tanto cazas para escoltar a bombarderos como cañones antiaéreos de gran calidad. En España, los pilotos de cazas alemanes también desarrollaron la formación de combate en cuña de cuatro, que les reportaría una ventaja táctica durante el primer año de la Segunda Guerra Mundial. Por el contrario, a los germanos no les impresionó la superioridad técnica de los tanques soviéticos, porque el Ejército Popular —mal preparado— pocas veces los usó con eficacia, y hasta 1941-1942 no intentaron ponerse al nivel de la Unión Soviética en la utilización de esas armas.

En 1936 los soviéticos estaban desarrollando la única flota estratégica de bombarderos cuatrimotores del mundo, compuesta por los TB-3, que resultó lenta y fácil de atacar. El Gobierno de Negrín pidió que se enviaran a España algunas de estas naves, pero Stalin se negó, aduciendo que había demasiados problemas para transportarlas. Al final resultó que los soviéticos construyeron una flota de 400 aviones de obsoletas características técnicas. Los bombarderos medios enviados a España, los bimotores Tupolev Katiuska, de buena línea y rápidos, evidenciaron deficiencias técnicas y escasas cualidades defensivas. Aunque hubo un mayor número de bombarderos individuales en el bando republicano que en el nacional, estos eran de dimensiones pequeñas y no solían ser efectivos.

UN CONFLICTO DE INTERESES

De todas las potencias de la época, fue la Unión Soviética la que más interés mostró en estudiar la Guerra Civil española. No se reflejó en el número de personal enviado a España, considerablemente menor que el de italianos y alemanes, sino en la magnitud del análisis posterior. En tanto que los alemanes fueron selectivos, mostrándose en ocasiones escépticos respecto a las lecciones extraídas de la contienda, los soviéticos adoptaron un enfoque más amplio y también más crédulo. Mary Habeck, principal especialista occidental en el tema, ha escrito que «los oficiales soviéticos [...] al contrario que sus homólogos alemanes, creían que el conflicto representaba una imagen válida de una gran guerra futura. [...] El Estado Mayor [soviético] se convenció de que el conflicto era un modelo fiable de guerra moderna, viendo en cada nueva experiencia de combate una valiosa lección sobre cómo debía luchar en el futuro el Ejército soviético». Poco después del inicio de la guerra española, «el comisario de Defensa Kliment Voroshilov concretó en sus órdenes qué tácticas y tecnologías debían estudiar sus hombres»[3]. Varios cientos de asesores militares soviéticos enviaron a la URSS numerosos informes que terminarían componiendo un apartado de los archivos del Ejército Rojo: «Los especialistas que regresaban a casa después de combatir en España eran interrogados exhaustivamente sobre la eficacia de los equipos que se estaban suministrando y los métodos que seguían para utilizarlos»[4].

Llegado el 23 de noviembre de 1937, el comisariado de Defensa había preparado cincuenta y siete cuadernos informativos y había publicado tres libros y trece panfletos sobre la guerra española. A los pocos meses aparecieron tres libros más y otros cuatro folletos, algunos con grandes tiradas, de entre 6.000 y 10.000 ejemplares. Según el historiador Yuri Rybalkin, las dos principales editoriales militares publicaron, entre 1937 y 1941, un total de cincuenta y seis libros y artículos militares sobre operaciones realizadas en España, eso sin incluir una larga lista de artículos aparecidos en otras publicaciones castrenses. Se dieron muchas conferencias y fueron constituidos muchos grupos para discutir el tema. El análisis soviético se ocupó de prácticamente todos los aspectos relativos al armamento y las operaciones militares.

Sin embargo, lo que casi siempre se ha planteado es un asunto bastante más complejo, esto es, si los analistas del Ejército Rojo extrajeron las lecciones adecuadas de la Guerra Civil española. Lo que más ha llamado la atención es la decisión, tomada después de la guerra, de abandonar las doctrinas ofensivas basadas en la concentración de los vehículos blindados y las

---

[3] M. R. Habeck, *Storm of Steel: The Development of Armor Doctrine in Germany and the Soviet Union,* Ithaca, Nueva York, 2004, págs. 344-345, y «Dress Rehearsals, 1937-1941», en R. Higham y F. W. Kagan (eds.), *The Military History of the Soviet Union,* Londres, 2000, págs. 93-108.

[4] O. Sarin y L. Dvoretsky, *Alien Wars: The Soviet Union's Aggression Against the World, 1919 to 1989,* Novato, California, 1996, pág. 3.

«operaciones en profundidad» desarrolladas por el mariscal Mijail Tujachevski y sus colegas, que perecieron en las grandes purgas de Stalin, cambio este que iba en la dirección opuesta a la planificación de la Wehrmacht alemana, lo que contribuyó de forma determinante a la espectacular victoria germana sobre Francia en 1940. Pero, como Habeck ha señalado, no se puede inferir que este error se debiera exclusivamente a los escasos éxitos de los blindados soviéticos en España. Ese cambio —erróneo— en la política militar tenía tanto o más que ver con la decisión de romper con ciertas prioridades de los comandantes purgados en 1937, y a finales de 1939 se disolvieron las divisiones acorazadas del Ejército Rojo. Estaba claro que los analistas se equivocaron al ver en la contienda española un precedente válido de una futura guerra europea. En líneas generales, los ejércitos en España carecían de las armas, la formación y las estructuras de mando necesarias como para servir de aprendizaje para las campañas de la guerra mundial, sobre todo si tenemos en cuenta y comparamos la topografía de España con la de Europa del Este.

Por otra parte, puede que el Ejército Rojo recabara experiencias útiles en otros aspectos, que iban desde la gestión y la ingeniería hasta ciertos tipos de sistemas armamentísticos. Sus tanques fueron, con mucho, los mejores que hubo en España, pero también pusieron de manifiesto deficiencias que, cuando se corrigieron, ayudaron a los especialistas soviéticos a acelerar la conversión, en 1941, del B-5 que utilizaron en España en el clásico T-34 de la guerra mundial. En 1938 las aeronaves soviéticas se estaban quedando obsoletas en comparación con los últimos modelos alemanes, pero eso aceleró el desarrollo de aviones más rápidos y eficientes, así como la fabricación, en 1942-1943, de aviones para ataques aire-tierra. Hubo mejoras en las armas de infantería y de artillería, y también en otra clase de equipamientos. Con todo, la experiencia de la Guerra Civil española no fue un factor determinante, y en 1941 gran parte del equipo soviético seguía estando anticuado (en cierta medida por la obsesión de Stalin, en la década de 1930, con la sobreproducción de los modelos existentes), por más que los estudios soviéticos influyeran en la mejora del armamento y en la preparación técnica.

Puede que, en ocasiones, el Ejército Rojo interpretara erróneamente lo que había sucedido, pero no fue el único. Para los estrategas franceses, la contienda española volvió a confirmar la importancia de las armas defensivas y antitanque. Al principio, los comandantes de las fuerzas aéreas galas parecieron extraer conclusiones más certeras sobre la necesidad de contar con la superioridad y la concentración aéreas, además del apoyo aire-tierra, pero, a partir de 1938, lo habitual fue adoptar decisiones contrarias a las anteriores.

Para los mandos militares italianos, el éxito aparente que casi siempre tuvieron sus unidades en España —con la excepción de Guadalajara en 1937—, rematado con la victoria final, sirvió para refrendar políticas y prioridades en general deficientes. En cierto modo, los mandos de las fuerzas aéreas estaban divididos, pero la mayoría seguía haciendo más hincapié en el apoyo aire-tierra que en el bombardeo estratégico. El hecho de que el biplano Fiat CR.32 fuera el único capaz de operar, con mayor o menor éxito, desde el principio hasta el final del conflicto ocultó la realidad de que tanto esa nave como el bombardero medio Savoia-Marchetti se estaban quedando obsoletos: «Las lecciones de la Guerra Civil española, plasmadas en informes sobre tácticas de bombardeo, miras, tipos de bombas y otros asuntos técnicos, no fueron a ninguna parte»[5]. Poca atención suscitaron las deficiencias de las tanquetas italianas, y lo mismo puede decirse de la formación de los oficiales y de las tropas de infantería, mientras la ineficaz actuación de los submarinos italianos en la guerra naval de Mussolini, nunca declarada, tampoco provocó enmienda alguna, puesto que esa campaña, a pesar de todo, había logrado sus objetivos.

Italia fue la potencia a la que más cara le salió su intervención. Como carecía del poder industrial de Alemania o de la Unión Soviética, los casi 800 aviones y 7.500 vehículos de motor

[5] J. Gooch, *Mussolini and his Generals: The Armed Forces and Fascist Foreign Policy, 1922-1940,* Cambridge, 2007, pág. 383.

de todo tipo, además de otros equipamientos, enviados a España, constituían una cantidad considerable del arsenal italiano. Gran parte del equipo que no se perdió se quedó en España y, aunque era un material que como decimos se estaba quedando inservible, su exportación no se había compensado del todo cuando Italia entró en la guerra mundial en 1940.

UNA TRANSICIÓN ENTRE LAS DOS GUERRAS MUNDIALES

Desde el punto de vista militar, la contienda española no se ajusta la Primera Guerra Mundial ni a la Segunda, sino que supuso una transición que conjugaba elementos de ambas. Gran parte del armamento procedía de la Gran Guerra, pero, en ocasiones, la utilización de vehículos blindados, de piezas de artillería de último modelo y, lo que es más importante, de medios aéreos, presagió la Segunda Guerra Mundial.

Los republicanos, casi desde el principio, proclamaron que su lucha formaba parte del combate general contra el fascismo y que, por tanto, se encuadraría en una conflagración mayor. Poco después, cuando Alemania y la Unión Soviética invadieron Polonia, los republicanos declararon que la contienda española había sido la «primera batalla», o el «primer asalto», de la guerra europea, una especie de «preludio». Este tema fue abordado por varios estudios académicos, empezando con *Prelude to War: the International Repercussions of the Spanish Civil War* (1951), de Patricia van der Esch.

El problema de este enfoque es que los contendientes en la España de 1936-1939 y los de la Europa de 1939-1945 no eran los mismos. La Guerra Civil española fue una clara pugna entre revolucionarios y contrarrevolucionarios, entre la izquierda y la derecha, en la que las potencias totalitarias fascistas apoyaron a la segunda, y la totalitaria soviética a la primera. Por su parte, la guerra europea solo comenzó cuando el pacto germano-soviético consolidó una entente pantotalitaria, lo que supone una situación absolutamente contraria a la de la guerra de España.

Incluso los líderes del Partido Comunista, los que más aparatosamente habían presionado para que se rebasara la línea de la «guerra general», reconocieron luego una diferencia fundamental entre ambos conflictos. Su manifiesto del 25 de noviembre de 1939 proclamaba que ambas guerras eran completamente independientes: «La guerra europea actual no tiene nada de común con la guerra justa, con la guerra de independencia nacional que llevaban los obreros, los campesinos, las masas populares de España contra la reacción interior e *internacional*»[6]. El manifiesto ni siquiera mencionaba el pacto nazi-soviético firmado tres meses antes, sino que repetía el guion de la Unión Soviética, según el cual la nueva guerra, al enfrentar el imperialismo británico y francés contra el Tercer Reich, no era más que otro conflicto entre dos «imperialismos capitalistas».

Las rivalidades internacionales, por tanto, de ningún modo reflejaron las de la guerra española hasta 1941, cuando Hitler invadió la Unión Soviética. Entonces, por vez primera, la nueva alianza de los soviéticos con las democracias anglo-americanas empezó a tener cierto parecido con la alianza izquierdista en España, pero con diferencias notables. La «gran alianza» antihitleriana de 1941-1945 no fue un frente popular estrictamente izquierdista, sino una coalición internacional muchísimo más amplia que iba desde la extrema izquierda hasta la extrema derecha, incluyendo monárquicos de todo tipo e incluso algunos fascistas antinazis. Poco podía asemejarse a la República Popular de «nuevo cuño» de la zona republicana en España, totalmente de izquierdas y revolucionaria. En un primer momento, el líder principal de la coalición antihitleriana fue Winston Churchill, quien siempre confesó que, de haber sido un ciudadano español, habría apoyado a Franco.

Sin embargo, aunque la Guerra Civil española no fue un mero preludio o primer asalto de la Segunda Guerra Mundial, sí contribuyó en cierta manera a la génesis de la contienda europea.

---

[6] Citado en F. Hernández Sánchez, *Guerra o revolución: El Partido Comunista de España en la Guerra Civil,* Barcelona, 2010, pág. 458.

Sin establecer un vínculo directo entre ambas, los historiadores han señalado con frecuencia que la primera desempeñó un papel relevante en las percepciones y la psicología que acompañaban a las relaciones entre las grandes potencias. Se ha señalado que el comportamiento de Gran Bretaña y Francia respecto a España llevó a Hitler y a Mussolini a creer que las democracias occidentales carecían de voluntad para afrontar el conflicto y que no cuestionarían otras iniciativas de las potencias fascistas. Según esta interpretación, la guerra española no habría sido un preludio directo, sino, tan solo, la más larga —ciertamente, no la más importante— de una serie de crisis en las que las potencias fascistas se mostraron agresivas y las democracias, pasivas: Etiopía (1935-1936), Renania (1936), España (1936-1939), Austria (1938) y los Sudetes (1938). Con esto no queremos decir que el Reino Unido y Francia deberían haber declarado la guerra en todas esas ocasiones, sino que esas crisis sucesivas tuvieron un efecto político y psicológico acumulativo.

En general, Hitler utilizó y prolongó la guerra de España para que, a modo de distracción, la atención se apartara de su propio rearme y expansión en Europa central. Por una parte, utilizó las complicaciones emanadas del conflicto como excusa para no llegar a ningún acuerdo con Gran Bretaña y Francia. Por otra, no se equivocó al calcular que la guerra dividiría aún más a Francia, impidiendo que se centrara en Alemania en una época en la que esta no había alcanzado aún la paridad armamentística.

La Guerra Civil española supuso un incentivo y una oportunidad para iniciar la entente italo-germana que Hitler siempre había buscado. Mussolini se comprometió con el combate en territorio español y esto privó a Italia, cada vez más, de margen de maniobra, atándola a una Alemania que pronto se convirtió en el socio dominante. Este realineamiento permitió a Hitler anexionarse Austria en marzo de 1938 y proceder con más rapidez aún contra Checoslovaquia.

Desde esta perspectiva, lo importante no fue que el Reino Unido y Francia no prestaran atención a la guerra española, sino todo lo contrario: que no pusieran sus ojos en Austria y Checoslovaquia y no pasaran a la acción en el centro de Europa. «Todavía en 1938, año de [el pacto de] Múnich, los parlamentarios británicos hicieron casi un cincuenta por ciento más de interpelaciones sobre España y el Mediterráneo que sobre Alemania y Europa central [...]. Hubo un día en el que la Asamblea Nacional francesa tuvo que suspender dos veces sus deliberaciones por temor a que las preguntas relacionadas con España desataran una batalla campal»[7].

La intervención de Italia y Alemania en España suscitó una reacción todavía mayor de Stalin, quien, en parte por miedo a las consecuencias internacionales de una implicación demasiado intensa, pero también por las limitaciones objetivas del poder soviético, no la amplió lo suficiente como para garantizar la victoria republicana. Pese a todo, para Alemania, la intervención de la Unión Soviética tuvo la ventaja de acentuar entre las democracias las sospechas hacia la URSS. Para el Estado Mayor francés, el hecho no hizo más que refrendar la convicción de que el objetivo de los soviéticos era provocar una guerra entre las potencias occidentales. Cuanto mayor era la implicación de Stalin en España y más activo se tornaba el papel de la Unión Soviética en el Comité de No Intervención, menos probable era cualquier acercamiento entre París y Moscú frente a Berlín. La política soviética resultó contraproducente, salvo por las ganancias obtenidas por el oro español y en materia de espionaje, y en abril de 1939, cuando ya terminaba la guerra en España, la Unión Soviética estaba más aislada que en julio de 1936. En gran medida, Hitler se burló de Stalin, y volvería a hacerlo por segunda vez entre 1939 y 1941, hasta que cometió el increíble error de enfrentarse a la vez a las dos principales potencias de la época.

El estallido de la guerra en Europa no dependió en modo alguno del conflicto español, y de una u otra forma la primera habría tenido lugar, aunque el segundo no hubiera existido. Es

---

[7] W. C. Frank, Jr., «The Spanish Civil War and the Coming of the Second World War», *The International History Review,* 9, 3 de agosto de 1987, págs. 367-409.

más, si la Guerra Civil se hubiera prolongado hasta el otoño de 1939, es dudoso que eso hubiera disuadido a Hitler de actuar en Europa central y poco probable que Francia hubiera querido luchar en dos frentes, acudiendo en auxilio de la República.

Sin embargo, sin las complicaciones emanadas de España, las democracias occidentales podrían haber adoptado una postura más enérgica frente a Hitler, y cabe la posibilidad de que Mussolini hubiera retrasado, e incluso evitado, su entente con Alemania, pese a la aparente lógica subyacente en el acercamiento de ambos dictadores. Igualmente, sin las ventajas que reportaron esas distracciones, probablemente el Führer no se habría movido con tanta rapidez en 1938.

El Gobierno británico pronto llegó a la conclusión de que una España dominada por el régimen de Franco sería independiente de Alemania y que no pondría en peligro los intereses vitales británicos. A la larga, más o menos ocurrió así. Como Wellington dijo refiriéndose a la victoria en la batalla de Waterloo, «fue por poco». La colaboración entre Madrid y Berlín, junto al interés que mostró Franco entre 1940 y 1941 en la expansión en África y en entrar en el conflicto europeo —si podía controlar en qué condiciones lo hacía—, planteó la posibilidad de que los cálculos de Londres pudieran terminar en desastre.

Derechistas franceses como Darlan, almirante de la flota gala, y el teniente coronel Louis-Henri Morel, agregado militar de la embajada francesa en España, creían que su país, por razones estrictamente geoestratégicas, debía pasar por alto la situación interna de la República y proporcionarle armas, llegando incluso a realizar una limitada intervención militar. El objetivo no era tanto derrotar a Franco —aunque esa habría sido la consecuencia de dicha política— como frustrar cualquier expansión de Alemania e Italia.

Prácticamente a la misma conclusión llegó el conservador británico Churchill. Nadie detestaba tanto como él el comunismo o cualquier otra clase de revolución izquierdista. Oficialmente defendió una postura de neutralidad, pero poco a poco fue inclinándose cada vez más hacia el lado de la República.

Como él mismo decía, como británico era partidario de las fuerzas que se oponían a la expansión alemana. Al llegar el año 1938 pensaba que la política del Gobierno británico respecto a España era soberbia e irresponsable, no en lo referente a los propios asuntos internos de este país, sino a las consecuencias de una victoria de Franco en el panorama internacional. Churchill tenía razón en que el resultado de la guerra de España creaba una situación potencialmente peligrosa en el Mediterráneo occidental, que fácilmente podría haber producido un resultado distinto y calamitoso.

Consecuencias de la guerra

Aunque la Guerra Civil no supuso el gran punto de inflexión en los asuntos internacionales al que tantas veces se ha hecho referencia, fue un desastre para España, el segundo de su historia contemporánea, solo superado por los costes de la Guerra de la Independencia[8]. Produjo una gran pérdida de vidas humanas y enormes sufrimientos, además de perturbar la evolución social, distorsionar y reprimir la vida cultural, y truncar y poner del revés el desarrollo económico, mientras se interrumpía la evolución hacia la democracia que se había mantenido hasta finales de 1935.

No es posible ofrecer cifras precisas sobre las pérdidas humanas, a pesar de la ingente historiografía que se ha acumulado,

[8] Un rasgo especial de la Guerra Civil de 1936 es que, como consecuencia de una intervención extranjera en ambos lados, después de las primeras semanas o meses, los dos bandos la denominaban también «una guerra de liberación nacional». Véase la obra de X. M. Seixas, *¡Fuera el invasor! Nacionalismos y movilización bélica durante la guerra civil (1936-1939),* Madrid, 2006. En el lado republicano se la consideraba una «guerra nacional y revolucionaria», la definición oficial mantenida por la historiografía y la propaganda soviéticas, así como en los países satélites del este, especialmente en la República Democrática Alemana, donde la «lucha antifascista» llegó a ser la base de su ideología.

más proclive a la aplicación de etiquetas políticas o a la narrativa pura que al estudio cuantitativo sistemático. No fue una guerra especialmente cruenta en cuanto al número total de bajas en las fuerzas armadas. En esto, la Guerra de la Secesión norteamericana siempre se lleva la palma, tanto en cifras absolutas como proporcionales, con sus 700.000 muertes. En España, el total de la primera guerra carlista, o el total durante los diez años de guerras entre 1868 y 1878, fue en ambos casos más alto, el primero en términos absolutos y el segundo en términos proporcionales.

Es dudoso que el número de militares muertos en ambos bandos supere en mucho los 150.000, a los que habría que añadir un mínimo de 20.000 extranjeros. Hay que recordar que la potencia de fuego en ambos bandos fue bastante limitada y que las grandes ofensivas tuvieron lugar en sectores concretos y no muy extensos. A estas cifras habría que añadir los 12.000 civiles que perecieron a causa de las operaciones militares de los dos bandos, la mayoría de ellos en zona republicana. Casi igual de mortífera fue la represión de civiles en ambos lados, con unas 55.000 ejecuciones realizadas por los republicanos y una cifra algo superior por los nacionales. Algunos estudiosos insisten en que esta última cifra duplicó las ejecuciones republicanas, pero carecemos de datos para verificarlo. Las ejecuciones masivas realizadas por los republicanos llegaron a su fin en diciembre de 1937, y las de los nacionales tres meses después, cuando Franco decretó que las condenas a muerte debían pasar por tribunales militares oficiales. Las ejecuciones políticas continuaron en los dos bandos hasta el final; las de los republicanos, en menor medida cuando entraban en territorio nuevo, mientras que las de los nacionales fueron mucho más numerosas después de la conquista de Asturias en octubre de 1936. Es dudoso que, en total, la cifra pasara de las 120.000 muertes, pero, incluso así, el dato es espantoso, por más que haya precedentes en otras guerras civiles revolucionarias.

El número total de bajas ocasionadas por la violencia de todo tipo ascendió a, aproximadamente, 280.000, pero a esta cifra hay que añadir los miles de muertos que, por encima de la media habitual, ocasionaron la tensión, las enfermedades y la desnutrición, esta última especialmente en la zona republicana, que estaba peor gestionada. El número total de víctimas que ocasionó la violencia supuso en torno al 1,1 % de la población, y si añadimos las víctimas civiles provocadas por otras razones, el número de muertes atribuible a la Guerra Civil alcanza más o menos 344.000, es decir, casi el 1,4 % de la población. A esta cifra podríamos sumar los varios cientos de miles de nacimientos que no llegaron a producirse —respecto a la tasa de natalidad normal— entre 1936 y 1940.

Pero el final de la guerra no implicó el final de las muertes. En virtud de la Ley de Responsabilidades Políticas promulgada por Franco en febrero de 1939, varios cientos de miles de republicanos fueron juzgados por tribunales militares durante los primeros años de la posguerra y muchos fueron investigados por delitos de sangre. Los cálculos y especulaciones sobre la cantidad total de ejecuciones varían enormemente. El único estudio general sistemático de archivo es la investigación de las sentencias de los tribunales del Ejército emprendida por Miguel Platón, todavía no finalizada. Sus conclusiones preliminares arrojan una cifra total de 25.000 penas de muerte, de las cuales casi la mitad fueron conmutadas por Franco. A la cifra de más de 12.500 ejecuciones hay que añadir las dictadas por otros tribunales y las ejecuciones de venganza que llevaron a cabo, por ejemplo, los falangistas.

Por otra parte, las prisiones estaban a rebosar. A la gran mayoría de los soldados rasos republicanos se les permitió regresar a casa, pero aquellos que eran culpables de delitos o debido a sus afiliaciones políticas se les condenó a penas de varios años de trabajos forzados en batallones penales militares. A finales de 1939, la población reclusa nacional se situó en 270.000 personas, una cifra imposible de manejar que se redujo mediante una serie consecutiva de indultos. Pasados dos años, el número de presos cayó hasta los 160.000, situándose en 54.000 a finales de 1944. Este número siguió disminuyendo progresivamente, pero la población reclusa no recuperó las cifras prebélicas hasta la década de 1950.

Finalmente, las consecuencias del sufrimiento bélico y de las terribles condiciones sociales y económicas de los primeros años de la posguerra produjeron un mínimo de entre 200.000 y 300.000 muertes por encima de la media habitual[9]. Más de medio millón de personas huyeron del país durante la contienda, la mayoría procedente de la zona republicana, aunque muchas de ellas no tardaron en regresar. Con estos datos, la emigración neta fue de unas 170.000 personas, cuyo grupo más numeroso se asentó en el sur de Francia.

En conjunto, las repercusiones demográficas fueron menores de lo esperado y solo retrasaron ligeramente el crecimiento de la población. En el censo de 1930 aparecían 23.564.000 ciudadanos residentes, pero durante los cinco años posteriores, antes de que estallara la guerra, se había producido el retorno de cientos de miles de emigrantes temporales —que se habían marchado en busca de oportunidades económicas truncadas por la depresión—, de manera que, a pesar de las pérdidas bélicas, según el nuevo censo de 1940 había una población residente de 25.878.000 personas. Esta conclusión la refrendó el censo realizado diez años después. Por otra parte, los reclutas militares de 1940 tenían una altura media de medio centímetro más que los de 1935, lo que demuestra que, en términos generales, no se había producido una disminución de los niveles de nutrición y bienestar físico pese a las condiciones en que había vivido la población en la zona republicana durante el último año de la guerra.

La guerra acabó con el 10 % de la riqueza nacional. En comparación con los niveles de preguerra, la producción total de 1939 cayó un 21 % en la agricultura y un 31 % en la industria. El producto interior bruto se redujo en un 26 % y la renta per

---

[9] El año 1941 batió el récord en el índice de mortalidad, alcanzando las 124.000 muertes por encima de la media, en gran parte por las condiciones de semihambruna de aquellos meses.

cápita, un 28 %. Muchos obreros urbanos regresaron al campo, de modo que, aunque durante años la producción de alimentos fue inferior, la población dedicada a labores agrícolas aumentó temporalmente hasta superar otra vez el 50 % de la mano de obra.

Los sublevados consiguieron maximizar la producción en su propia zona, pero no supieron replicar ese éxito en la España de posguerra. En todo el país se impuso un ambicioso programa de autarquía económica que, con una compleja burocracia y estrictos controles y normativas, provocó un efecto contrario y en algunos aspectos frenó la producción. Además, la época de la Segunda Guerra Mundial implicó para España una enorme escasez —y como consecuencia un enorme sufrimiento para la población, ya que para una gran parte de ella fue una época aún peor que la propia Guerra Civil— porque se impusieron numerosas restricciones al comercio: las importaciones se redujeron y eran notoriamente insuficientes, en parte por las estrechas relaciones con el Tercer Reich y las dificultades que mantenía el régimen con los angloamericanos. El nivel de vida no comenzó a mejorar de modo significativo hasta después de 1945. Para 1942 lo peor ya había pasado, pero solo en 1951 se alcanzó el nivel de renta per cápita de la época prebélica.

Además, como gran parte de los suministros recibidos de Italia y Alemania se habían adquirido a crédito, el régimen franquista debía 215 millones de dólares al régimen nazi, y 355 millones al fascista. Generosamente, Mussolini condonó un cuarto de la deuda contraída con Italia, mientras el resto se devolvió puntualmente, a plazos, entre 1942 y 1962, en su mayoría en divisas muy depreciadas por la inflación que se produjo después de la guerra mundial. La deuda alemana se abonó principalmente mediante exportaciones realizadas entre 1939 y 1944, que supusieron un gran peso para la economía.

Durante la guerra, Franco desarrolló un Estado de cuño semifascista y de partido único, así como un complejo aparato de propaganda, elementos que se conjugaban con un ferviente catolicismo y un insistente énfasis en la cultura tradicional. El nuevo dictador se volvió arrogante y soberbio; estaba convencido de que su victoria había sido un milagro y de que había sido elegido por la divina providencia como el legítimo gobernante de España, sin límites temporales. Aunque Franco no había perdido del todo su prudencia innata, su régimen se proclamó no solo nacionalista, sino «imperial», mostrando su ambición por ocupar un lugar mucho más importante en el mundo.

10
La estrategia de Franco en la Segunda Guerra Mundial

El pacto secreto con Hitler

Durante seis años aproximadamente, entre 1937 y 1943, el régimen de Franco llevó a cabo una política exterior «imperial»; es decir, esperaba desempeñar un papel relevante a nivel internacional, con opciones para adquirir más territorio colonial, presumiblemente en África, si bien carecía de planes concretos para lograrlo porque dependía completamente de las alteraciones de las relaciones y del equilibrio de poder internacionales. Con la firma de tratados de amistad y cooperación con Berlín y Roma, la orientación del Gobierno tomó un rumbo definido, aunque no se había establecido una alianza oficial que situara a España en el lado del Eje. En los meses siguientes al final de la Guerra Civil, Franco, como todo el mundo, esperaba el estallido de una guerra europea, pero no había duda de que España no estaba en condiciones de librar otra contienda bélica, debido sobre todo a su maltrecha situación económica.

El Estado Mayor de la Marina había preparado una propuesta enormemente ambiciosa —en junio de 1938 y en abril de 1939— sobre la construcción, en once años, de cuatro acorazados y otros muchos barcos de guerra por 5.500 millones de pesetas, a un ritmo de gasto de unos 500 millones anuales. El Gobierno aprobó el plan, pero nunca hubo fondos para llevarlo a la práctica, y lo mismo ocurrió con el proyecto del nuevo ministro del Aire para construir una fuerza aérea de 3.200 aviones. Los planes de la Marina implicaban que, en el caso de que estallara una guerra europea, España apoyaría al «grupo autárquico» —eufemismo para referirse a las dictaduras fascistas—, pero manteniendo siempre cierto grado de «libertad» e «independencia». De esa forma se podría «romper el equilibrio» entre el Eje y sus enemigos, y España se convertiría en «la clave de la situación», en el «árbitro de los dos bloques»[1]. Pura fantasía. La verdad es que, durante los pocos meses transcurridos entre el final de la guerra española y el comienzo de la europea, la calidad de las fuerzas armadas españolas había caído en picado, ya que el Estado no tenía dinero ni para adquirir armas nuevas ni para mantener adecuadamente las que el Ejército poseía. Así pues, cuando comenzaron las hostilidades en septiembre de 1939, Franco hizo un intento de mediación entre los futuros contendientes que no recibió una respuesta positiva, y posteriormente declaró la neutralidad.

El panorama de la guerra cambió de un modo dramático con la inesperada y rotunda victoria de Alemania sobre Francia en mayo-junio de 1940. Entonces, el embajador español, José Félix de Lequerica, negoció el armisticio que puso fin al conflicto. Stalin y Mussolini estaban alineados con Hitler, y los pocos jefes de Estado que se mantenían independientes en la Europa continental —a excepción del suizo— esperaban que ocurriera algo parecido. Entre ellos, Franco, que escribió a Hitler una carta muy halagüeña, el 3 de junio, felicitándole por haber ganado «la mayor batalla de la historia» y declarando que «mi pueblo [...] siente como propia» esta campaña, ya que en España «vuestros soldados compartían con nosotros la guerra contra los mismos enemigos, aunque camuflados». Y concluía: «No necesito asegurarle cuán grande es mi deseo de no permanecer ajeno a sus

[1] Sobre los documentos citados, véase M. Heiberg, *Emperadores del Mediterráneo: Franco, Mussolini y la Guerra Civil española,* Barcelona, 2004, págs. 196-198.

preocupaciones y cuán grande mi satisfacción de prestarle en cada momento los servicios que Ud. considere como los más valiosos»[2].

Franco, como todos los demás dictadores de la época, pensaba en su propia «guerra paralela» o, al menos, «campaña paralela», a la sombra de la expansión del Tercer Reich. De ese modo Stalin había creado todo un imperio en el este de Europa, ocupando los tres Estados bálticos, la mitad oriental de Polonia y el noreste de Rumanía. Mussolini soñaba con un imperio propio en el este del Mediterráneo y el sur de los Balcanes; Hungría había establecido una entente con Alemania y vivió la expansión de su territorio, mientras que, en 1941, Rumanía se alió con Hitler para recobrar el territorio robado por Stalin y ocupar, además, el suroeste de Ucrania. No era extraño que Franco pensara en formar parte de ese grupo.

El primer paso para conseguirlo se diseñó durante el colapso de Francia. Rápidamente se concibió un plan para que las fuerzas españolas entraran en Marruecos y lo ocuparan *manu militari,* confiando en que los franceses no se resistirían. La tentación duró poco porque pronto quedó claro que los términos de la paz negociada por Lequerica implicaban que los franceses dispondrían de toda la fuerza necesaria para resistir, ya que Hitler les permitía quedarse con una parte importante de su antiguo poder militar.

Cuando comenzó la guerra, Mussolini declaró la «no beligerancia» de Italia, un estatus novedoso no reconocido por la ley internacional. Italia no quería ser completamente neutral, sino adoptar cierto favoritismo hacia su aliado alemán. Posteriormente, el Duce declaró la guerra, el 10 de junio de 1940 —mientras Francia caía— y le sugirió a Franco que España se declarase también «no beligerante», consejo que Franco siguió y materializó oficialmente el 12 de junio. Pero en esos días Hitler no pensaba en España, por lo que contestó a la carta de

---

[2] United States Department of State, *Documents on German Foreign Policy,* Washington, D. C., 1950, 9, págs. 605-606.

Franco dándole las gracias, pero sin solicitarle el menor gesto de acercamiento.

La situación comenzó a cambiar hacia finales de julio, cuando Hitler se dio cuenta de que el Gobierno británico no estaba dispuesto a rendirse. Entonces se planteó la idea de usar España para tomar Gibraltar y cerrar el Mediterráneo, subvirtiendo la posición de Gran Bretaña en el Próximo Oriente. Una comisión de Franco venía estudiando el problema de Gibraltar desde el año anterior —incluso se organizaron algunas posiciones de ataque—, y se había llegado a la conclusión de que España no poseía ni la artillería ni la fuerza aérea necesarias. Pero entonces un equipo técnico de militares alemanes llegó a la Península para analizar la situación y de ese modo Franco comenzó las negociaciones con Alemania.

Ramón Serrano Suñer, cuñado de Franco y ministro de Gobernación, actuó de jefe de una delegación que llegó a Berlín en el mes de septiembre. Concedió una entrevista al *Völkische Beobachter,* el periódico oficial del Partido Nacionalsocialista, en la que afirmó que España y Alemania eran «aliados naturales», con intereses perfectamente compatibles y nunca contrapuestos. Aun así, en una carta que Franco envió mientras Serrano Suñer se encontraba en Berlín, decía: «Hay que protocolizar el futuro y, aunque no hay duda en nuestra decisión, tenemos que pensar las particularidades del acuerdo y las obligaciones de las partes»[3].

Pero eso no era tan fácil. Franco siempre exigió tres cosas: 1) no solo la devolución de Gibraltar, sino de todo Marruecos, y, con menos insistencia, del noroeste de Argelia y bastante territorio francés en África occidental; 2) una gran cantidad de armas y ayuda militar, y 3) ayuda económica cuantiosa. Hitler aceptó los dos últimos puntos, pero, aparte de Gibraltar, las demás reclamaciones territoriales quedaron en meras vaguedades. Además, Joachim von Ribbentrop, el ministro alemán de Exteriores, habló de una posible cesión a Alemania de una de las islas Cana-

---

[3] R. Serrano Suñer, *Memorias,* Barcelona, 1978, págs. 342-348.

rias —como si fueran colonias y no una parte del país— para utilizarla como base militar. Esta petición fue rechazada por los españoles, y finalmente se decidió que las negociaciones terminarían en un encuentro personal entre el Führer y el caudillo, encuentro que tuvo lugar en Hendaya el 27 de octubre de 1940, sin duda el día más famoso y, quizá, el más importante de la vida de Franco.

Franco tenía la costumbre de escribir notas y memorandos, a veces muy breves, para analizar los principales problemas a los que se enfrentaba. Antes del encuentro, preparó dos que revelaban su estado de ánimo. En uno escribió: «España no puede entrar por gusto», o sea, que era absolutamente necesario llegar a un acuerdo específico en el que se detallara qué obtendría España si entraba en la contienda. Y en el otro, refiriéndose a una conversación reciente entre Lequio, el embajador italiano, y un diplomático español, dijo: «Lequio a Fontanar: Que Italia había perdido la guerra pues si al final ganara Alemania les trataría mal por lo poco que pesaron, que de eso están convencidos muchos. Y que si la pierden del todo no se dejará. Que España llegado el caso, si queda fuera, puede ayudar a salvarles»[4]. Lo interesante de esta reflexión es que Franco siempre pensó en las ventajas de no entrar en la guerra, incluso también para Alemania, como explicó al embajador germano tres años después.

Sin embargo, en Hendaya, los dos lados creían que podrían llegar a un acuerdo. Aunque Hitler le comunicó a Franco que en ese momento no podía garantizarle la ocupación de todo Marruecos, porque era de vital importancia para él el apoyo económico y político del nuevo régimen francés de Vichy —un satélite alemán—, sí le aseguró que todo se arreglaría después de la victoria final. Franco siguió pidiendo una garantía, pero Hitler exigió que España firmara una alianza cuanto antes. A cambio aceptó que por el momento se mantuviese en secreto y se anun-

---

[4] Fundación Nacional Francisco Franco, *Documentos inéditos para la historia del Generalísimo Franco,* Madrid, 1992, 2, págs. 380-381

ciase solo cuando España entrase en la guerra. Ese mismo otoño, Hitler ordenó la preparación de un cuerpo especial de 70.000 soldados alemanes en las montañas del este de Francia para acometer la conquista de Gibraltar a los pocos meses.

El 11 de noviembre de 1940 Serrano Suñer, entonces ministro de Exteriores, firmó dos tratados secretos por los que España se convertía en aliado de Alemania, al igual que Italia. Ni Rusia, ni Japón, ni la Francia de Vichy, ni Hungría habían establecido acuerdos semejantes, ya que el Gobierno español firmó tanto el tratado militar con las dos potencias fascistas —el llamado Pacto del Eje— como el Pacto Anti-Comintern con Berlín, Roma y Tokio. Franco procedió a la firma en aquel momento porque Hitler insistió y porque, como hemos señalado, los dos acuerdos se harían públicos solo en el momento en que España entrara en la guerra, que no tenía una fecha específica (se determinaría mediante un acuerdo futuro entre Madrid y Berlín). En otras palabras, Franco aún conservaba el control del destino de España y podía posponer esa fecha cuanto quisiera, como así hizo. Pero, en aquellas semanas, la presión era fuerte y, en teoría, según él mismo decía, estaba dispuesto a intervenir cuando las condiciones económicas fueran más propicias.

Probablemente, el mejor análisis comparado de la política de Franco es el de Javier Tusell, que señala que es toda una paradoja el hecho de que puedan cotejarse las posiciones de Franco y de Stalin. Cuando se produjo la invasión de Polonia, Stalin intervino tarde y consiguió una ventaja territorial parecida a la de Alemania, y en comparación solo tuvo una vigésima parte de las bajas de esta. La ocupación de los países bálticos por la Unión Soviética se hizo aprovechando las victorias alemanas y sin ningún coste. Y fue en ese momento cuando Franco se ofreció para entrar en la guerra, ya que, sin duda, habría querido hacer en el Marruecos francés algo parecido a lo que había hecho Stalin en los países bálticos[5].

---

[5] J. Tusell, *Franco, España y la II Guerra Mundial,* Madrid, 1995, págs. 647-648.

La invasión de Portugal, lucha contra Inglaterra

Cinco días después del encuentro en Hendaya, Mussolini se lanzó a la ocupación militar de Grecia. Mientras tanto, dentro del propio Gobierno de Franco se especulaba —principalmente, según parece, Serrano Suñer— sobre la posible invasión de Portugal, y, en efecto, se ordenó al Estado Mayor Central que preparase un plan con ese objetivo. Si leemos los detalles del «Plan de Campaña N.º 1»[6] presentado a Franco en diciembre de 1940, entendemos por qué no era aconsejable entrar en la guerra europea.

Las partes más inquietantes del informe empezaban en la sección titulada «Premisas y análisis de los medios del Ejército de Tierra», que contenía la idea de que «la campaña de Portugal no debe considerarse una acción aislada, sino que, en íntima conexión con Inglaterra, representa uno de los aspectos de la lucha contra esta última Nación». Dicha campaña provocaría, casi inevitablemente, una lucha más extendida para, en teoría, defender toda la costa peninsular y el Protectorado, y también las islas, así como las comunicaciones con estas, ante una posible represalia británica. Asociada a esta problemática estaba la cuestión de los «elementos para conquistar o, al menos, neutralizar la región de Gibraltar».

Una limitación fundamental era que, si se llevaba a cabo la movilización militar total, prevista en un informe de la Junta de Defensa Nacional de octubre de 1939, que contemplaba la movilización de un millón de hombres —un número equivalente a todas las fuerzas de Franco al final de la Guerra Civil—, no habría armas para todos, pues la artillería estaba «muy deteriorada». Se poseía una cantidad suficiente de ametralladoras y morteros ligeros, pero había pocas armas de mayor potencia. El Ejército disponía de cuatro regimientos de artillería antiaérea, «a todas luces insuficientes»; las municiones solo eran adecuadas para una campaña breve y los últimos ejerci-

[6] Archivo de la Fundación Nacional Francisco Franco, leg. 68, doc. 2803.

cios militares habían demostrado que «en cartuchería hay muchos fallos».

Además, «según el estudio realizado por el Ministerio del Ejército para la realización de un programa de armamentos, se calcula que, hasta el año 1946, no se estará en condiciones de disponer del armamento necesario para todas las unidades que resulten del primer desdoblamiento de las unidades permanentes». Había carencia de caballos, de radios, de mantas y de otros muchos enseres. La caballería tan solo disponía de cuatro regimientos de carros blindados —principalmente tanques de origen soviético incautados a los republicanos durante la Guerra Civil— sin posibilidad de reemplazarlos. El Ejército tenía 12.000 camiones —de origen italiano, soviético y norteamericano— y se calculaba que podrían transportar a poco más de tres divisiones de infantería.

Serían necesarios quince días para la movilización mínima de diez divisiones de infantería, la única división de caballería, los cuatro regimientos de blindados y varias unidades pequeñas de apoyo. Asimismo, se emplearía una división de la reserva, dos divisiones para mantener la seguridad en la base británica de Gibraltar y siete divisiones en Marruecos. Y de nuevo se señalaba que «la penosa y dolorosa impresión que se deduce de lo expuesto ha sido soslayada para la redacción del estudio-propuesta de un plan de operaciones, porque suponemos que, aun en el caso de que tuviera que realizarse en las condiciones actuales, seríamos ayudados en el material por el grupo de países aliados, pues, hoy día, las guerras se desarrollan entre grupos de Naciones».

Aunque la movilización general incrementaría el tamaño de las fuerzas españolas, era de esperar que Portugal también declararía la movilización y que, como el plan concluía, «los habitantes nos serán hostiles». Por eso, las diez primeras divisiones no serían suficientes para toda la campaña y se hacía imprescindible emplear nueve más. También resultaba indispensable llegar cuanto antes a Lisboa y a la costa portuguesa para reducir la resistencia y ocupar posiciones de defensa con el fin de repeler un ataque británico. Posteriormente se destinarían dos divisiones a

Galicia y Asturias, dos para la costa de Santander, el País Vasco y el Pirineo occidental, dos más para Cataluña y el Pirineo oriental, una para Levante y dos más para el sur de la Península.

Si todo esto funcionaba, «las resistencias podrán ser fácilmente arrolladas». Sin embargo, no se contemplaba la ocupación directa de Lisboa hasta la segunda fase de movilización completa y, para facilitarla, se recomendaba lanzar dos pequeñas invasiones secundarias con el fin de distraer y dividir la resistencia. Más adelante, teniendo en cuenta el conjunto de la situación militar prevista en lo referente a la defensa en caso de un ataque exterior, se volvía a poner el énfasis en que «la escasez de material de Artillería se manifiesta en este aspecto de la defensa más que en ningún otro».

Las últimas secciones de este plan —tenía 130 páginas— trataban de la Marina y de la fuerza aérea, y se ponía el dedo en la llaga al concluir que «la consecuencia inmediata de una guerra con Inglaterra sería la pérdida absoluta de las comunicaciones marítimas atlánticas y la incomunicación con Canarias, territorio del Sáhara y Guinea [...]. Es primordial tener que asegurar las comunicaciones y la Zona del Protectorado». También se sugería que se podrían emplear submarinos para ayudar en esta tarea, porque «la acción que con nuestros barcos de superficie podríamos ejercer sobre las fuerzas inglesas es nula». Se estimaba que era posible que Estados Unidos ayudara de alguna forma no especificada a Inglaterra y, dado «lo exiguo de nuestro poder naval», se expresaba la esperanza de que se pudieran sustituir las importaciones atlánticas perdidas por otras alemanas o del Mar Negro, sin que esta última posibilidad quedara muy clara.

Al analizar los dispositivos aéreos, la situación no era más halagüeña. De los 275 aviones que en ese momento formaban la fuerza aérea española, solo había dieciocho aparatos de caza y treinta y seis bombarderos en buenas condiciones. Además, no cabía la posibilidad de sustituirlos y no había dinero para repararlos. Por ello, la única opción viable era un ataque inicial contra Portugal, tras el cual todo dependería del apoyo de los que se denominaban «nuestros aliados», que tendrían que ofrecer a España nada menos que seis grupos de bombarderos, tres grupos de cazas y otros tres de aviones de reconocimiento.

La posibilidad de un ataque a Portugal es aún más sorprendente si tenemos en cuenta que hacía solo cinco meses que Salazar y Franco habían firmado un acuerdo de defensa mutua, y por esas mismas fechas el dictador portugués había manifestado que estaba dispuesto a interpretar la tradicional alianza angloportuguesa de tal manera que Portugal no pondría ningún obstáculo a una posible acción española sobre Gibraltar[7].

Franco da largas a Hitler

La realidad es que, mientras Serrano Suñer firmaba los acuerdos con Alemania —el 11 de noviembre— Franco albergaba cada vez más dudas y daba la callada por respuesta. Finalmente, la falta de noticias afirmativas por parte de Madrid hizo que Hitler enviara a España a su jefe de inteligencia militar, el almirante Wilhelm Canaris, que hablaba perfectamente castellano. Reunido con Franco el 10 de diciembre, la respuesta que obtuvo del español fue que las desastrosas condiciones económicas del país imponían la necesidad de posponer la entrada en la guerra.

Mientras tanto, Hitler barajaba distintas opciones para continuar la guerra. Una de ellas era ayudar directamente a Italia y extender el dominio del Eje a toda la cuenca del Mediterráneo e incluso al Próximo Oriente; otra, invadir Inglaterra —y así lo hizo en los primeros meses de 1941, cuando la Luftwaffe bombardeó la isla en la última fase de la llamada Batalla de Ingla-

[7] Salazar no pudo firmar ningún documento a este respecto, y parece que tal gesto nunca pasó de ser una mera garantía verbal, totalmente secreta, según el informe del embajador alemán en España, Eberhard von Stohrer, el 20 de agosto de 1940. *Documents on German Foreign Policy,* Serie D, 10, pág. 515. Véase M. Ros Agudo, *La guerra secreta de Franco (1939-1945),* Barcelona, 2002, págs. 61-62.

terra[8]—, y una tercera, invadir la Unión Soviética, acción que ya había decidido en diciembre de 1940. Entre tanto, los representantes alemanes continuaban presionando a Franco. Ribbentrop escribió al caudillo una carta contundente y, en febrero de 1941, el propio Hitler envió una misiva bastante dura, con frases subrayadas de su propia mano, en la que advertía que Franco debía hacer lo posible para apoyar una victoria militar alemana, insistiendo en que no existía la menor posibilidad de que el régimen franquista sobreviviera a una derrota del Eje.

En abril de 1941, la *Blitzkrieg* alemana llegó por vez primera al Mediterráneo con la conquista de Grecia y Yugoslavia. Parece que esto causó una profunda impresión en Franco y, a finales de abril, el Estado Mayor de la Marina dio instrucciones avisando a todos los barcos mercantes españoles de la entrada de España en la guerra. Pero esos mensajes nunca fueron expedidos porque Franco no podía decidirse a apretar el gatillo. Y así, durante más de dos años, el caudillo contestó a los alemanes en los mismos términos. Siempre enfatizaba que todas sus simpatías estaban con Alemania e Italia, que no había la menor duda de que España entraría en la guerra a su lado, pues eso era lo que ya se había decidido en Hendaya, pero seguía sin fijar la fecha. Así pues, los tratados secretos nunca se llevaron a la práctica y el más importante de los dos, la alianza militar con el Eje, dejó de estar en vigor, en sus términos originales, en diciembre de 1941, cuando Hitler convirtió el pacto con Italia y Japón en una alianza oficial de guerra contra Gran Bretaña y Estados Unidos. Alinearse con esa alianza ni mucho menos era la idea que Franco tenía en mente cuando se reunió con Hitler en Hendaya.

La invasión de la Unión Soviética en junio de 1941 suscitó un gran entusiasmo en España, incluso entre algunos antifascistas, como fue el caso de los carlistas. El Gobierno respondió con la creación de la División Azul —originalmente voluntarios falangistas—, que fue enviada a la URSS para participar en la opera-

---

[8] El mejor análisis de esta situación se encuentra en R. Forczyk, *We March Against England. Operation Sea Lion, 1940-1941,* Oxford, 2016.

ción, pero realmente fue un alivio para Franco, que veía cómo la atención de la guerra se desplazaba hacia el este y la presión alemana sobre él disminuía considerablemente. La no intervención directa en la contienda no implicó, sin embargo, que Franco no cooperara con los alemanes en casi todas sus actividades, desde favorecer la existencia de un comercio orientado claramente a las necesidades del Reich —por ejemplo, la exportación de wolframio, cada vez más importante— hasta realizar numerosas operaciones de espionaje e inteligencia militar, pasando por hacer una intensa propaganda —el «Grosse Plan»— que contaba con la destacada colaboración de la prensa española, llevar a cabo diversos actos de sabotaje contra barcos de los Aliados durante más de un año —lo que provocó una enérgica protesta de Londres—, abastecer a submarinos alemanes en varios puertos clave españoles —la llamada Operación Moro— y utilizar la marina mercante española para llevar suministros a las tropas alemanas, tanto en el norte de África como en el oeste de Francia en 1944-1945. Todo esto aparece muy bien detallado en el estudio citado de Manuel Ros Agudo.

Durante algún tiempo, la entrada de Estados Unidos en la guerra a finales de 1941 no tuvo el menor efecto ni en la política ni en la actitud de las autoridades españolas. En la primera mitad de 1942 se produjeron diversas victorias de Alemania y Japón, hasta el desastre naval japonés, en el mes de junio, tras la batalla de Midway. Por ello, el ministro del Aire, el general Juan Vigón, señaló en una carta privada, en abril de 1942, que pensaba ahorrar el suficiente petróleo como para permitir que la raquítica fuerza aérea española luchara al menos dos semanas en el Mediterráneo, lo que, sin embargo, nunca sucedió.

Durante esos meses, Franco confiaba —incluso más que nunca— en la victoria de Alemania. El 17 de julio de 1942, en la ceremonia del sexto aniversario de la insurrección militar, pronunció un discurso claramente proalemán ante el Consejo Nacional del Movimiento. Con duras palabras, el dictador condenaba a los «eternos enemigos» de España, en clara alusión a Gran Bretaña, Francia y Estados Unidos, que persistían en «intrigas y acciones» contra la nación. Afirmó con orgullo que «en nuestros campos se dieron y se ganaron las primeras batallas» del conflicto que ahora se desarrollaba en Europa, e insistió en que «ni el continente americano puede soñar con intervenciones en Europa sin arriesgarse a una catástrofe. [...] En esta situación, el decir que la suerte de la guerra puede torcerse por la entrada en acción de un tercer país es criminal locura [...]. Se ha planteado mal la guerra y los Aliados la han perdido». Y concluía alabando a Alemania por entablar «la batalla que Europa y el cristianismo desde hace tantos años anhelaban, y en la que la sangre de nuestra juventud va a unirse a la de nuestros camaradas del Eje, como expresión viva de solidaridad»[9]. Estas fueron las palabras públicas de Franco más imprudentes de toda la guerra, y solo cinco meses después las lamentaría.

Cambia el signo de la guerra: neutralidad y desfascistización

El primer gran punto de inflexión de la guerra en el oeste llegó con el desembarco de las tropas angloamericanas en el noroeste de África en noviembre de 1942. Antes de la invasión, tanto Roosevelt como Churchill habían enviado sendas cartas oficiales a Franco para asegurarle que esta operación no iba dirigida contra España y que tanto el territorio como los intereses españoles serían respetados. La primera reacción del régimen fue un memorando del capitán Luis Carrero Blanco, secretario de la Presidencia de Franco, en el que analizaba la situación y concluía que Alemania aún podía ganar la guerra. Poco antes, en septiembre de ese mismo año, se había producido el relevo de Serrano Suñer como ministro de Exteriores debido a cuestiones meramente personales y familiares de Franco. Lo que este nunca

[9] *Arriba,* 18 de julio de 1942. No es necesario apuntar que este imprudente discurso no fue incluido en las posteriores ediciones de las *Palabras del Caudillo.*

hubiera podido imaginar es que el nuevo ministro, el teniente general Francisco Gómez-Jordana —que ya había ocupado ese mismo cargo en 1938-1939—, discrepaba de su política exterior y que su propósito era guiar al país, durante los dos años siguientes, hacia la neutralidad.

Tras el desembarco de los Aliados, lo que de verdad cambió el rumbo de la guerra fue el éxito militar de la operación durante los meses que siguieron, junto con el desastre alemán en Stalingrado. Cuando Carrero Blanco preparó su nuevo memorando el 18 de diciembre de 1942, concluyó que Alemania no parecía estar en condiciones de responder adecuadamente ni en el frente ruso ni en África; que la guerra sería muy larga y que Alemania, probablemente, no sería capaz de obtener una victoria rotunda, lo que, incluso, podría conducir a un nuevo acuerdo entre Hitler y Stalin. Carrero, que era muy católico, no se hacía las mismas ilusiones que Franco respecto al régimen nacionalsocialista y señaló al caudillo que apenas había diferencias, ni morales ni políticas, entre las ideologías de Berlín y de Moscú: «Forzoso es reconocerlo, [la Alemania nazi] no presenta ninguna divergencia fundamental de tipo religioso y espiritual» respecto a la Unión Soviética. La situación estratégica se había vuelto tan desesperada que ya no cabía considerar la posibilidad de que España entrara en el conflicto directamente. Para prevenir una catástrofe en Europa, España debía convencer a los ingleses de que cambiaran su política y llegaran a un acuerdo con Alemania[10].

Este fue el cambio que se introdujo en la política española durante la primera mitad de 1943, cuando Madrid llevó a cabo una serie de intentos —todos frustrados— de mediar entre Alemania y las dos grandes potencias occidentales, Gran Bretaña y Estados Unidos. Incluso se planteó la idea de crear una entente de «neutrales», que incluiría a países satélites de Alemania,

---

[10] Los textos de los memorandos de Carrero Blanco están citados en la obra de J. Tusell, *Carrero: la eminencia gris del régimen de Franco,* Madrid, 1993, págs. 87-90.

como Hungría, Eslovaquia y el régimen títere croata, para empezar las negociaciones. Todo esto irritó a los alemanes, y aunque Franco contestaba a sus quejas con cierto aire de inocencia, después de algunos meses fue preciso abandonar esta descabellada iniciativa.

De hecho, los cinco primeros meses de 1943, mientras tenía lugar la encarnizada lucha en Túnez, fueron el periodo de mayor peligro para España durante toda la guerra. El riesgo de una invasión, tanto de un lado como del otro, se hizo evidente, e incluso tuvo lugar una rápida expansión militar, si bien quedó claro que las armas españolas no eran las adecuadas. Los ministros falangistas deseaban entrar directamente en la guerra al lado de Alemania, pero Franco se resistía a sus demandas sin demasiada dificultad. Afortunadamente para España, los planes de ambos lados solo eran uno el reflejo opuesto del otro. Es decir, Hitler planeaba entrar en la Península únicamente si los Aliados invadían el país, y el de estos era esencialmente el mismo, pero al contrario: sòlo intervendrían si Hitler ocupaba España.

El siguiente cambio fundamental tuvo lugar con la invasión aliada de Italia y el derrocamiento de Mussolini a manos de los líderes de su propio partido fascista en julio de 1943. Este fue uno de los golpes más duros sufridos por el régimen de Franco durante la guerra mundial, ya que el sistema político italiano era casi un modelo para el caudillo. Inevitablemente, en Madrid estallaron los rumores sobre la posibilidad de que algo semejante ocurriera en España.

La adopción de un modelo político semifascista en 1937 respondía al deseo de imitar las tendencias más modernas en Europa, así como de consolidar el poder personal de Franco. Pero debido a esas mismas influencias europeas, el dictador se dio cuenta de que las cosas debían cambiar, al menos en su vertiente externa. Así pues, en agosto de 1943, el régimen empezó un lento y larguísimo proceso de desfascistización, suprimiendo términos como «totalitario» y cualquier tipo de comparación con los regímenes fascista italiano o nacionalsocialista alemán. Un mes después se aprobó la retirada de la División Azul —aunque unas pocas tropas se mantuvieron en la Unión Soviética bajo la denominación de Legión Azul—, y en octubre de 1943 apareció por primera vez en la prensa oficial una referencia directa a la «neutralidad de España». Sin ninguna proclamación formal, la «no beligerancia» había terminado, aunque perduraron por algún tiempo diversas cuestiones relacionadas con el compromiso de colaboración con Alemania. Posteriormente, Franco explicó al embajador de Berlín, con cierta complacencia, que su régimen siempre había perseguido lo mejor para Alemania y que a esto había contribuido el que España no hubiera intervenido directamente en la guerra. De haber sido así, insistía Franco, la participación militar de España habría sido nefasta para los intereses de Alemania, como lo fue la de Italia. La política española había beneficiado a Alemania desde el principio y, en efecto, el argumento tenía mucho de lógico y de cierto.

Cuando se hizo evidente que los Aliados iban ganando la guerra, Washington —más que Londres— comenzó a apretar las tuercas a Franco, anunciando, a finales de enero de 1944, un embargo de petróleo. La consecuencia de esta medida habría sido la parálisis de la economía española, por lo que, después de algún que otro intento desesperado de resistir, Franco tuvo que doblegarse a las exigencias norteamericanas. Así fue como se puso fin a casi toda la colaboración con Alemania, tanto en cuestiones económicas como militares, manteniendo una cierta cooperación de carácter menor hasta la caída del Reich.

Durante el último año de la guerra en Europa, Franco se vio obligado a realizar numerosos cambios y reajustes para lograr su supervivencia política. En el verano de 1944 aceptó el hecho de que Alemania sería totalmente derrotada y aniquilada como potencia. La victoria de Stalin, que ocuparía gran parte del centro de Europa, le parecía un desastre y, en octubre, Franco escribió una carta personal a Churchill en la que hablaba de la necesidad de crear una alianza angloespañola en la posguerra para salvar el occidente de Europa. Churchill no tenía una opinión demasiado negativa de Franco, pero, como aliado de guerra de Stalin, tuvo que rechazar su iniciativa con firmeza.

Así pues, el régimen de Franco sufrió un ostracismo casi total al final de la Segunda Guerra Mundial y fue excluido de la Conferencia de San Francisco, que aprobaría la creación de las Naciones Unidas en 1945. Poco después, el nuevo Gobierno izquierdista francés cerró la frontera con España y, antes de que acabara 1946, los embajadores de las naciones más importantes abandonaron Madrid. Franco y su régimen quedaban solos, aunque el aislamiento nunca fue tan absoluto como tantas veces se ha afirmado[11].

Como es bien sabido, fue la Guerra Fría la que salvó a Franco, pero es justo señalar que el caudillo tuvo una visión más certera de la posguerra que el propio Roosevelt, por ejemplo, o que la oposición izquierdista. En 1944 era imposible que Churchill contestara afirmativamente a la carta de Franco, pero lo cierto es que el líder británico estaba más de acuerdo con el dictador español que con el presidente norteamericano. Ante la ocupación de todo el este de Europa central por parte del Ejército soviético, Churchill propuso la *Operation Unthinkable* (Operación Impensable), cuyo propósito era forzar la retirada de los soviéticos de la zona[12]. Estaba claro que no había ninguna posibilidad —por motivos políticos, militares e incluso psicológicos— de librar una campaña de semejante magnitud, pero el hecho de que Churchill la planteara era una señal clara de la nueva realidad de la Europa de posguerra. Y el astuto dictador español, que se había equivocado en bastantes ocasiones —nunca fatalmente—, contaba con eso.

---

11 Por ejemplo, respecto a las relaciones económicas internacionales, véase F. Guirao, *Spain and the Reconstruction of Western Europe 1945-57,* Londres, 1998, págs. 1-146.

12 Hay un análisis detallado en J. Walker, *Operation Unthinkable,* Stroud, 2013.

11
El franquismo (1936-1975)

El régimen de Franco fue un paréntesis en la Historia de España; eso sí, un paréntesis que duró cuatro décadas y que, cuando terminó, dejó un país totalmente transformado. En toda la historia de Europa, ningún otro régimen de duración equivalente ocasionó una transformación de esta magnitud. Coexistió con dos épocas políticas totalmente diferentes, la fascista y la socialdemócrata posfascista, y, además, pasó por varias metamorfosis parciales. Por su misma definición, el franquismo constituye un problema para los politólogos; sus enemigos prefieren tacharlo de «fascista», pero la gran mayoría no está de acuerdo con este adjetivo. Friedrich Nietzsche dijo en una ocasión que «todo lo que tenga historia no puede ser definido» y, desde luego, el sistema de Franco tuvo una historia más larga y llena de cambios que la mayoría de las dictaduras no marxistas. Además, la calculada ambigüedad y las tácticas dilatorias características del *modus operandi* de Franco impusieron a su régimen cierto carácter polivalente desde el principio.

El franquismo fue una creación personal del propio dictador, nacida de la crisis de la Guerra Civil, aunque no es fácil conocer con exactitud el proceso mental que le llevó a cambiar su postura apolítica como mero participante de una insurrección militar para, posteriormente, presentarse como candidato para dirigir este movimiento y convertirlo a los pocos meses en un régimen de partido único de corte semifascista. Aparte de algunas notas y memorandos archivados en la colección de la Fundación Francisco Franco, apenas hay documentos asequibles. Siempre se identificó con la derecha política —también con el centro durante algún tiempo—, pero su fulgurante carrera profesional la hizo a partir de un apoliticismo técnico. Durante mucho tiempo desaconsejó cualquier tentativa de golpe militar, alegando que una iniciativa semejante solo podría empeorar una situación ya de por sí llena de obstáculos. No participó en conspiraciones, pero sí mantuvo contactos con quienes sí lo hicieron. Se sumó a la insurrección de 1936 en el último momento, cuatro días antes de su comienzo, y solo cuando llegó a la conclusión —después del secuestro y asesinato de Calvo Sotelo a manos de la policía del Estado— de que era más peligroso no participar que hacerlo.

Los críticos de Franco lo acusan de oportunismo y de ansias de poder, así como de carecer de principios y de ideología. Y es cierto que, como la mayoría de los grandes actores políticos, nunca formuló una ideología específica basada en ideas propias, sino que, por el contrario, utilizó las ideas de otros. No obstante, asumió con firmeza ciertos valores fundamentales que cambiaron poco durante su larga vida. Su conducta procedía de sus antecedentes militares y católicos, y solo cristalizó —y muy lentamente— durante la década de 1926 a 1936. Sus valores se basaban en la defensa de una España semitradicional, de la unidad política y territorial del país, y de su misión histórica. Al comienzo de la dictadura creía firmemente en un nuevo «papel imperial» de España —vivió la última etapa de los imperialismos europeos históricos—, aunque, de repente, después de 1945, su postura cambió para siempre. Entonces, su política en África se volvió lenta y cautelosa, evitando una gran guerra de descolonización. Nunca se opuso directamente a la República democrática y aceptaba que su legitimidad se hallaba en la opinión pública española, pese a ser partidario de gobiernos fuertes y autoritarios. Sus principios eran fundamentalmente monárquicos y creía que la monarquía era la forma de gobierno más legítima, pero no en todas las circunstancias. Era un católico convencido, a veces devoto, y prefería una relación cercana entre la Iglesia y el Estado. Confiaba en instaurar una cultura católica y tradicional, lo que, de hecho, logró después de la Guerra Civil. Creía en la necesidad de desarrollar una economía productiva más moderna que pudiera transformar el nivel y las condiciones de vida de la sociedad, dando paso a lo que él mismo llamaba «justicia social». Y después de años de frustración por los efectos de las guerras y de sus propios errores, consiguió ese objetivo. De sus principios iniciáticos, tan solo abandonó el imperialismo y una gran parte de su política económica «autárquica», cambios que tuvieron lugar años después de la Segunda Guerra Mundial, cuando se convirtió en uno de los dictadores militares menos militaristas. En la práctica, algunos aspectos de su política se fueron transformando a lo largo de los años y terminaron aplicándose de manera muy diferente al final de su régimen. De hecho, Franco fue el único de los grandes dictadores del siglo XX que modificó una gran parte de su programa inicial, aunque nunca abandonó sus ideas básicas.

Inicio del régimen

El franquismo, como hemos dicho, surgió de la crisis provocada por la Guerra Civil. Es inútil insistir en que un buen funcionamiento de la democracia republicana habría sido más beneficioso para el país —es una obviedad—, pues no es más que un intento tramposo de sustituir las alternativas históricas existentes por un juicio de valor abstracto. Como se ha explicado en el capítulo 9, esa alternativa había dejado de existir. Todos los sectores políticos, salvo la minoría de centro, buscaban una alternativa autoritaria, ya fuera revolucionara o derechista, y en la crisis del sistema republicano la mejor de las opciones disponibles habría sido la propuesta de Miguel Maura de una «dictadura nacional republicana», durante un tiempo limitado, para aplicar la ley e imponer la Constitución, alternativa que fue rechazada por las izquierdas dominantes. Si los nacionales hubieran perdido la guerra, el resultado difícilmente habría sido una democracia. La fuerza de la dictadura de Franco no provino únicamente de su poder de represión —por importante que este fuera—, sino, como explicó Julián Marías, de la convicción de gran parte de la población de que la alternativa izquierdista no habría sido muy diferente.

La insurrección militar, junto con la decisión del Gobierno republicano de armar a los sindicatos revolucionarios, provocó el estallido de una revolución violenta que modificó los planes de algunos jefes militares, favorables a mantener el régimen republicano, pero con un carácter más derechista y autoritario. El diseño original del general Emilio Mola, que había organizado la insurrección, proponía una reforma de la República desde las pautas defendidas por la derecha, y este planteamiento, según parece, lo aceptó el propio Franco, al menos en un primer momento. Sin embargo, a las pocas semanas abandonó el proyecto «abierto» de Mola a favor de una dictadura. Estimulado por sus colegas más próximos, su idea era elevarse a «generalísimo» y, además, insistió en tomar plenos poderes como dictador político. No todos los generales insurrectos estaban de acuerdo, pero al final no hubo una oposición firme —sí una reticencia evidente por parte de algunos—, pues se insistía en la necesidad de crear un mando único para ganar la Guerra Civil, lo que, probablemente, era cierto.

El nuevo principio de la política europea de la década de 1930 era el del partido único nacional y un Estado autoritario que combinaba una modernización drástica con ciertos aspectos tradicionalistas, creando una cultura política nueva, comprometida y militante: el fascismo. No hay pruebas que indiquen que Franco entendiera completamente el proyecto revolucionario fascista —sin embargo, a veces hablaba de «nuestra revolución»—, ni que estuviera decidido a aplicarlo. Más bien utilizó una parte de la doctrina fascista como punto de partida para construir su propio sistema ecléctico, haciendo hincapié —cuando creó Falange Española Tradicionalista y de las Juntas de Ofensiva Nacional Sindicalista (FET y de las JONS), en abril de 1937— en que la doctrina falangista solo era el inicio de un proyecto que se desarrollaría con el paso del tiempo. En ningún momento tuvo la intención de que el partido se hiciera con el poder directo o, como en Alemania, que ejerciera un poder paralelo. La Falange le resultó útil a Franco para estructurar su régimen, pero su papel siempre fue secundario, nunca dominante. De ahí que Ismael Saz haya definido el franquismo como un régimen «fascistizado» y no totalmente fascista, lo que parece bastante exacto[1].

Todo ello no dependió únicamente de las preferencias de Franco, sino de las corrientes históricas, que fueron fundamentales para determinar su orientación, pese a que el régimen se distanciara por primera vez de la FET a mediados de 1941, cuando Hitler estaba en la cima de su poder. Este alejamiento no se debió tanto a cuestiones ideológicas como a una confrontación entre los militares españoles y los falangistas. Dicho cambio podría haberse revertido si la Alemania nazi hubiera ganado la Segunda Guerra Mundial, pero cuando Mussolini cayó —en el verano de 1943—, el régimen de Franco inició el primer paso hacia la «desfascistización» progresiva, si bien esta nunca llegó a culminarse por completo.

Franco no era un líder fascista carismático, como sí lo eran Hitler o Mussolini, pero el trauma de la Guerra Civil, unido a su completa victoria, le proporcionó *de facto* un importante grado de legitimidad, e incluso algún atractivo como vencedor, así como cierto carisma al erigirse en defensor de la religión y la cultura tradicional. En cierto modo, su autoridad se manifestó como si fuera la de un monarca electo, con un poder casi absoluto tras ser designado dictador por la Junta de Defensa Nacional en 1936. Franco utilizó algunos procedimientos bonapartistas, como el referéndum y la diarquía institucional, con un Consejo Real que garantizaba la legitimidad, la continuidad y la autenticidad. Sin embargo, en 1976, las cosas no resultaron como las había planeado.

---

[1] I. Saz Campos, «El franquismo: ¿régimen autoritario o dictadura fascista?», en J. Tusell *et al.* (eds.), *El régimen de Franco: política y relaciones exteriores*, 2 vols., Madrid, 1991, t. 1, pág. 192.

A pesar de su intensa colaboración con el Eje, Franco fue cauto, puesto que un año después de la Guerra Civil se dio cuenta de que la recuperación sería lenta y de que la debilidad de España era muy acusada. De ahí su insistencia en recibir ayuda a gran escala y ciertas garantías que Hitler se negó a darle. Aun así, entre 1941 y 1944, Franco estaba convencido de que la supervivencia de su régimen dependía de la pervivencia de Alemania como una de las grandes potencias europeas. Cuando, al fin, en el verano de 1944, se dio cuenta de que esta premisa no se cumpliría, procedió a realizar cambios y ajustes, acentuando la «desfascistización» que ya había comenzado.

A largo plazo, y como una ironía de la historia, sus dos principales contribuciones en política exterior fueron negativas por lo que no hizo: primero, porque nunca se decidió a entrar en la guerra mundial y, segundo, porque, cuando llegó el momento, consintió en abandonar pacíficamente las últimas posesiones coloniales en África, es decir, lo contrario de su objetivo original. Sin embargo, estas dos decisiones fueron muy beneficiosas para España, pues llegó a ser el único país de la Europa continental —salvo Suiza y Suecia— que no se vio envuelto ni en una guerra mundial ni en una guerra de descolonización después de 1939. Y todos los españoles le estarían agradecidos por ello, incluso los falangistas que habían condenado la timidez de sus políticas, ya que la capacidad de Franco para la supervivencia garantizaba también la suya.

Ostracismo en lo internacional y resistencia interior

La experiencia de España y su dictadura entre 1945 y 1948 fue única en los anales de los Estados contemporáneos occidentales. Después de la guerra mundial debió enfrentarse al ostracismo político internacional, ante el cual Franco se mantuvo firme e imperturbable —cualidades necesarias para su supervivencia política—, con el respaldo de la mayoría de los sectores que le habían apoyado en la Guerra Civil —la excepción de don Juan y de un pequeño grupo de monárquicos resultó irrelevante—. Nunca se sabrá qué porcentaje exacto de la población española apoyaba verdaderamente a Franco, pero era evidente que la gran mayoría no quería pasar por otra convulsión.

Fueron también los únicos años en los que Franco tuvo que luchar contra una oposición armada interna, si bien esta nunca tuvo la fuerza suficiente como para amenazar al régimen. El periodo de 1944-1948 fue la época de los «maquis», la insurgencia armada —sobre todo de comunistas, pero también de anarquistas— que operaba desde Francia. Esta guerrilla revolucionaria trató de reactivar la Guerra Civil, aunque muchas veces sus acciones no eran más que simples actos terroristas. En realidad, el régimen nunca estuvo en peligro, y en 1948, cuando Franco puso fin al estado de guerra legal que había mantenido oficialmente desde 1936, lo peor ya había pasado. Algunas actividades armadas se mantuvieron hasta 1952, fecha en la que el Partido Comunista abandonó la lucha formalmente. Según las estadísticas de las fuerzas de seguridad de Franco, estas habían matado a un total de 2.173 guerrilleros, o «bandoleros», y habían capturado a cerca de 6.000 más. Entre unos y otros habían matado a 953 civiles y a más de 300 miembros de las fuerzas de seguridad[2]. Después de 1952 no hubo ninguna resistencia armada significativa hasta que se creó ETA quince años más tarde.

Los opositores a Franco más destacados siempre fueron los comunistas y, en otra dimensión —sin violencia—, los monárquicos. La importancia de anarquistas y socialistas era cada vez menor —incluso estuvieron a punto de desaparecer—, y los nacionalistas periféricos, salvo pocas excepciones, nunca levantaron la cabeza. Durante la época del ostracismo, las Naciones Unidas invocaron a las «fuerzas democráticas» de España para que derrocaran a Franco, pero esas fuerzas casi habían desaparecido —su desaparición, de hecho, fue una de las causas de la Guerra Civil— y no emergieron hasta los años sesenta. Julián

---

[2] F. Aguado Sánchez, *El maquis en España,* Madrid, 1975.

Marías observó después de la muerte de Franco que la mayoría de los españoles «esperaban con calma y sin prisa la evolución del régimen»[3], comprendiendo que, como hemos dicho, no podrían haber esperado algo mucho mejor si el otro bando hubiera ganado.

Cuarenta años, tres fases

El aspecto más novedoso del gobierno de Franco no fue el radicalismo político de su pseudofascismo, sino su esfuerzo por restaurar el tradicionalismo cultural y religioso, objetivo sin parangón en ningún otro país europeo, ni siquiera en Portugal. El concepto de una comunidad tradicionalista, básico en el pensamiento social y cultural de Franco, procedía del carlismo y del pensamiento conservador católico. La creación de una comunidad unida era importante para muchos de los movimientos y regímenes nacionales modernos, pero ninguno en Europa puso tanto énfasis en el neotradicionalismo. La disonancia intelectual entre esta visión del mundo y el proyecto político pseudofascista se concilió limitando, primero, y degradando, después, el poder de Falange.

[3] Julián Marías, probablemente el más inteligente y equilibrado de los intelectuales españoles de la segunda mitad del siglo XX, y antiguo republicano, escribió acertadamente: «Los españoles estaban privados de muchas libertades, lo que siempre encontré intolerable, pero no eran demasiados los que las echaban de menos; por otra parte, tenían otras, que afectaban sobre todo a la vida privada, y sentían temor de perderlas. La privación venía del desenlace de la Guerra Civil, pero la mayoría estaba persuadida de que si ese desenlace hubiera sido lo contrario, la situación de las libertades no habría sido mejor, porque ambos beligerantes prometían su destrucción, y la realizaron durante la guerra misma. No era fácil que el interés de los españoles se movilizara hacia una *inversión* del resultado de la guerra, y como es lo que en definitiva proponían los fragmentos más politizados del país, esto hizo que la mayoría quedase en relativa indiferencia. Podría decirse que gran número de los españoles *esperaba sin prisa* el final del régimen», en *España inteligible,* Madrid, 1985, pág. 379.

Aunque a veces era bastante terco —como demostró con su política internacional en 1943-1944—, Franco fue siempre muy pragmático y estuvo dispuesto a realizar ajustes fundamentales si estos eran absolutamente necesarios. Muchos de sus críticos han mantenido que su único principio era aferrarse al poder todo el tiempo que pudiera y a costa de lo que fuera. En última instancia, la idea es correcta porque, prácticamente desde el inicio de su régimen, tomó la decisión de que solo dejaría el poder camino del cementerio, como afirmó en privado en un par de ocasiones. En este sentido estaba muy influenciado por el amargo destino de Primo de Rivera en 1930 y por la experiencia de Mussolini en 1943 y 1945. Franco creía que cabalgaba sobre un tigre del que nunca podría bajarse con seguridad.

Llevó a cabo dos metamorfosis políticas, denominadas por algunos como «pseudomorfosis». La más importante tuvo lugar en 1945, coincidiendo con la fase principal de desfascistización. Pero la historia del régimen puede dividirse en tres periodos:

1. La fase pseudofascista y potencialmente imperialista de 1936 a 1945.
2. El periodo del nacionalcatolicismo corporativo entre 1945 y 1959.
3. La fase llamada de «desarrollismo tecnocrático», con una evolución lenta hacia el autoritarismo burocrático entre 1959 y 1975.

Durante los primeros seis años, Franco declaraba que su régimen era «totalitario», término que se abandonó a partir de 1942. Un año después comenzó su ambiguo e intermitente proceso de desfascistización y, más tarde, para describir la década de 1960, los analistas más serios utilizarían conceptos como «régimen autoritario», «corporativismo», «autoritarismo conservador» e incluso «pluralismo unitario limitado». Durante los últimos años de Franco, diversos especialistas en política latinoamericana sostuvieron que el corporativismo era el sistema político-económico «natural» del mundo hispano-luso.

Pero los cambios más importantes tuvieron lugar en 1945-1947. En la primavera de 1945, mientras se llegaba al final de la guerra en Europa, Franco tenía un plan bastante claro. El 17 de julio, víspera del aniversario de la insurrección militar, promulgó una nueva Ley Fundamental, el Fuero de los Españoles, la tercera del régimen después del Fuero de Trabajo de 1938 y de la Ley de las Cortes de 1942. El Fuero de los Españoles garantizaba algunas de las libertades civiles comunes en el mundo occidental, pero su artículo 25 estipulaba que podrían suspenderse temporalmente en caso de emergencia. Al día siguiente, Franco contestó al ostracismo y al aislamiento impuestos por Naciones Unidas con la renovación de su Gabinete, degradando aún más a la Falange y dejando vacante el puesto de secretario general de esta. La nota novedosa más importante fue el reclutamiento de importantes personajes laicos católicos para su Gobierno, siendo el más destacado su nuevo ministro de Exteriores, Alberto Martín-Artajo, presidente de Acción Católica. El punto clave de ese nuevo Gobierno fue una Ley de Sucesión, aprobada en un referéndum nacional en 1947, que convertía el régimen en «un Estado católico, social y representativo que, de acuerdo con su tradición, se declara constituido en Reino», es decir, una monarquía. De ese modo se declaraba a Franco jefe de ese Estado de por vida, y solo él tenía la potestad de designar a su sucesor.

Sin embargo, los cambios no fueron tantos y en gran medida no fueron más que un lavado de cara que ayudó a salvar a Franco y su régimen. El elemento clave fue el establecimiento de la Guerra Fría en 1947-1948, que convirtió al dictador en un aliado deseable. En 1949 se puso fin al aislamiento y en 1953 Franco firmó un pacto con Washington por el cual se permitía la construcción de bases estratégicas norteamericanas en España y Estados Unidos proveía apoyo militar y económico al único país occidental que había sido excluido del Plan Marshall. Al mismo tiempo, el Vaticano, que durante años se había mostrado muy crítico con el dictador español, firmó con España un Concordato oficial, y la escasa oposición política que quedaba se había dado por vencida. De ese modo Franco alcanzó su cénit. Los años cincuenta fueron los más tranquilos de toda la dictadura, con la economía creciendo y el nivel de vida de los españoles incrementándose considerablemente.

Pero hasta el final de sus días Franco creyó que la FET —también conocida con el nombre de «Movimiento»— tendría un papel importante, aunque subordinado, en la continuación de su régimen. Incluso en la última fase de «tecnocracia» y desarrollo de la década de 1960, el dictador quiso evitar el «autoritarismo burocrático» al estilo latinoamericano, manteniendo, si bien con poco éxito, la institucionalización y cierta movilización política, aunque esta última menguaba a pasos agigantados. Fue en 1964 cuando Juan Linz publicó su definición canónica del sistema franquista como un «régimen autoritario», término generalmente aceptado por los politólogos.

El lado oscuro de la dictadura

Los aspectos más negativos de la dictadura fueron tres: la represión sangrienta al finalizar la Guerra Civil, la política favorable al Eje en la Segunda Guerra Mundial y la larga represión de algunos derechos civiles. Las tres acusaciones son, obviamente, ciertas, pero la represión de Franco, con la ejecución de 12.000 o 13.000 personas en el periodo 1939-1942[4], no fue peor, en proporción, que la de otros vencedores de guerras civiles revolucio-

[4] Los estudios más solventes han calculado el total de ejecuciones en estos años entre 22.000 y 28.000 personas. La cifra más baja procede de los datos que me ha avanzado Miguel Platón de su investigación de los juicios de los tribunales del Ejército en estos años, todavía inconclusa e inédita. Provisionalmente ha llegado a un total de, aproximadamente, 25.000 condenas a muerte, con cerca de la mitad conmutada por Franco. Hay que recordar que una gran parte de las personas ejecutadas fueron condenadas por su participación en «crímenes de sangre» de la represión republicana en la Guerra Civil, que ascendió a aproximadamente 55.000 ejecuciones. Huelga decir que los nacionales habían ejecutado aproximadamente al mismo número, muy posiblemente algunos miles más, durante la contienda.

narias europeas de la primera mitad del siglo XX —en realidad, fue algo más moderada—. Aun así, por más que se analice la cuestión desde una perspectiva comparable, los hechos no se pueden negar. Lo mismo podría decirse sobre las manifiestas dificultades que cualquier Gobierno de España habría tenido que afrontar después de una guerra civil. Pensar que una hipotética Tercera República caótica, dividida y violenta lo habría hecho mejor requiere una considerable dosis de voluntarismo irreal. Debe tenerse en cuenta que fue el Frente Popular, y no Franco, el que creó las condiciones de guerra civil al hacer un uso arbitrario del poder en 1936, y que el regreso a la democracia abierta que había existido entre abril de 1931 y febrero de 1936 resultaba extremamente difícil, si no impensable, tal y como algunos izquierdistas relevantes, como Gerald Brenan, han admitido a regañadientes.

Los críticos más severos han acusado a Franco de cargos abominables, como el de ser el peor y el más sanguinario de todos los dictadores de Occidente, incluso más que Hitler (¡!), puesto que, en los primeros años del régimen del generalísimo, hubo más ejecuciones que en los tiempos de paz del Tercer Reich (entre 1933 y 1939). Obviamente, una dictadura en tiempos de paz y una guerra civil revolucionaria y violenta no son lo que los politólogos llamarían «elementos comparables». Siguiendo el mismo razonamiento anacrónico, podría decirse que la República democrática de abril de 1931 a febrero de 1936 también fue más mortífera que el Tercer Reich en tiempos de paz, porque se registraron más asesinatos políticos, hubo focos de insurgencia e incluso una «miniguerra» civil.

Durante las tres últimas décadas de su régimen, Franco fue consciente de que una gran parte del mundo occidental le consideraba «el último dictador fascista» de Europa.

El arranque de la economía y las consecuencias sociales

La modernización económica era un objetivo primordial, pero evaluar la política económica de Franco resulta una tarea complicada. Aunque tenía algunas ideas muy firmes en ese terreno, su conocimiento técnico era muy limitado. El régimen implantó una política de «autarquía», es decir, una política nacional controlada y dirigida. En parte se hizo necesaria mientras se desarrollaba la guerra mundial en Europa, pero realmente era el tipo de política económica preferido por Franco y lo mantuvo hasta 1959. Como dijimos, para muchos españoles los años de la guerra mundial fueron casi más duros que los de la Guerra Civil. La economía sufría por el ostracismo internacional, y el nivel de vida per cápita conseguido en 1935 no se recuperó hasta 1951, si bien en la siguiente década la expansión fue rápida. Se ha observado con frecuencia que el mayor crecimiento se produjo después de 1959, precisamente cuando se abandonó la política estatalista y autárquica. Esta afirmación, sin embargo, tiende a pasar por alto el rápido crecimiento que ya se había conseguido en la década de 1949 a 1959; sin él, los logros posteriores no habrían sido posibles. La economía liberal y de mercado de los años sesenta no era en absoluto la preferida por Franco, pero poco a poco aprendió a aceptar las recomendaciones de algunos de sus ministros más hábiles.

Lo que Franco consiguió en dos décadas, a los dictadores de la China comunista les llevó casi el doble de tiempo, y en el contexto de una fase más avanzada de la economía mundial. Deng Xiaoping transformó la política económica china a finales de los años setenta y en la década siguiente gracias a tres medidas básicas que el régimen de Franco había anticipado: la sustitución de una economía estatalista por una liberalización gradual del mercado, ofreciendo más oportunidades para la iniciativa privada; la sustitución de las políticas dogmáticas ideologizadas por una tecnocracia cada vez más acentuada, y el *realineamiento* de la política exterior con el propósito de acercarse a Estados Unidos. En efecto, Franco había realizado esos cambios varias décadas antes. Sus principales imitadores a la hora de combinar el autoritarismo político y el rápido desarrollo de mercado aparecieron sobre todo en el Oriente asiático, aunque varios regímenes hispanoamericanos también copiaron algunos aspectos de la política franquista. La dictadura militar del general Park Chung-hee, que dirigió Corea del Sur desde 1961 a 1974, pudo ser el régimen no europeo que más se asemejó al de Franco. Posteriormente es posible encontrar variantes del «modelo franquista» en diversos países, incluso ya en el siglo XXI, como el régimen militar de Egipto o la versión comunista de Vietnam. El general así lo esperaba, pues pensaba que, a la larga, los Gobiernos europeos se acercarían cada vez más a la ideología de su régimen.

El punto de inflexión en la política económica de Franco fue el Plan de Estabilización de 1959, con el que se abandonaba la autarquía, si bien la economía, como decimos, había crecido mucho durante los años cincuenta, con un PIB que aumentaba a un ritmo del 7,8 % anual desde 1951 hasta 1958, uno de los índices más altos del mundo. Posteriormente, gracias a una política de corte más liberal, el crecimiento se disparó, entre 1961 y 1964, alcanzando el 8,7 % anual, la tasa más alta de Europa en aquellos años, mientras la inflación se mantenía por debajo del 5 %. Desde 1966 hasta 1971, la tasa de crecimiento se redujo a un 5,5 % anual, pero partiendo de un nivel más alto y desarrollado, y durante los tres años siguientes se incrementó. En conjunto, la tasa media anual de crecimiento en el período 1960-1974 fue del 7,2 %. En 1969, el país ocupaba el duodécimo lugar en el mundo en cuanto a producción industrial y posteriormente ascendió hasta el undécimo. En 1971, durante un breve período de tiempo, España ocupó el cuarto lugar en la construcción de barcos en el mundo.

Así pues, la verdadera revolución española no fue la violenta explosión colectivista de 1936, sino la transformación gradual del cuarto de siglo comprendido entre 1950 y 1975, cuando el país y su sociedad experimentaron una transformación mucho más importante que en cualquier otra época. Los cambios dieron lugar a una sociedad nueva, con una cultura y una psicología social diferentes. A la muerte de Franco, el 40 % de la fuerza de trabajo pertenecía al sector servicios —reflejo del gran crecimiento del turismo—, el 38 % a la industria y solo el 22 % a la agricultura —porcentaje que después disminuiría aún más—. Esta transformación fue acompañada de cambios rápidos en la psicología social, con una secularización acelerada y el desarrollo de la típica mentalidad materialista y la cultura de consumo de masas del mundo occidental contemporáneo, aunque esto, obviamente, no era lo que Franco hubiera deseado.

Se produjeron enormes cambios en la organización y la percepción sociales. Una investigación de la Fundación para el Fomento y Estudios Sociales y de Sociología Aplicada (FOESSA), realizada en 1970 —el trabajo de estas características más completo llevado a cabo en España—, reveló que el 6 % de la población se definía como clase alta o clase media alta, el 49 % como clase media o clase media baja, y alrededor del 45 % decía pertenecer a la clase baja. Aproximadamente, el 40 % de los trabajadores especializados se consideraban clase media baja, mientras que algunos sociólogos calculaban que las clases medias podían alcanzar hasta el 54 % de la población. El siguiente estudio de FOESSA, de 1975, clasificó a los cabezas de familia por estratos sociales y grupos ocupacionales: un 5 % era de clase alta y media alta, un 35 % de clase media, un 20,3 % de clase media baja, un 33,6 % de clase trabajadora, y el restante 6,1 % eran los «pobres».

Algunos analistas no se mostraron totalmente conformes con esa clasificación, pero no hay duda de que se había producido un cambio radical, pues las clases medias casi se habían duplicado y las clases bajas se habían reducido al menos una tercera parte. En apenas dos décadas, el panorama social de España había cambiado drásticamente, pasando de una acentuada proletarización a una sociedad con una extensa clase media.

Durante los últimos quince años de vida de Franco, España contaba ya con una sociedad moderna, industrial y próspera. Los grandes problemas endémicos, irresolubles durante casi cuatro siglos, comenzaban a arreglarse, lo que era infinitamente más importante que una expansión imperial artificial, la otra gran ambición de Franco en 1939. A finales de 1973, la renta per cápita había superado la barrera de los 2.000 dólares, cifra a la que Laureano López Rodó, ministro de Asuntos Exteriores de Franco, se refirió en una ocasión como el elemento necesario para que la democracia tuviera éxito. En dólares reales, era la misma renta per cápita que tenía Japón cuatro años antes. España estaba ligeramente por delante de Irlanda y aventajaba bastante a Grecia (1.589 dólares) y a Portugal (1.158 dólares).

El historiador alemán Walther Bernecker ha sugerido que los numerosos cambios que tuvieron lugar en España bajo el mandato de Franco pueden dividirse en tres categorías[5]:

1. Los cambios y mejoras planificados y apoyados explícitamente por Franco y su Gobierno.
2. Los cambios no buscados explícitamente pero que llegaron como un efecto colateral de la política del Estado y luego fueron aceptados por Franco.
3. Los cambios que ni fueron buscados ni aceptados, pero que tuvieron lugar de todos modos como resultado indirecto —o en conjunción— de otros programas de cambio y desarrollo, y que, aunque no fueron deseados e incluso contaron con la oposición del Gobierno, no pudieron frenarse.

En política interior, ciertamente Franco buscaba la modernización industrial y tecnológica, objetivo que alcanzó, mientras que en política exterior su obsesión era la seguridad del país y de su régimen, metas también conseguidas, a pesar de los pasos en falso que dio durante la guerra mundial. Quería formar una sociedad de «cultura hidalga», es decir, semitradicionalista y más disciplinada, y pudo conseguirla gracias a la aparición de una clase media más amplia. Fomentó con éxito una religiosidad más extendida y neotradicional, rasgo que ya existía en el país desde hacía aproximadamente veinte años. Esos fueron sus éxitos, junto con su propia perpetuación en el poder.

---

[5] W. L. Bernecker, «Modernisierung und Wandel eines autoritären Regimes: Spanien während des Franquismus», en K. H. Ruffmann y H. Altrichter, *«Modernisierung» versus «Sozialismus». Formen und Strategien sozialen Wandels im 20. Jahrhundert,* Núremberg, 1983, págs. 113-166.

En la segunda categoría de la que habla Bernecker se incluye la necesidad de abrir España al liberalismo económico y al mercado internacional, decisiones que, en realidad, Franco no quería tomar, pero que en 1959 adoptó por el bien del país —y de su régimen—. Quiso ampliar la educación básica y aprobó una cierta expansión de los estudios universitarios, pero luego se dio cuenta de que esas medidas estaban produciendo una sociedad diferente y más sofisticada que cada vez aceptaba peor los postulados de su régimen, si bien todavía mostraba poca oposición activa.

El gran cambio en la sociedad española que más le disgustó tuvo lugar en los años sesenta con la rápida secularización y con el cambio de las actitudes políticas respecto a la Iglesia. Franco aceptaba a regañadientes cierta liberalización cultural, pero no estaba dispuesto a admitir la secularización de la sociedad y la liberalización de la política católica. Pero lo cierto es que cada vez se sentía más impotente ante estos cambios. No había entendido que la modernización de la economía llevaría consigo, inevitablemente, transformaciones que alentarían la secularización y socavarían el neotradicionalismo cultural y religioso. Lo mismo le sucedió con su política en la guerra mundial, como ya vimos en el capítulo anterior. Ayudó a Hitler en cuestiones puntuales y habría deseado evitar su derrota, pero tenía las manos atadas. Sin embargo, supo ajustarse adecuadamente a la hegemonía norteamericana, que de ningún modo formaba parte de sus planes originales.

Franco siempre declaró que nunca había interferido en los tribunales y que el sistema de justicia era independiente, pero esta era una verdad a medias, como pone de manifiesto la existencia de un procedimiento de «orden público» que funcionaba a través de tribunales militares. El cambio se produjo en 1963 con la introducción del Tribunal de Orden Público, que, si bien estaba integrado por jueces civiles, fue creado *ad hoc*. Se puede decir lo mismo de la censura hasta 1966. Pero, como ha escrito Guillermo Gortázar:

> Sin embargo, la justicia contencioso-administrativa, la penal, civil o mercantil eran «independientes» y se atenían a la legislación vigente. Superadas las purgas de los años cuarenta, se accedía a los cuerpos de la Administración del Estado por concurso-oposición. El acceso gratuito a la educación se generalizó, si bien la obligatoriedad en la enseñanza solo llegaba a los catorce años. El sistema de pensiones de reparto, anunciado en 1938 y desarrollado en la década de 1940, generó una amplia adhesión entre millones de personas mayores que recibieron, sin esperarlo, una pensión procedente de las generaciones siguientes de cotizantes activos.

Y añade Gortázar:

> En todo lo que no fuera cuestionar el régimen y ciertas limitaciones morales propias del nacionalcatolicismo, el franquismo era permisivo en los ámbitos privados, culturales e intelectuales. A finales de los años sesenta y a principios de los setenta se produjo la ocupación de amplios espacios de libertad y de candidaturas independientes en los colegios profesionales, asociaciones y en la universidad. Hasta los sindicatos verticales fueron penetrados por el PCE y por Comisiones Obreras, a través de las elecciones a los enlaces sindicales[6].

Es obvio que algunos de los cambios de la dictadura fueron simplemente retoques de «maquillaje» para acomodarse al triunfo de la democracia en la mayor parte de Europa occidental después de 1945, aunque Franco no creía que fuera permanente. Sus convicciones personales se habían orientado hacia la monarquía, pero la relación con la causa monárquica durante la primera década de su régimen fue artificial. La restauración de la monarquía, según su diseño técnico, implicaría de hecho la «instauración» de una nueva monarquía autoritaria. Franco no fue rey, pero tácitamente actuó como un monarca investido de todos los

---

[6] G. Gortázar, *El salón de los encuentros: una contribución al debate público del siglo XXI,* Madrid, 2016, págs. 121-122.

poderes absolutos. Sin ser rey, fue hacedor de reyes. Nunca ejerció de regente —figura que menospreció para sí mismo por considerarla menor—, sino que buscó al mejor candidato para que le sucediera y gobernara según sus mismos principios. Ambos conceptos —monarquía y monarca— fueron el resultado de ajustes imaginativos y no necesariamente de un plan preconcebido por Franco. Él jamás pensó en el retorno de la monarquía ni durante la Guerra Civil ni inmediatamente después, ya que entonces la restauración habría desencadenado un nuevo desastre político para España.

Mediante una mezcla de políticas estrictas —a veces muy duras— y de un amplio desarrollo nacional, Franco consiguió otro de sus objetivos principales: un notable incremento de la cooperación y la solidaridad social. Este logro se apoyó en el corporativismo nacional, en el crecimiento económico y en la redistribución de la renta nacional por medio de cambios estructurales —promoviendo una industrialización relativamente avanzada— más que en la subida de impuestos, así como en la prohibición de políticas partidistas. Hasta cierto punto, estos objetivos estaban programados desde el principio y su cumplimiento queda reflejado en la conclusión de un eminente antropólogo americano en 1975: «Es evidente que la solidaridad orgánica de España en su conjunto ha aumentado»[7].

La responsabilidad de Franco en la considerable mejora del nivel educativo de la sociedad española es más cuestionable. El hecho de que se implantara la plena escolarización y de que casi todos los estudiantes fueran a escuelas estatales o subvencionadas por el Estado puede parecer a primera vista que respondía a un objetivo previsto en su programa, pero lo cierto es que el rápido crecimiento educativo se convirtió en una prioridad fundamental solo en los últimos años, y parece que realmente fue una consecuencia ineludible del rápido desarrollo económico del país. Incluso después de la Ley General de Educación de 1970,

---

[7] S. L. Brandes, *Migration, Kinship and Community,* Nueva York, 1975, pág. 76.

el gasto proporcional en educación no soportaba la comparación con otras sociedades occidentales industrializadas del momento. Por tanto, la modernización de este sector también se situaría en la segunda categoría de Bernecker, si bien debe reconocerse que la calidad de la educación primaria y secundaria, a principios de los años setenta, alcanzó un nivel respetable y que, en cierto sentido, la «democratización» posfranquista de la educación disminuyó su calidad.

Paradójicamente, otro aspecto de la modernización institucional que logró Franco fue la relativa despolitización del Ejército, por más que su régimen comenzara como un gobierno militar y que Franco mostrara su preferencia en confiar en los militares para evitar la desestabilización. Mantuvo una relación especial con sus generales, si bien a cierta distancia, manipulándolos, cambiando y rotando a los altos mandos con el fin de evitar la menor concentración de poder. El hecho de que hubiera militares en tantos puestos ministeriales y administrativos, sobre todo durante la primera mitad del régimen, oculta la intención de Franco de impedir la interferencia militar en el gobierno, pues de ese modo eliminaba la posibilidad de que se creara un colectivo independiente o de que los altos mandos tuvieran un papel institucional más allá del de su propia esfera personal. Los oficiales que ocuparon cargos civiles lo hicieron como administradores individuales en instituciones del Estado y no como representantes corporativos de las fuerzas armadas. Esta relativa desmilitarización de la vida política estuvo acompañada de una creciente desmilitarización de los presupuestos estatales, no tanto porque Franco pensara que había otros aspectos que debían fomentarse de forma más apremiante —como la educación, por ejemplo—, sino porque era reticente a gastar dinero en una modernización de las fuerzas armadas que pudiera alterar el equilibrio político.

Desde su punto de vista, su mayor fracaso fue la imposibilidad de sostener el resurgimiento neotradicionalista religioso y cultural que había patrocinado. En absoluto sucedió así por falta de esfuerzo, sino, como decimos, porque la modernización cultural fue la contrapartida inevitable de la transformación económica y social que se produjo a gran escala. También influyó la sorprendente liberalización que tuvo lugar en el seno de la Iglesia católica y romana durante la década de los años sesenta. Hasta cierto punto, Franco era consciente de las contradicciones que se producirían, y este convencimiento era lo que afianzaba su reticencia a alterar su política de autarquía económica y a levantar las barreras proteccionistas. El mantenimiento de su régimen se hizo imposible no tanto por el hecho de su propia muerte —el fallecimiento de Salazar no trajo consigo el final de la dictadura portuguesa— como por la desaparición del marco social y cultural en el que se había basado. La cultura y la sociedad franquista —el llamado «franquismo sociológico»— se habían erosionado bastante antes de que él expirara. Además, la ausencia de una ideología clara después de 1957 hizo muy difícil cualquier consenso que apoyara una ortodoxia franquista y que pudiera desarrollarse entre las élites del régimen durante sus últimos años.

Las consecuencias del régimen de Franco fueron, en cierto sentido, más notables que la larga historia del régimen mismo, ya que la democratización impulsada por el rey Juan Carlos y sus colaboradores entre 1976 y 1978 fue casi única en la historia de las transiciones de los grandes regímenes autoritarios hasta aquel momento, como se analizará en el siguiente capítulo. Se generó en gran medida como resultado de procesos internos españoles y no por convulsiones derivadas de una guerra exterior. Con frecuencia, los historiadores y los estudiosos se han planteado hasta qué punto Franco previó o intuyó una situación siquiera parecida a la que tuvo lugar tras su muerte, pero, ante la falta de pruebas evidentes, la pregunta no puede contestarse con certeza. En la década de los años sesenta, el dictador expresó su convicción de que el desarrollo en Occidente de los países capitalistas con sistemas liberales y democráticos solo era una fase temporal que daría paso a sistemas con un mayor poder central del Estado y de corte más autoritario. Franco era consciente de que Juan Carlos haría cambios y de que estos tendrían una dirección más liberal; después de todo, él mismo había hecho lo propio en varias ocasiones —las últimas fases de su régimen fueron bastante más liberales que la primera—. Pero confiaba en que Juan Carlos, que había jurado lealtad a las Leyes Fundamentales del régimen cuando Franco le designó oficialmente como su sucesor en 1969, mantendría buena parte de la estructura sustancial del sistema. Es más que probable que en los últimos meses de su vida comprendiera que eso podría no ocurrir, pero entonces ya estaba demasiado débil y nada podía hacer, salvo permanecer al mando hasta que su salud se quebrantase definitivamente y traspasar después las riendas del poder. No importa mucho que creyera o no que la democracia llegaría a ser estable en España porque él seguía dudando que los españoles hubieran aprendido a cooperar eficazmente.

No obstante, hay que reconocer que la democratización posterior funcionó bien debido, en parte, a ocho transformaciones fundamentales que Franco había logrado:

1. La reforma institucional clave de Franco fue la restauración de la monarquía, considerada por él como instauración. Durante los años de espera que transcurrieron, debido a su propio celo en el monopolio absoluto del poder ejecutivo, evitó que a la monarquía se la identificara con los excesos de la Guerra Civil y sus consecuencias represivas, incluida la larga dictadura, por lo que la institución y el nuevo rey pudieron empezar su camino con las manos relativamente limpias, promoviendo la reconciliación nacional y siendo el rey el representante simbólico de todos los españoles y de un poder moderador por encima de cualquier conflicto de facciones.
2. Franco designó al mejor candidato posible. De haber restaurado a Alfonso XIII en 1939, el desastre habría sido completo y la sucesión de su heredero, don Juan, se habría identificado con opciones políticas cambiantes en la última parte de la guerra mundial por el liberalismo y la izquierda, lo que habría concluido con un golpe de Estado de los militares y de la extrema derecha. Juan Carlos

fue astuto y capaz de combinar la continuidad y la legitimidad, de acuerdo con las condiciones impuestas por Franco en sus propias instituciones y en las de la monarquía tradicional. Y tuvo el tacto, la prudencia y el juicio necesarios para poner en marcha un proceso pacífico y legalista de democratización.

3. La profunda modernización de la estructura social y económica fue un requisito fundamental para que la democracia pudiera funcionar con una nueva y amplia sociedad civil próspera, urbana y más sofisticada, basada en una amplia clase media, armonizada cada vez más con las costumbres de la vida y la cultura social de la Europa occidental democrática. Esta sociedad civil surgió en los últimos años, más «aperturistas», del franquismo, sobre todo tras la reforma de la censura con la Ley de Prensa de 1966, que permitió la creación de un «Parlamento de papel» de discusión más libre.
4. Podría decirse que la única consecuencia positiva de tan larga dictadura fue que la mayor parte de los conflictos que produjeron la polarización y la confrontación en la Guerra Civil se habían superado, borrados por el tiempo y los muchos cambios, lo que permitió hacer borrón y cuenta nueva. Y pese a que la desmovilización política impuesta por la dictadura dejó a la sociedad española sin experiencia ni conocimiento de la democracia, la reorganización de los grupos políticos en la fase final del régimen (1974-1975) llevó a una rápida evolución en la que se demostró preocupación y responsabilidad para evitar los errores de los años treinta.
5. La peculiar estructura institucional del régimen de Franco permitió desarrollar los mecanismos apropiados para que, en un momento dado, se pudieran llevar a cabo reformas profundas. Estos procedimientos fueron ya introducidos en distintos sentidos por el propio Franco, acostumbrando a los españoles a reformas que evitaban radicalismos perturbadores.

6. El sistema democrático en parte fue posible gracias a la gran expansión de la educación, así como a la liberalización cultural que tuvo lugar después de 1966, lo que dio paso a un clima de debate político en los últimos años de la vida de Franco.
7. La solidaridad social había mejorado sustancialmente, superando la vieja tendencia hacia la conflictividad de clases y partidos, que había sido la inclinación habitual de las sociedades europeas cuando entraban en una fase intermedia de industrialización. Esta solidaridad se consiguió, al menos en cierta medida, no tanto por la tutela de la dictadura en sí misma como por el resultado natural del desarrollo social y económico y la generalización de la educación.
8. Franco consiguió disciplinar y despolitizar el Ejército, privando de forma progresiva a los militares de una voz corporativa en el Gobierno. Esta medida tuvo el efecto de reducir el riesgo de una rebelión militar tras su muerte.

De lo anterior, sin embargo, no puede inferirse, como algunos proponen, que Franco planificara la tolerante y democrática España de los años ochenta. Una dictadura no es ninguna escuela de democracia, y Franco no fue responsable de la democratización de España, aunque, paradójicamente, bajo su mandato el pueblo español fue capaz de desarrollar la mayoría de los presupuestos que se exigen a un pueblo democrático. Es cierto que permitió cierto grado de liberalización y que no adoptó medidas que impidieran que finalmente llegara la democracia, pero combatió hasta el final cualquier alteración fundamental de su sistema y parece que, hasta su último aliento, confió en que Juan Carlos no cambiaría demasiado las cosas. A pesar de ello, algunas de sus políticas desarrollaron, efectivamente, las condiciones previas necesarias para una democratización sin ruptura ni violencia. La solidaridad corporativa, pese a los numerosos fraudes cometidos en nombre del régimen de Franco, también parece haber sido una importante contribución, pero solo después de que el corporativismo autoritario se transformara en una especie de corporativismo de consenso en manos de Adolfo Suárez y sus sucesores. Los profundos cambios que tuvieron lugar durante el largo mandato de Franco se debieron principalmente a los amplios efectos secundarios de sus políticas gubernamentales y, sobre todo, a la necesidad de ajustarse a las normas del Occidente europeo y de la economía de mercado internacional.

Con el paso del tiempo, las encuestas de opinión han registrado valoraciones más negativas sobre Franco que las que se hicieron en los primeros años tras su muerte. Por ejemplo, en estos primeros años del siglo XXI, duplican a las que consideran que su régimen fue positivo. En conjunto, la valoración del 40 % considera que su mandato fue una mezcla de aspectos positivos y negativos[8], una valoración bastante razonable para un proceso histórico tan complejo.

Franco: la contradicción permanente

Franco y su régimen representan la culminación de un proceso y la conclusión de una larga época de conflictos entre tradición y modernización que duró dos siglos, desde el reinado de Carlos III hasta 1975. En algunos aspectos, Franco puede considerarse la última gran figura del tradicionalismo español y, desde dicha perspectiva, con sus políticas y sus valores, supuso un final más que un principio. Tuvo éxito en aspectos clave de la modernización y liquidó para siempre ciertos problemas del pasado, aunque otros simplemente se pospusieron hasta después de su muerte. Debido a sus valores y a sus inclinaciones políticas, lo

[8] Véase el análisis de los resultados de las encuestas en E. González Duro, *La sombra del general. Qué queda del franquismo en España,* Barcelona, 2005, págs. 223-224. Una característica especial de las izquierdas más radicales de nuestro siglo es hacer campañas verbales contra Franco, a pesar de que se murió hace casi medio siglo, y esto también ha tenido reflejo en algunos de los sondeos más recientes.

cierto es que el dictador no pudo construir la nueva España del futuro en la forma que había previsto.

A pesar de la aparente sencillez de algunas de sus ideas fundamentales y de sus declaraciones principales, Franco fue una personalidad histórica compleja que tuvo que resolver una variedad inusual de contradicciones. Comenzó como un cadete jovencísimo, un débil adolescente, aparentemente frágil, y siguió como un insignificante oficial que se convirtió en el general más joven y afamado del Ejército. Monárquico por convicción, aceptó a regañadientes la legitimidad de una República democrática. En cierto sentido, defendió el orden liberal constitucional de España con más coherencia que muchos líderes republicanos, si bien acabó teniendo un papel clave en la insurrección militar cuando el orden nacional y la legalidad constitucional prácticamente habían desparecido. Se proclamó partidario de «las dictaduras cortas» y terminó defendiendo la suya con firmeza durante casi cuatro décadas, hasta el final de sus días. Fue un conservador tradicional, pero se mostró dispuesto inicialmente a llevar a cabo una revolución «totalitaria» basada en la ideología de la Falange. Aspiró a tener un imperio con la ayuda de Adolf Hitler, con el que acabó marcando distancias, y abandonó años después todas las posesiones españolas en África prácticamente sin violencia. Se mostró contrario a las democracias liberales occidentales, pero acabó negociando pactos cruciales para la defensa y la cooperación con Estados Unidos, y siempre se mantuvo en guardia, convencido de que el mundo occidental estaba siendo socavado por la masonería, su bestia negra. Resistió con firmeza a las peticiones de establecer una base naval alemana en Canarias y, sin embargo, consintió en tener bases norteamericanas en el territorio peninsular, aunque posteriormente intentó limitar su uso. Inició un riguroso programa de autarquía económica para después entregarse a un capitalismo más liberal, inventando algo parecido al «modelo chino» *avant la lettre.* Fue un anticomunista visceral que habló con admiración de Ho Chi Minh, líder del nacionalismo vietnamita, y aconsejó a Lyndon Johnson que no siguiera adelante con la guerra en Vietnam, ya que Estados Unidos podría perderla. Bloqueó las aspiraciones de los monárquicos que apoyaban a don Juan de Borbón, pero restauró la monarquía en el príncipe Juan Carlos, a quien designó como su sucesor en la Jefatura del Estado. Convencido antiliberal y antidemócrata, en sus últimos años aceptó el hecho de que su sucesor liberalizaría las instituciones. Devoto católico y promotor de la «recatolización» de España, al final de sus días llegó a sentirse abandonado por el Vaticano, del que dijo que lo había apuñalado por la espalda.

La importancia de Franco en la Historia de España radica, en primer lugar, en la larga duración de su dictadura, que marcó el destino político del país entre 1936 y 1975, y en segundo término, en los profundos cambios que se llevaron a cabo durante dicho periodo, muchos de ellos, como hemos señalado, diseñados y preparados bajo su jefatura, otros, consecuencia o producto de sus políticas, y algunos que contradecían directamente sus propias intenciones. El régimen y la época de Franco marcaron el fin de un largo y convulso periodo en la historia del país y abrieron el camino —sin haberlo pretendido— hacia una era más prometedora. Pero Franco, como Moisés, tuvo que quedarse en la orilla sin cruzarla. Su carácter, su personalidad y sus valores no se lo permitieron: fue el caudillo militar de una sociedad conservadora que en gran medida había dejado de existir incluso antes de su propia muerte.

12
La Transición, ¿un modelo?

En gran medida, sí. Tras una larga serie de fracasos y frustraciones que marcaron un largo periodo de la historia nacional —fracasos que fueron también muy criticados en el extranjero—, después de la muerte de Franco los nuevos líderes políticos lograron un importante éxito y el aplauso casi unánime de los analistas internacionales. Por tanto, el título de este capítulo podría ser, en efecto, «La Transición, un modelo», sin los signos de interrogación. Sin embargo, en el siglo XXI han surgido bastantes voces críticas sobre el proceso que se llevó a cabo, tal como veremos al final del capítulo.

Durante la mayor parte del siglo XX las dictaduras fuertemente establecidas no evolucionaron de forma pacífica hacia regímenes parlamentarios o democráticos. Muy al contrario, los dictadores acababan siendo derrocados por sus oponentes mediante acciones violentas. Hubo muy pocas excepciones, como la dictadura de Primo de Rivera, que acabó sin violencia, pero no evolucionó, sino que fue sustituida por una «dictablanda» tras un pronunciamiento civil. De hecho, las pocas dictaduras que fueron reemplazadas directa y pacíficamente por un sistema parlamentario habían sido bastante breves, como la del general Serrano en España (enero-febrero de 1874) o la de João Franco en Portugal (1906-1908).

Durante el limitado aperturismo que tuvo lugar en los últimos años del régimen de Franco, Ricardo de la Cierva, director general de Cultura Popular (dimitió de su cargo como muestra de solidaridad con Pío Cabanillas, que fue expulsado del Gobierno en octubre de 1974), contestó en una entrevista que no existía ningún régimen autoritario que hubiese pasado a ser un sistema democrático de forma pacífica[1]. En esos meses tenía lugar la revolución portuguesa, que, pese a la enorme tensión y la gran cantidad de obstáculos que debió superar, parecía que iba a evolucionar hacia una democracia. Asimismo, la dictadura militar griega duró tan solo siete años y terminó colapsada como consecuencia del conflicto con el vecino Chipre[2].

Sin embargo, no fue del todo ilógico que en España ocurriera esa transformación pacífica. Como vimos en el capítulo anterior, la dictadura de Franco había evolucionado enormemente, pasando por distintas fases cada vez más flexibles y moderadas. Después del periodo caracterizado por el estado de guerra (1936-1947), se había instaurado en el país una especie de «autoritarismo legal» con cierto respeto por las normas jurídicas. Por eso, cuando en los últimos momentos del régimen Alexander Solzhenitsyn visitó España, declaró que había encontrado un país bastante libre excepto en el terreno político. El desarrollo y la modernización del país se produjeron esencialmente durante el último cuarto de la dictadura y, en efecto, España ya tenía casi todos los requisitos necesarios para ser un régimen democrático —los niveles de educación, de prosperidad y de bienestar eran más altos que nunca—, salvo que no cumplía con un aspecto clave: carecía de libertad política.

Desde el nombramiento del príncipe Juan Carlos como heredero oficial de Franco en 1969, todas las cuestiones se referían al

---

[1] M. Vázquez Montalbán, «Adiós, De la Cierva, Adiós», *Triunfo,* noviembre de 1974.

[2] Véase el comentario de J. Linz, «La transición a la democracia en España en perspectiva comparada», en R. Cotarelo (coord.), *Transición política y consolidación democrática, España (1975-1986),* Madrid, 1992, pág. 435. El mejor libro desde esta perspectiva comparada es de S. P. Huntington, *La tercera ola. La democratización a finales del siglo* XX, Barcelona, 1994.

futuro. La pregunta que más se oía era: «Y después de Franco, ¿qué?». En ese momento la respuesta era bastante incierta[3], puesto que Juan Carlos debía tener mucho cuidado para no salirse de las líneas marcadas por Franco. La cuestión del liderazgo suele ser fundamental en las grandes transformaciones políticas y, ciertamente, así fue en España. El príncipe fue ganando en confianza con el transcurso del tiempo, mientras la salud de Franco se deterioraba a pasos agigantados. No había duda de que el camino que quedaba por recorrer sería lento y complicado. Pese a todo, durante los dos últimos años de vida del dictador, discretamente su sucesor fue dando indicaciones sobre cómo pensaba proceder cuando Franco muriera.

Una pregunta clave que se ha planteado a menudo es cuánto sabía Franco de las intenciones del príncipe y de las grandes transformaciones que ya se habían producido en la sociedad española. El dictador era conocedor de que la España de 1974 no era el país católico y tradicionalista de 1950, pero seguramente nunca llegó a ser consciente de la profundidad de los cambios que se habían producido. En otras palabras, sabía y no sabía. Lo mismo puede decirse sobre su conocimiento de los designios de

---

[3] O, al menos, me lo parecía a mí en 1970, como expliqué en el artículo «In the Twilight of the Franco Era», *Foreign Affairs,* 49, 2 de enero de 1971, págs. 341-354, donde sostuve que habría más cambios y una mayor liberalización, pero en un futuro inmediato lo que habría sería «más continuidad que cambio». Dos años antes, el hispanista Gabriel Jackson había sido aún más contundente a favor de este argumento en su artículo «The Falange Revisited: Fascism for the Future», *Nation,* 7 octubre de 1968. Dos años más tarde, en una entrevista publicada por *Actualidad Económica* el 28 de octubre de 1972, sugerí que tal vez se podría encontrar algún precedente en la Francia del Segundo Imperio bajo Luis Napoleón. Desde finales del siglo XVII, en ocasiones Francia había sido un modelo de modernización para muchos españoles, idea que llegó a su cénit en 1931. La Francia del Segundo Imperio nunca consiguió llevar a cabo una transformación completa; su régimen fue derrocado por la derrota a manos de Prusia en 1870, pero la liberalización moderada experimentada durante la década de 1860 probablemente contribuyó al éxito de la democratización conservadora de la Tercera República en sus primeros pasos después de 1871.

Juan Carlos, aunque en más de una ocasión había declarado que todo sería diferente después de su muerte y que el siguiente jefe del Estado efectuaría cambios liberalizadores. Más o menos esto fue lo que le dijo al hispanoparlante general Vernon Walters, enviado personal del presidente Nixon en 1971[4]. Aun así, Franco desconocía la profundidad de las medidas que el príncipe tenía en mente —tal vez las intuyó en sus últimos meses de vida—, y por eso se mantuvo fiel a la decisión que había tomado en 1969. En sus últimos instantes, lo único que le hizo prometer fue que mantendría la unidad de España, promesa que, tiempo después, muchos llamarían «misión imposible».

Los primeros pasos hacia el cambio

Así pues, en vida de Franco se produjo lo que podríamos denominar una especie de «pretransición» que se inició cuando nombró a Carrero Blanco presidente del Gobierno en 1973. Se asumía que el almirante representaba la continuidad, porque las especulaciones acerca del mal estado de salud de Franco iban en aumento, y sabemos que el propio Carrero ordenó que los servicios de inteligencia comenzasen a barajar alternativas y a contactar con diversos miembros de la oposición[5]. También sabemos ahora que Carrero no se creía capaz de mantener el régimen sin realizar algún cambio después de la muerte de Franco, por lo que, cuando esta se produjera, presentaría su dimisión al rey. De la Cierva reconoce que durante el breve Gobierno de Carrero él mismo le informaba regularmente de los cambios de corte liberal que se estaban aplicando en la política de la información y que el

---

[4] V. A. Walters, *Silent Missions,* Nueva York, 1978, págs. 554-556.

[5] Hay varios testimonios a este respecto. Véase, por ejemplo, M. F. Monzón Altolaguirre y S. Mata, *El sueño de la Transición. Los militares y los servicios de inteligencia que la hicieron posible,* Madrid, 2014. A pesar de varias exageraciones y desenfoques, este libro me parece fiable en dicha consideración.

almirante siempre los aprobaba[6]. Por ello es dudoso que su asesinato significara el cierre a la continuidad del régimen, como pensaban los asesinos. Pero las iniciativas e intenciones de Carrero Blanco, más complejas de lo que se ha supuesto, nunca se han esclarecido del todo. Tenía la costumbre de escribir sus reflexiones, pero los papeles que están a nuestro alcance no han aclarado estas dudas[7].

Es probable que el asesinato del presidente del Gobierno tuviera más efecto sobre el propio Franco que sobre los destinos del país. El dictador no sabía en quién podía confiar, y eligió a Carlos Arias Navarro como presidente del Ejecutivo más por eliminación que por una verdadera preferencia personal. En realidad, el «aperturismo» del Gobierno de Arias fue el drama político del último año y medio de la vida de Franco, pues, aunque el presidente no tomó ninguna decisión realmente importante, los cambios se aceleraron. Vale la pena añadir que uno de los tópicos de la literatura sobre la Transición[8] es el desprecio hacia el Gobierno de Arias, a quien se ha tildado de franquista, retrógrado, inepto y de ser un obstáculo para las reformas. Es cierto que Arias fue un político bastante torpe y obsesivo, pero nunca se opuso frontalmente a la apertura, si bien es verdad que habría sido imposible llegar a la completa democratización bajo su mandato. Fue un aperturista tímido, pero se rodeó de varios ministros de valía que permitieron que durante el primer año y medio de su Gobierno se alcanzaran algunos logros positivos, por incompletos que estos fueran[9].

---

[6] R. de la Cierva, *No nos robarán la historia,* Madridejos, 1995, pág. 57.

[7] Han sido estudiados por J. Tusell y G. García Queipo de Llano, *Carrero: la eminencia gris de Franco,* Madrid, 1993.

[8] Para una bibliografía bastante completa, véanse las referencias en la «Bibliografía actualizada de la transición española» preparada por Carlos Pulpillo en S. G. Payne *et al., La Transición a la democracia,* Madrid, 2016, págs. 285-309.

[9] Un aspecto principal de esta etapa fue la aparición de las asociaciones políticas dentro del Movimiento Nacional, que actuaron como sustitutas (o antecesoras) de los partidos políticos. Sobre estas cuestiones, véase J. Gil Pecharromán, *El Movimiento Nacional (1937-1977),* Barcelona, 2013.

Pero, al mismo tiempo, la elección de Arias también reveló la determinación de Franco de poner fin al aperturismo protagonizado por el vicepresidente del Gobierno anterior, Torcuato Fernández-Miranda, quien posteriormente revelaría su plan definitivo de cambio, precedido, eso sí, de importantes modificaciones técnicas, siempre dentro de la ley. La eliminación de la escena política de Carrero Blanco y de Fernández-Miranda liberaba a Juan Carlos de su tutela y le permitía adquirir una cierta independencia.

Durante sus últimos meses de vida, Franco recelaba cada vez más de Arias, pero no sabía cómo ni por quién sustituirle. El viejo general nunca se había sentido tan arrinconado como entonces. El panorama político se había transformado y ya no había dudas sobre las intenciones de Juan Carlos, pero el resultado final no estaba garantizado.

RELACIONES INTERNACIONALES: BAJO LA LUPA DE ESTADOS UNIDOS

La política de Washington se volvió más respetuosa cuando se nombró embajador a Welles Stabler, un veterano diplomático con muy buena fama tras haber ocupado el cargo de subsecretario de Estado para los países del sur de Europa. Hay que recordar que en esos últimos meses de la vida del dictador, la actitud de Washington estaba condicionada por la incertidumbre y la preocupación que le provocaba la revolución portuguesa, entonces en su momento álgido. No olvidemos que tanto el presidente Ford como su secretario de Estado, Henry Kissinger, habían tratado de alentar una intervención militar española en Portugal. Franco respondió que semejante acción era imposible, además de innecesaria, y poco después se comprobó que su decisión fue la acertada. En Washington existía el temor de que en España pudiera producirse una revolución como la del país vecino, aunque la situación del Ejército —la institución que había puesto en marcha la revolución en Portugal— era absolutamente diferente.

De hecho, era el Ejército lo que más preocupaba a las izquierdas españolas, lo contrario de lo que había sucedido en Portugal.

Seis meses antes de la muerte del generalísimo se celebró la reunión más extraña a la que he asistido jamás. Ocurrió en Washington y consistió en una especie de *lobbying*, es decir, un encuentro planteado para influir en la política del Congreso y el Gobierno norteamericanos, organizado por un grupo de presión —ahora, creo, inexistente— llamado Fund for New Priorities, de orientación izquierdista y liberal. Este grupo estaba en contacto con la Junta Democrática de la oposición española, compuesta por miembros del Partido Comunista —ya convertido en «eurocomunista»[10]—, del reconvertido neocarlismo del pretendiente francés Carlos Hugo, y por don Juan de Borbón, que posteriormente dimitió. El Fund for New Priorities pensaba que la Junta representaba a la «nueva España democrática», y reservó uno de los grandes salones del Congreso el 10 de junio de 1975, para celebrar una reunión con varios «especialistas» en los asuntos de España y tres representantes de la Junta. El objetivo de dicha reunión era convencer a los miembros del Congreso —realmente asistieron muy pocos— de que, con el dictador ya enfermo, España estaba entrando en una fase especialmente peligrosa. Puesto que se pensaba que el príncipe Juan Carlos era una simple marioneta de Franco, y el Ejército español, una bestia feroz dispuesta a mantener el franquismo a toda costa, le correspondía al Gobierno estadounidense intervenir en la política española y convencer al príncipe para emprender la democratización del país y, al mismo tiempo, con ayuda norteamericana, disuadir a los militares de cualquier intento de intromisión política. Que yo sepa, esta fue la única ocasión durante la Guerra Fría en la que un partido comunista pedía al Gobierno norteamericano que interviniera en los asuntos internos de un país.

Los mencionados especialistas siguieron el programa diseñado y, finalmente, llegó mi turno. Mi participación consistió en afirmar que las conclusiones principales eran inexactas: Juan

---

[10] S. Carrillo, *Eurocomunismo y Estado,* París, 1973.

Carlos había sido nombrado heredero por Franco porque no había otra manera de acceder a la Corona, pero ya había dado señales convincentes de que, en el futuro, no sería una marioneta, sino un guía para llevar a cabo una profunda reforma democrática. Además, señalé que había mucha gente dispuesta a apoyarle y que el Ejército español era una institución disciplinada que solo intervendría si se ponía fin al Estado de derecho o se producía una situación de colapso del país. Afirmé que, mientras se procediera de acuerdo a la ley y el orden, lo más probable sería que no hubiera problemas imposibles de superar, e incluso hablé en términos positivos del Partido Socialista como actor principal para movilizar a una izquierda responsable, algo que en ese momento no estaba del todo claro[11]. Puede decirse que fue un cálculo arriesgado, pero en la primavera de 1975 esa situación me parecía la más probable.

Cuento esta anécdota no para alardear de mi talento como profeta, del que carezco, sino para subrayar que, por ejemplo, la revolución portuguesa había sido una sorpresa para casi todos[12], mientras algunas líneas generales de la Transición española eran, al menos parcialmente, previsibles incluso antes de la muerte de Franco.

A pesar de las tensiones de la Guerra Fría, es evidente que, cuando Franco murió, el ambiente internacional era más amable que durante la Segunda República. En Europa occidental se respiraba prosperidad y estabilidad bajo el paraguas militar de Estados Unidos, y la única excepción, además de la española, era el Gobierno militar de izquierdas portugués. La influencia que la izquierda portuguesa irradiaba en España se dirigía sobre todo

---

[11] El texto en S. Chavkin *et al.* (eds.), *Spain: Implications for American Foreign Policy,* Stanford, Connecticut, 1976, págs. 89-91.

[12] En 1972 organizamos en Estados Unidos un nuevo International Conference Group on Modern Portugal para investigar la historia contemporánea y otros temas de Portugal. El grupo convocó su primer congreso internacional en la University of New Hampshire, en octubre de 1973, y ni uno solo de los participantes, ya fuera portugués o estadounidense, predijo la revolución que tuvo lugar seis meses después.

hacia el derrocamiento del régimen franquista y, de hecho, contribuyó en el proceso político que pronto comenzaría.

A pesar de su decidido interés en mantener la estabilidad —Henry Kissinger recomendó a Juan Carlos «discreción» y un ritmo «lento» en la apertura—, la política de Washington desde 1973-1974 ponía el énfasis en la cuestión de la democratización, y parece ser que en 1975 la CIA entregó varios millones de dólares al Partido Socialista de Portugal para alentar un movimiento de izquierdas democrático y responsable. En todo Occidente se deseaba la democracia para España, y muchos países, como la República Federal de Alemania, la apoyaron con gran cantidad de recursos.

En cambio, si analizamos la Guerra Fría desde una perspectiva más amplia, los sucesos ocurridos en esos años no tuvieron unos resultados tan esperanzadores. En mayo de 1975, cinco meses antes de la muerte de Franco, el régimen comunista de Vietnam del Norte invadió y conquistó la totalidad del territorio de Vietnam del Sur. El comunismo avanzaba, y no solo en el sudeste de Asia y en el suroeste de Europa, sino también, y por primera vez, en varios países africanos —lo que algunos politólogos pronto definieron como el «afrocomunismo»—. Ese mismo año, el líder soviético Leonid Brézhnev proclamó que lo que él mismo denominaba «la correlación de fuerzas» en las relaciones internacionales y militares se había inclinado a favor del bloque soviético.

Los líderes «históricos» del Partido Socialista español eran anticomunistas convencidos, debido sobre todo a su amarga experiencia en la Guerra Civil. Sin embargo, posteriormente, tanto Felipe González como otras figuras destacadas del partido proclamarían su «neutralidad» en la Guerra Fría. Por eso es importante distinguir entre el panorama mundial, bastante sombrío, de los primeros años después de Franco y la situación en Occidente, próspera, estable y claramente filodemocrática. En este ambiente se desarrolló a vida política de la Transición española.

Durante los últimos días de Franco hubo bastante tensión en las relaciones internacionales de España debido a la insistencia del rey Hassán de Marruecos en ocupar todo el Sáhara español. El monarca alauita consideraba que este territorio era una mera extensión de Marruecos, argumento desmentido tanto por la historia como por las actitudes políticas de los saharauis. Hassán sabía que no podría ganar el plebiscito que Franco, de acuerdo con las Naciones Unidas, había prometido, de ahí que optara por la provocación directa. La situación se volvió cada vez más complicada —eso era lo que Hassán pretendía al organizar la multitudinaria Marcha Verde— y el resultado fue bastante triste y deshonroso para España, que tuvo que ceder al chantaje y retirar sus destacamentos. La pesadilla continuó con la ocupación de la región por las fuerzas marroquíes y el desplazamiento o muerte de muchos saharauis.

Poco antes se había vivido un momento de tensión con el Portugal revolucionario, de tal intensidad que el Gobierno portugués temió que el Ejército español ocupara posiciones de asalto en la frontera, como si un Franco moribundo hubiera ordenado actuar y, así, dar respuesta a la solicitud que el presidente estadounidense Gerald Ford le había hecho el año anterior. En Portugal, un intento de sublevación ultraizquierdista fracasó ante la reacción del sector más profesional y disciplinado de las fuerzas armadas, solo cinco días después de la muerte de Franco, con lo que el peligro de contagio revolucionario disminuyó considerablemente[13]. Aun así, debe reconocerse que los sucesos en el país vecino sirvieron para allanar el camino de la Transición en España.

El impulso definitivo hacia la democracia: don Juan Carlos toma el timón

Si el rey fue «el motor del cambio», como se ha dicho acertadamente, su asesor clave, Torcuato Fernández-Miranda, fue el cerebro, el diseñador táctico y estratégico. El proceso era enor-

---

[13] La mejor historia de la revolución portuguesa es K. Maxwell, *The Making of Portuguse Democracy,* Cambridge, 1995.

memente complejo y Juan Carlos no tenía ningún mapa que le señalara por dónde debía ir. En realidad, los pasos decisivos fueron trazados por el viejo profesor de política del rey. La mayor parte de la sociedad coincidía en la necesidad de democracia, pero entre los líderes y los grupos políticos existían grandes diferencias en cuanto al modo de lograrla y en cuanto a la forma y dimensiones finales. Los proyectos de reforma que se planteaban pueden clasificarse en tres categorías:

1) Una reforma muy lenta, paso a paso, respetando todos los trámites de las instituciones vigentes, reformando las Leyes Fundamentales del régimen (con muchas variaciones) y reteniendo algunos aspectos clave de las instituciones franquistas. Era la opción de Arias Navarro, tal vez de Adolfo Suárez y de Manuel Fraga.
2) Una iniciativa más drástica por parte del rey, que instituiría un nuevo sistema por decreto real y posteriormente sería sometido a referéndum. Era el plan de Pío Cabanillas, entre otros.
3) Una acción rápida, basada en una sola iniciativa drástica que respetara, más o menos, las instituciones legales vigentes y estuviera precedida por una serie de transformaciones profundas, aunque sin saltarse la ley, sino interpretándola de un modo flexible. Era el plan de Fernández-Miranda.

Inicialmente se ensayó una versión de la primera opción, ideada básicamente por Manuel Fraga, que fue presentada durante el segundo Gobierno de Arias (diciembre 1975-julio 1976). La iniciativa fracasó porque se trataba de un proceso muy lento y complicado. No recibió el apoyo total del Gobierno y tanto algunos líderes franquistas como Fernández-Miranda la consideraron inadecuada[14]. El rey forzó la dimisión de Arias a comien-

[14] Las peripecias de este proceso están muy bien analizadas en A. de Diego, *La Transición sin secretos. Los franquistas trajeron la democracia,* Madrid,

zos de julio de 1976 para poder presentar un proyecto basado en la tercera opción —la concebida por Fernández-Miranda—, sin duda la mejor de las tres, ya que la segunda habría sido demasiado arriesgada para don Juan Carlos, y sus consecuencias, en caso de fracasar, habrían sido nefastas.

El papel clave de Fernández-Miranda como arquitecto del cambio se cumplió durante el primer año de la Transición, en 1976. Sus logros fueron realmente impresionantes:

a) Como presidente del Consejo del Reino y de las Cortes, reinterpretó con acierto numerosos procedimientos de las últimas Cortes de Franco, convirtiéndolas en una institución mucho más flexible.
b) Logró dirigir el Consejo del Reino de una manera muy eficaz, sacando de la institución una terna de candidatos para ocupar el cargo de presidente del Gobierno que muchos creían imposible.
c) Con la ayuda de sus colaboradores, consiguió la aprobación en las Cortes de una larga serie de reformas, emitidas originalmente por decreto, utilizando la Comisión de Competencia Legislativa[15], que facilitaba la reforma.
d) Eligió a un presidente capaz de llevar a cabo la reforma política básica, y convenció a don Juan Carlos de que se trataba de la persona ideal para semejante tarea.
e) Diseñó un plan para lograr la aprobación de la Ley de Reforma Política y escribió el borrador original de la propuesta.

El plan trazado consistía en que el nuevo presidente, Adolfo Suárez, que tenía un gran don de gentes y mucha mano izquierda

---

2017, págs. 382-431. Esta es la historia más reciente de la Transición y destaca por su originalidad y rigor analítico.

[15] Véase J. M. Ortí Bordás, *La Transición desde dentro,* Barcelona, 2009, págs. 265-270. Este libro de memorias es fundamental para entender los orígenes y los primeros pasos de la reforma.

en las relaciones personales, actuara como un «presidente puente» durante la primera etapa de la Transición. A él le correspondería conseguir la aprobación inicial de la reforma política y, posteriormente, para la tarea de gobernar, daría paso a otro presidente más preparado. Pero ¿a quién tenían en mente Fernández-Miranda y el rey para sustituirle? Esta es una pregunta abierta que permite diversas opciones. Es dudoso que el propio Fernández-Miranda hubiera servido para la obra de los años 1977-1979, pues carecía de las cualidades de relaciones públicas necesarias. No está nada claro cuáles eran sus planes —si es que los tenía— para las etapas posteriores, ya que sus escritos siguen siendo inaccesibles para los investigadores. ¿Habría podido ganar las elecciones teniendo en frente a los socialistas? Ciertamente, a Fernández-Miranda le hubiera gustado diseñar una Constitución más conservadora que la que se aprobó en 1978, más fuertemente bicameral y más concreta en la cuestión de las autonomías. De los protagonistas de la Transición, Fernández-Miranda sigue siendo el más «enigmático». Este es el adjetivo que más frecuentemente se usa cuando se habla o se escribe sobre él[16].

Suárez, el elegido

La elección de Adolfo Suárez como presidente del Gobierno y líder de la reforma en una primera fase fue la gran sorpresa de la Transición. En un primer momento, su nombramiento fue mal recibido por la opinión pública. El rey Juan Carlos tenía buena opinión de Suárez, pero también algunas dudas, por lo que re-

[16] Existen numerosos escritos sobre Fernández-Miranda, que murió pronto, en Londres, en 1980, con la limitación de que las obras principales se deben a miembros de su propia familia. J. L. Alcocer, *Fernández-Miranda: agonía de un Estado,* Barcelona, 1986; P. y A. Fernández-Miranda, *Lo que el Rey me ha pedido. Torcuato Fernández-Miranda y la reforma política,* Barcelona, 1995, la mejor y más documentada, y J. Fernández-Miranda, *El guionista de la Transición. Torcuato Fernández-Miranda, el profesor del Rey,* Barcelona, 2015, que tiene la forma de una biografía.

sulta bastante claro que la selección la hizo Fernández-Miranda[17] basándose en el cálculo de que el nuevo presidente debía ser joven y estar alejado de los veteranos del llamado «búnker», pero, al mismo tiempo, ser un hombre del régimen que conociera sus recovecos y pudiera ser aceptado por el Consejo Nacional. Suárez no tenía fama de aperturista y, en efecto, no lo había sido. De las personalidades aperturistas del Movimiento, quien tenía mayor experiencia y personalidad era José Miguel Ortí Bordás. Pero Fernández-Miranda buscaba a alguien más dúctil, menos formado y políticamente más manejable. Adolfo Suárez siempre había tratado de «gustar» a sus superiores —Luis Carrero Blanco, Laureano López Rodó, Fernando Herrero Tejedor y Torcuato Fernández-Miranda— y parecía cumplir con todos los requisitos. Además, un objetivo básico de la mayoría de los miembros del Consejo Nacional, que incluyó a Suárez en la terna nominada a ser futuro presidente, fue cerrar el paso a los aperturistas más prominentes. Como decimos, Suárez no figuraba entre ellos y, así, la oposición a un miembro secundario del Movimiento que no tenía la etiqueta de reformista fue mucho menor[18].

Fernández-Miranda calculaba bien y calculaba mal. El joven de Ávila tenía las cualidades apropiadas, pero también algunas más. No era un destacado líder político al uso, y es dudoso que

---

17 En una entrevista, Fernández-Miranda se refirió a una etapa previa en la que Juan Carlos había solicitado propuestas de varios importantes personajes políticos sobre el modo de llevar a cabo la reforma. Cuando pidió la opinión de su antiguo tutor, Fernández-Miranda recomendó la propuesta presentada por Suárez. Como explicó en la entrevista: «¡Pues, claro, como que lo había hecho yo mismo! En aquella etapa Adolfo me consultaba hasta las comas de sus discursos y declaraciones. Era el actor que yo necesitaba para presentar mi obra. Aprendía el papel con mucha rapidez, pero ignoraba las más elementales nociones del Derecho Público. No pensé que ambicionaría algún día la manumisión», Jaime Campmany, *Época,* 556, 23 de octubre de 1995, pág. 5, en A. de Diego, *La Transición sin secretos,* ob. cit., pág. 470.

18 El mejor estudio del proceso de elección de Suárez es el de A. de Diego González, «El nombramiento del presidente del Gobierno en la reforma política. Un episodio clave de la Transición democrática», *Aportes,* 82, XXVIII (febrero de 2013), págs. 5-34.

hubiera llegado al cénit en un sistema establecido desde hacía tiempo, pero tenía ciertas aptitudes poco habituales para la tarea que debería desempeñar: era enérgico, atrevido y, si las circunstancias lo requerían, valiente. Y, sobre todo, era un gran seductor, sobresaliente en las relaciones personales y en los medios de comunicación, especialmente en televisión —durante una temporada, bajo la dictadura, fue director del ente público—. Su formación no era destacable y parece ser que leía muy poco, pero era especialmente hábil en las negociaciones políticas. Estaba dispuesto a correr riesgos, al menos cuando sabía que tenía apoyos, y su principal talento consistió en saber comunicarse y negociar con los líderes de la oposición.

Suárez, por sí mismo, no habría propuesto un cambio tan rápido y directo, pero, para llegar a ser presidente del Gobierno, estaba dispuesto a asumir el plan de Fernández-Miranda si también era el deseo del rey. Lo cierto es que lo ejecutó a la perfección, como su mentor deseaba, al menos durante el primer año. La famosa Ley de Reforma Política no fue solo una reforma, sino el cortocircuito legalista del sistema político franquista —esencialmente, tal y como Fernández-Miranda lo había diseñado—, y lo que podría denominarse una «ruptura controlada y consentida».

Muchas veces se ha planteado la pregunta de por qué los procuradores de las últimas Cortes franquistas se hicieron el harakiri. Probablemente, la razón más importante es que el país había cambiado tanto que a la mayoría de los procuradores no les parecía posible que el franquismo sobreviviera sin Franco, sobre todo teniendo en cuenta que el jefe del Estado designado por el propio dictador apoyaba el cambio. Por lo general, se puede alargar la vida de una dictadura durante cierto tiempo si sus líderes tienen el estómago necesario para seguir reprimiendo y, si hace falta, fusilando, pero en España muy pocos estaban por la labor. Y, aun más, había una minoría franquista que verdaderamente estaba a favor de la reforma. Los más irreductibles fueron enviados en misión parlamentaria a Hispanoamérica, con los gastos pagados. No cabe duda de que Suárez y los reformistas fueron muy astutos a la hora de manejar la situación.

Después de casi un año como presidente del Gobierno, con la reforma inicial aprobada, el referéndum ganado y las primeras elecciones democráticas a Cortes a la vista, Suárez comenzó a imponer sus propios criterios y se planteó mantenerse en la Presidencia del Gobierno. Este propósito no formaba parte del plan original y, en efecto, Fernández-Miranda mostró su oposición. Pero el rey, a pesar de lo incómodo de la situación, optó por apoyar a Suárez, que había logrado un gran éxito y, además, le caía bien. Ese fue el comienzo del declive de Fernández-Miranda, pese a la astucia e inteligencia que había demostrado[19], mientras que el presidente se afianzaba en el cargo e iniciaba el giro hacia el centro-izquierda.

Suárez fue el líder político más importante durante tres años decisivos, desde mediados de 1976 hasta mediados de 1979, pero, posteriormente, sus cualidades no le sirvieron para mantenerse en el poder. No sabía dirigir un partido político al uso, ni solucionar problemas complejos. No entendía demasiado de cuestiones técnicas y era poco hábil en el ámbito de las relaciones internacionales. Entre sus logros principales se encuentran las victorias conseguidas en las dos primeras elecciones democráticas (1977 y 1979), pues una victoria del PSOE —un partido todavía poco definido y muy radicalizado en aquel momento— habría podido estropearlo todo y devolver al país a la situación de 1931. No sabemos cuáles fueron los argumentos que Suárez expuso ante el rey para quedarse, pero, probablemente, este fue uno de ellos.

La coalición de Unión de Centro Democrático (UCD) que se formó en torno a Suárez era demasiado heterogénea como para defender un proyecto concreto de Constitución, por lo que, en ese sentido, se trabajó con las propuestas de los demás. El estilo de proceder de Suárez, basado en la negociación y el consenso,

---

[19] Sin tener un papel importante y ninguneado por su antiguo pupilo, Fernández-Miranda se jubiló de la política un año después, sin más emolumento que un título que le otorgó el rey. Había diseñado un sistema político con el que muchos conseguirían ganancias muy sustanciosas, pero él mismo recibió muy poco. Murió unos años después, en 1980, y la última etapa de su vida fue lo más similar al desenlace de una tragedia griega.

funcionó bastante bien; supo conseguir la colaboración de la mayor parte de la oposición —otro de sus logros más destacados—, aunque tampoco podemos ignorar que en aquella época la división de la izquierda era muy significativa.

¿Se habría podido redactar una Constitución mejor definida, más coherente y más conservadora, como parece que planeaban destacados políticos reformistas de derechas en 1975-1976? Cumplir estos objetivos habría implicado crear un sistema más claramente bicameral, con derechos de autonomía mucho más delimitados y restringidos. Pero, teniendo en cuenta las condiciones de 1978, ¿era posible? La respuesta a esta pregunta me parece bastante incierta, pero de lo que no hay duda es que UCD no fue por ese camino.

La Constitución de 1978 es la primera Carta en la Historia de España plenamente consensuada. Las anteriores habían sido impuestas por el sector político dominante excluyendo a los demás, salvo, en cierto modo, la de 1876. La Constitución de 1931 fue democrática en la forma[20] y, pese a sus defectos, habría permitido el desarrollo de un sistema democrático si los republicanos la hubieran respetado. Por supuesto, era reformable, pero solo sirvió para que las izquierdas la usaran como arma arrojadiza y la manipularan a su antojo, como ocurrió en las fraudulentas elecciones de 1936.

El papel de la izquierda en la Transición y la debilidad conservadora

En el siglo XXI la extrema izquierda parece pecar de falta de «memoria» al afirmar que la Transición se basó en un supuesto «pacto de olvido», cuando lo que ocurrió fue exactamente lo contrario y, precisamente, debido a que *la historia no se olvidó,*

[20] Para una comparación de las dos Constituciones y de los procesos constitucionales, véase R. de Mendizábal Allende, «La razón histórica de la Constitución española de 1978», *Anales de la Real Academia de Jurisprudencia y Legislación,* 39 (2009), págs. 437-557. Para una comparación más amplia de los procesos constitutivos, véase M. Álvarez Tardío, *El camino a la democracia en España, 1931 y 1978,* Madrid, 2005.

el proceso se cimentó en la negociación, el consenso y la tolerancia. Nadie deseaba repetir los errores de la Segunda República, que es lo que pretende hacer la extrema izquierda actual con su ausencia total de sentido de la historia y su «presentismo».

En 1976 la izquierda adolecía de un problema fundamental: su extrema debilidad. El único partido importante de la oposición era el Partido Comunista de España (PCE), de inspiración estalinista, pero cuando en 1977 se impuso el eurocomunismo —que aceptaba el parlamentarismo democrático— sus postulados se fueron acercando cada vez más al socialismo, con lo que el comunismo de corte clásico perdió su razón de ser. Podría decirse que los dos proyectos fracasados de la Transición fueron el de los comunistas y el de los democristianos, pese a que, en vísperas del cambio, muchos pensaban que el nuevo sistema español de partidos se parecería al de Italia, donde había un importante Partido Comunista a la izquierda y un Partido Democristiano a la derecha. Pero no fue así, fundamentalmente porque los dos sistemas se habían formado en épocas muy distintas. El italiano se forjó poco después de la Segunda Guerra Mundial, cuando el comunismo tenía una gran influencia y el catolicismo estaba muy presente en la sociedad, mientras que la Transición española tuvo lugar en la época de la disolución del comunismo en el Occidente democrático y en pleno proceso de secularización de la sociedad.

Hasta la última etapa del franquismo, el PSOE tuvo una vida bastante lánguida[21]. Los socialistas «históricos», exiliados en Toulouse y México, estaban agotados por la autoimpuesta «bolchevización» de 1933-1937, que había desembocado en la Guerra Civil, y, posteriormente, por el abuso de los comunistas durante la contienda. Era una generación de políticos que había vivido numerosas transformaciones[22], y cuando Felipe

---

[21] Véase R. Gillespie, *The Spanish Socialist Party. A History of Factionalism,* Oxford, 1989. Para otro punto de vista, A. Mateos, *Las izquierdas españolas desde la Guerra Civil hasta 1982,* Madrid, 1997.

[22] Para su evolución, véase el estudio de J. F. Fuentes, *Con el Rey y contra el Rey. Los socialistas y la monarquía (1879-2014),* Madrid, 2016.

González asumió el liderazgo del partido, se impuso un aire nuevo. Para sorpresa de muchos, en los primeros momentos de la Transición la izquierda más responsable la encarnaba el PCE, mientras el PSOE representaba a la izquierda radical —si bien no llegaba, ni de lejos, a las dimensiones que tuvo en 1936—. Durante los primeros meses, los socialistas se opusieron a la política de Suárez con grandes manifestaciones, iniciativas internacionales y una huelga general. Hablaban de «acción directa» y de no asumir la «administración del capitalismo»[23], y a la vez defendían la democracia parlamentaria. Los votantes ignoraron a los socialistas cuando expresaron en las urnas su aprobación de la reforma política y, como tiempo después admitió Enrique Múgica, «el pueblo español fue mucho más inteligente que los partidos políticos de izquierda, y eso es lo que nos hizo reflexionar»[24].

Que el nuevo PSOE se posicionara a la izquierda del PCE irritó bastante a los socialdemócratas alemanes, que aportaban importantes cantidades de dinero para que el socialismo español creciera y se convirtiera en una organización más unida y responsable. Finalmente, Felipe González y otros miembros del PSOE lograron que el partido fuera la verdadera alternativa política. Aunque las izquierdas habían demandado la ruptura en lugar de una reforma, no tuvieron la fuerza suficiente para imponer sus criterios y aceptaron una semirruptura negociada y pactada. A largo plazo, los socialistas serían los grandes beneficiados[25]. Años después se forjó la idea de que se había producido una gran mo-

---

[23] Lo que, naturalmente, suscitó un comentario crítico. Véase P. Cambra, *Socialismo no es libertad: la verdadera historia del PSOE,* Madrid, 1979, y F. Barciela, *La otra historia del PSOE,* Barcelona, 1981. Para la evolución del partido en estos años, véase J. J. de la Fuente Ruiz, *La «invención» del socialismo: radicalismo y renovación en el PSOE durante la dictadura y la transición a la democracia (1953-1982),* Gijón, 2017.

[24] Citado en A. de Diego, *La Transición sin secretos,* ob. cit., pág. 508.

[25] Para un estudio comparado de los grandes partidos de izquierdas, véase J. Andrade, *El PCE y el PSOE en la Transición,* Madrid, 2012.

vilización popular durante la Transición[26], pero, en realidad, no es más que otro de los grandes mitos de la Historia de España. La movilización popular sí llegó a ser importante en Portugal, en el verano de 1975, para estabilizar democráticamente la revolución portuguesa, pero en España fue casi al revés[27].

Adolfo Suárez y la UCD no lograron sobrevivir durante mucho tiempo más. El presidente se veía a sí mismo no tanto como un líder de partido al uso, sino como un «hombre del rey», papel que implicaba una cierta interinidad, y esta ya se había cumplido a finales de 1979. La coalición que había creado nunca llegó a ser un partido estructurado y disciplinado, y Suárez se mostraba indeciso y confuso en cuanto a su propio espacio político. Por un lado, pretendía disputar la esfera de la izquierda al PSOE —algo imposible— y, por otro, no supo crear un verdadero partido conservador de centro. Los barones de su formación política estaban tan alienados como el propio Suárez y el naufragio parecía inevitable[28]. A la caída de Suárez siguió la de UCD[29].

---

[26] Como ejemplos, véanse N. Sartorius y A. Salvo, *El final de la dictadura. La conquista de la democracia en España. Noviembre de 1975-junio de 1977,* Madrid, 2007, y A. Ruiz-Huerta Carbonell, *Los ángulos ciegos. Una perspectiva crítica de la Transición española,* Madrid, 2009. Para los grupos políticos de extrema izquierda, véase G. Wilhelmi, *Romper el consenso: La izquierda radical en la Transición española (1975-1982),* Madrid, 2016.

[27] Como dice acertadamente Álvaro de Diego: «No fue la movilización popular la que impulsó el cambio, sino probablemente lo contrario: la desmovilización política», en *La Transición sin secretos,* ob. cit., pág. 367. Si esta conclusión es correcta, se trata de otra ironía de la historia, ya que, por lo general, la movilización popular siempre ha sido mayor en España que en Portugal.

[28] Su primer biógrafo importante fue Gregorio Morán, *Adolfo Suárez: historia de una ambición,* Barcelona, 1979, revisado como *Adolfo Suárez: ambición y destino,* Barcelona, 2009. J. F. Fuentes, *Adolfo Suárez. Biografía política,* Barcelona, 2011, es más objetivo y aporta importante documentación nueva, mientras la parte principal de C. Powell y P. Bonnin (escrito por Powell), *Adolfo Suárez,* Barcelona, 2004, ofrece una breve y lúcida introducción.

[29] Véanse C. Huneeus, *La Unión de Centro Democrático y la transición a la democracia en España,* Madrid, 1985, y S. Alonso-Castrillo, *La apuesta del centro. Historia de la UCD,* Madrid, 1996.

En 1982 los socialistas ganaron las elecciones por una mayoría absoluta abrumadora, un hecho sin precedentes en la Historia de España. Casi todos los observadores internacionales esperaban cambios importantes después de la muerte de Franco, pero la arrolladora victoria del PSOE fue una sorpresa. Y aquí es donde nos surge la pregunta de por qué la derecha era tan débil en aquellos momentos. Los conservadores tuvieron más problemas que los socialistas a la hora de superar sus divisiones internas y presentar una alternativa convincente; Alianza Popular languidecía en el desierto y hubo que esperar hasta finales del siglo XX para que apareciera un líder conservador capaz de triunfar en España. Durante mucho tiempo, la derecha española había dependido en exceso de la religión, ya fuera directa o indirectamente, y con una sociedad cada vez más secularizada el país carecía de una cultura de valores adecuada para crear un conservadurismo capaz de funcionar. A esto se añade que la pobreza dialéctica de la derecha española contemporánea ha sido y es extraordinaria.

El 23-F: la Transición a prueba

El mayor peligro de inestabilidad llegó relativamente tarde, con los dramáticos sucesos del 23 de febrero de 1981. Habitualmente se denomina «golpe de Estado» a cualquier intervención militar, y así se han calificado los acontecimientos de 1923 y 1936, aunque el primero fue, en realidad, el último de los pronunciamientos clásicos —como hemos visto en el capítulo 6— y el segundo, una insurrección militar generalizada. Sin embargo, lo que ocurrió el 23-F, con la ocupación militar del Parlamento, ciertamente tuvo todo el aspecto de un golpe de Estado, precipitado no tanto por una crisis absoluta o por la amenaza de colapso del sistema como por la confusión, la ineficacia y la debilidad del Gobierno ante el terrorismo. Fue una respuesta a un problema político, no a una crisis nacional de envergadura, pero su razón de ser ya había desaparecido en parte tras la dimisión de

Suárez y la inminente formación de un nuevo Gobierno dirigido por Leopoldo Calvo-Sotelo, cuya investidura se votaba ese mismo día. Por ello el golpe no tenía ningún sentido y no funcionó.

Como ya sabemos, el objetivo no era imponer un Gobierno militar o un nuevo régimen, sino promover un cambio de rumbo a través de una amplia coalición multipartidista dirigida por el general Alfonso Armada. Fueron muchos los detalles que se ocultaron, lo que dio lugar a especulaciones constantes y a una historiografía bastante contradictoria. Parece que, en sus inicios, los militares que planeaban la operación creían que solo un pronunciamiento habría sido suficiente para sustituir el debilitado Gobierno de Suárez. Pero después llegaron a la conclusión de que sería necesario fabricar una crisis política para precipitar las cosas. Se puso en marcha la denominada Operación De Gaulle —que hace referencia a la rebelión militar que tuvo lugar en Argelia, en 1958, y a la crisis consiguiente que llevó a De Gaulle al poder otra vez—, y a partir de ahí surgió la idea de que miembros de la Guardia Civil, bajo el mando del teniente coronel Antonio Tejero, ocuparan el Congreso de los Diputados, creando así una crisis artificial, pero efectiva, que impulsaría la formación de un Gobierno alternativo. La idea era descabellada, aunque no del todo irrealizable.

El golpe contaba con dos bazas a favor: la relación personal de Armada y el rey —el primero había sido secretario de don Juan Carlos en la década anterior— y el deseo desmesurado de los socialistas de llegar cuanto antes al poder. La verdad es que sabemos muy poco de las relaciones de Armada con los políticos que había propuesto como ministros en su plan de gobierno, y desconocemos su grado de compromiso con la operación, pues, como hemos dicho, enseguida cayó sobre este asunto un velo de absoluta discreción. El supuesto objetivo de ese nuevo Gobierno multipartidista no era reemplazar el sistema parlamentario y constitucional, sino «reconducir» su política mediante un nuevo liderazgo más fuerte respecto al terrorismo y al problema autonómico.

La escena de la ocupación de las Cortes por los hombres de Tejero disparando armas automáticas al aire fue retransmitida en directo por televisión y causó en la población un impacto traumático. Esta acción suponía una ruptura de la legalidad que el rey no podía autorizar ni apoyar directamente, y las seis horas de incertidumbre que siguieron demostraron que, en efecto, la iniciativa no contaba con el apoyo, ni espontáneo ni unánime, de los mandos militares. De hecho, la única respuesta pública de apoyo al golpe tuvo lugar en Valencia. Ante la confusión, don Juan Carlos, siguiendo el consejo de su nuevo secretario, el general Sabino Fernández Campo, decidió poner fin a la intentona[30]. Irónicamente, el incidente logró uno de sus objetivos, pues se implementó una política más coherente que restringía el poder autonómico. Sin embargo, este cambio fue después anulado por el Tribunal Supremo.

Por lo general, el comportamiento de los militares durante la Transición fue correcto. La táctica diseñada por Fernández-Miranda de ir «por la ley a la ley» redujo enormemente la disidencia. Sí se promovieron diversos intentos de conspiración por parte de algunos oficiales y mandos, pero, en general, reinaba la disciplina. Los militares soportaron con estoicismo la larga serie de atentados terroristas, dirigidos principalmente contra militares y policías, así como una política del Gobierno a menudo débil y errática.

La Transición tiene fama de haber sido pacífica porque los grupos políticos nacionales (y casi todos los regionales) rechazaron la violencia y esta nunca amenazó con desestabilizar el sistema, con la excepción del 23-F. La mayoría de los atentados fueron cometidos por la extrema izquierda, aunque a veces la izquierda democrática se mostró indulgente con los más radicales por ser estos «antifranquistas». La situación podría compararse con la de la Segunda República, escenario de cinco in-

---

[30] R. Muñoz Bolaños, *23-F: los golpes de Estado,* Madrid, 2015, es la narración más exacta, mientras J. Palacios, *23-F: el Rey y su secreto,* Madrid, 2010, es la mejor explicación del fondo del asunto. Cfr. P. Urbano, *La gran desmemoria: lo que Suárez olvidó y el Rey prefiere no recordar,* Madrid, 2014, págs. 473-739.

surrecciones violentas diferentes —la de 1934 fue la más grave—, con un movimiento de masas anarcosindicalista implicado en diversas acciones terroristas y una parte de la coalición republicana original —una facción del PSOE— abogando por el insurreccionismo y las acciones violentas. No cabe duda de que la gravedad de esta violencia política acabó desestabilizando el sistema. En comparación, la Transición transmitía la sensación de estabilidad y de haber sido relativamente pacífica.

Sin embargo, como varios analistas han señalado, entre ellos, Xavier Casals, el autor del estudio más riguroso realizado sobre aquellos años, durante la Transición también hubo violencia política:

> Un estudio del sociólogo Ignacio Sánchez-Cuenca [...] y la politóloga Paloma Aguilar constató que entre el 1 de enero de 1975 y el 31 de diciembre de 1982 la violencia política causó 504 víctimas mortales; su gran mayoría (96,2 %) falleciendo por la acción de grupos terroristas, siendo ETA autora de 361 asesinatos (un 71,6 %), mientras un 3,8 % lo hizo en incidentes diversos (manifestaciones, disturbios o enfrentamientos). Ese balance ofrece una perspectiva menos halagadora de la Transición, ya que resultó mucho más sangrienta que la griega o la portuguesa, ambas iniciadas en 1974 (la primera se saldó con 29 víctimas y la segunda con menos) y advierten que «ha sido la más sangrienta en Europa», exceptuando la de Rumanía. Igualmente, un amplio análisis del periodista Mariano Sánchez Soler contabilizó entre el 20 de noviembre de 1975 y el 30 de diciembre de 1983 un total de 2.663 víctimas (sumando muertes y heridos hospitalizados), de las que fallecieron 591. Por último, en 2012, la historiadora francesa Sophie Baby, en un trabajo minucioso y extenso de la violencia política en la Transición, computó entre 1975 y 1982 un mínimo de 3.200 acciones violentas y más de 700 víctimas mortales, 530 de ellas causadas por terroristas. Tal balance dibuja una Transición menos modélica y, sobre todo, menos «pacífica» en relación a su percepción imperante[31].

---

[31] X. Casals, *La Transición Española: el voto ignorado de las armas,* Barcelona, 2016, págs. 14-15.

La Transición, un modelo

La Transición española fue la primera en ofrecer el modelo básico de lo que sería la «tercera ola» de democratización en el mundo del siglo XX. Otros procesos democratizadores que tuvieron lugar en el hemisferio occidental y en el mundo excomunista fueron bastante más abruptos. Por ejemplo, los cambios políticos iniciados en 1975 en Portugal y Grecia fueron consecuencia directa de la derrota militar. En el primer caso, como hemos comentado anteriormente, con la toma del poder por parte de un sector de las fuerzas armadas —la «Revolución de los Claveles»—, si bien el proceso verdaderamente democrático no se inició hasta dos años después, tras una gran movilización popular y la aprobación de la Constitución de 1976. Este no fue el caso de España: no hubo movilización social, pero las élites españolas estaban más preparadas y eran más proclives a las reformas que las portuguesas. Existió, pues, menos peligro de ruptura social.

Como ya hemos mencionado, la Transición española fue un caso único en la historia por haber logrado la democratización de una dictadura institucionalizada mediante sus propias leyes. En este sentido, las transiciones posteriores de los países poscomunistas fueron más convulsas y debieron enfrentarse a mayores dificultades, ya que los cambios no afectaban solo a las estructuras políticas, sino a la economía, a la sociedad y a la cultura, y en casi todos los casos se trataba, además, de recuperar la independencia nacional. Algunos de esos procesos de transición siguen inacabados en el siglo XXI, y otros casos, como Rusia y Bielorrusia, han evolucionado de un postotalitarismo a un neoautoritarismo.

Durante casi quinientos años, España no gozó de buena prensa en el extranjero, y en la época de Franco se consideraba que era un «país excepcional», en su sentido más peyorativo. Con la Transición democrática, esta imagen cambió con gran rapidez y el aplauso internacional fue prácticamente unánime. Para los españoles, gozar de una opinión favorable en el escenario mundial era una nueva experiencia. Todo el proceso fue un importante logro cívico, a pesar de que se cometieron algunos errores, especialmente el reconocimiento en la Constitución de un sistema autonómico abierto y la ley electoral adoptada.

La época de la euforia duró más de un cuarto de siglo, hasta que, ya en el siglo XXI, la Transición comenzó a ser cuestionada desde dos perspectivas diferentes: la de los reformistas moderados y la de la extrema izquierda. Los primeros, que suelen ser personas políticamente razonables en la mayoría de los casos, buscan una reforma para rectificar ciertas deficiencias respecto a la ley electoral y a la estructura autonómica[32]. La crítica revolucionaria de extrema izquierda es muy distinta, porque rechaza realizar una reforma mediante el consenso de todos los sectores sociales y promueve un cambio dominado exclusivamente por las izquierdas[33]. Es decir, se critica a la Transición por sus aciertos, no por sus errores, y los que más invocan la «memoria histórica» parecen no saber nada de historia: de esos cambios que promueven ha habido varios en la historia del país y todos han acabado en desastre.

En mi opinión, el principal fallo que se cometió en la Transición fue plantear equivocadamente la política autonómica, un asunto que se les fue de las manos a los líderes de UCD. Algunas voces sensatas de la época advirtieron de que el nuevo sistema de las autonomías amenazaba la coherencia y la unidad del país. Así lo entendía el propio Josep Tarradellas, primer presidente de la Generalitat restaurada, pero, en todo caso, se trató de un error difícilmente evitable en un proceso de negociación abierto basado en el consenso, y más aún teniendo en cuenta que las izquierdas españolas apoyaban sin fisuras el autonomismo, al que consideraban un aliado natural y una de las claves para deshacer el franquismo.

---

[32] Aunque no fue así con las reformas propuestas por el Gobierno de José Luis Rodríguez Zapatero, diseñadas para conceder aún más poder autonómico a Cataluña, si bien se vieron moderadas por el Tribunal Supremo.

[33] Una crítica desde un punto de vista izquierdista, pero algo más razonable, es la de G. Morán, *El precio de la Transición,* Madrid, 2015.

Por otro lado, la Transición reflejaba el ambiente y la influencia democráticos de la Europa de la época, pero se cimentaba en la historia del propio país. Fue el momento de la historia contemporánea de España en el que más caso se hizo a esa misma historia, siendo conscientes de los errores del pasado y mostrando una gran determinación para no repetirlos. Hubo un gran entendimiento de todos los sectores nacionales de importancia, que llegaron a la conclusión de que ni en el presente ni en el futuro se invocaría la historia como un arma política, sino que se la dejaría en manos de los historiadores, de sus lectores y del mundo de la cultura y los medios de comunicación.

En la Transición no se «olvidó» nada. Fueron años muy ricos en investigaciones, publicaciones y trabajos sobre la República, la Guerra Civil y el franquismo, que aparecían en todos los medios de comunicación. En ningún momento, ni antes ni después, se le prestó tanta atención a la historia y nunca antes había sido tan asequible[34]. Lo que no se hizo fue utilizar la historia de forma partidista y como arma de propaganda política. González nunca llamó a Suárez «fascista» o «falangista», y este no tildaba al líder socialista de «rojo». Ni siquiera Santiago Carrillo fue recriminado por su pasado —al menos en las relaciones políticas formales—, sino que se le respetaba por su nuevo papel en la democracia. Y las cosas se mantuvieron así durante años.

¿Cuándo cambiaron? El primer momento decisivo tuvo lugar durante la campaña electoral socialista de 1993. Hasta entonces, el éxito político de Felipe González había sido extraordinario. Nadie en la historia parlamentaria del país había ganado tres elecciones consecutivas. En este contexto, los socialistas volvieron a su antigua idea de la «hiperlegitimidad», es decir, empezaron a olvidar la historia. Ya no contemplaban la posibilidad de una derrota, posibilidad perfectamente normal en la vida política democrática. En 1993, González comenzó a emplear una nueva retórica al enfrentarse a José María Aznar y al Partido Popu-

---

[34] Esto ha sido documentado especialmente por Santos Juliá en *Memoria de la guerra y del franquismo,* Madrid, 2006, págs. 24-71.

lar, alegando que un voto a favor de este sería un voto para que volviera el franquismo[35]. Después del tono blandengue empleado por Aznar en el segundo debate de televisión, González ganó los comicios de 1993 —no con una victoria tan abrumadora como en ocasiones anteriores—, pero a costa de haber transgredido una de las normas de la Transición. El empleo de la historia como arma política se repetiría en las elecciones siguientes, pero el efecto deseado fue mucho menor.

A pesar de sus errores, la Transición fue un gran éxito del que toda una generación de españoles se ha sentido orgullosa, y con razón. Todo sistema político requiere reformas positivas, pero la Transición proyectó la primera gran imagen cívica positiva de la historia contemporánea de España desde la Guerra de la Independencia. Su lugar de honor es totalmente merecido.

---

[35] La primera persona que señaló esto fue Paloma Aguilar Fernández, «Presencia y esencia de la Guerra Civil y del franquismo en la democracia española. Reflexiones en torno a la articulación y ruptura del "pacto del silencio"», en J. Aróstegui y F. Godechaux (eds.), *Guerra civil. Mito y memoria,* Madrid, 2006, págs. 282-283. Véase también el capítulo de P. Aguilar, «La evocación de la guerra civil y del franquismo en la política, la cultura y la sociedad españolas», en S. Juliá (ed.), *Memoria de la guerra…,* ob. cit., págs. 319-344.

13
Los españoles del siglo XXI ante su historia

El posmodernismo y el pensamiento único

La situación del estudio y la interpretación de la historia en el siglo XXI es anómala y paradójica. Se publican numerosos trabajos de calidad y nunca antes ha existido tanto material valioso para estudiar esta disciplina y aprender de ella. En cambio, en las escuelas y en las universidades, la historia está en horas bajas —incluso amenaza con desaparecer—, los recursos dedicados a ella en la educación secundaria son cada vez menores y apenas recibe atención por parte de quienes deciden los planes de estudio, lo que desincentiva a los estudiantes que se plantean matricularse en esta carrera. Los cambios en la cultura y en la economía apuntan en la misma dirección. El uso masivo de Internet alienta una disposición a vivir en el instante, recopilando algunos datos, pero sin profundizar. Los jóvenes parecen estar dominados por el «presentismo» y apenas hay interés real por el conocimiento del pasado, ni lejano ni cercano.

Igualmente importantes son las consecuencias de ciertos cambios culturales y de algunas doctrinas políticas tan significativas como el posmodernismo y el nuevo progresismo de pensamiento único —también denominado «corrección política»—, que desde la década de 1980 tienen una influencia cada vez más destacada en la política española. El posmodernismo pone el énfasis en la relativización, en el subjetivismo, en el lenguaje y en la deconstrucción. Rechaza cualquier metafísica, así como la idea de «verdad», porque se parte de la base de que la verdad es relativa y, por tanto, cada sujeto tiene «su» verdad. La historia no puede ofrecer datos y hechos objetivos que existan más allá del observador. Todo es una construcción arbitraria y subjetiva, y cualquier entidad que no reconozca esta premisa debe ser «deconstruida». Puesto que la objetividad es inalcanzable, no hay demasiada diferencia entre una novela y un libro de historia bien investigado. Todo es narrativa subjetiva, y la única diferencia que merece la pena destacar es entre quienes reconocen este planteamiento y quienes no lo hacen. Naturalmente, el posmodernismo no es una «versión» subjetiva de las cosas, sino «la verdad», aunque esta no exista. Es decir, el posmodernismo es inmune a sí mismo, la excepción, esto es, una propuesta totalmente irracional e ilógica.

En sus diversas ramas, el posmodernismo es un concepto —la costumbre es hablar de «teoría»—, mientras que los postulados del pensamiento único pertenecen al mundo de la política, aunque se apliquen a todos los aspectos de la cultura y la sociedad. Una singularidad de la corrección política es que se trata de la primera nueva ideología radical de izquierdas que tiene su origen en Estados Unidos. Además, es la primera ideología importante de izquierdas que no posee ni un nombre oficial ni una definición canónica. En ocasiones, sus defensores insisten en que no existe como tal más allá de la imaginación de sus oponentes, mientras que los autores que la critican utilizan expresiones como *The Silent Revolution* o *la ideología invisible*[1]. No se plasma en un único partido político ni en un movimiento cultural concreto, sino que es multiforme: son muchos los partidos y grupos sociales que la encarnan. En realidad, es una cultura de élites y de activistas que está presente en las principales organizaciones

---

[1] J. Trillo-Figueroa, *La ideología invisible: el pensamiento de la nueva izquierda radical,* Madrid, 2005; B. Rubin, *The Silent Revolution. How the Left Rose to Political Power and Cultural Dominance,* Nueva York, 2014.

políticas occidentales y en casi todas las instituciones —las excepciones son muy pocas— y, a diferencia de los movimientos radicales anteriores, su objetivo no es derrocar el sistema político, sino transformarlo desde dentro de la democracia por medio de la manipulación.

La democracia, cuando se pone en práctica, muestra tendencias igualitarias y deconstructivas, con una propensión a igualar tanto las instituciones como las costumbres. Este planteamiento no es nuevo, y por eso el liberalismo clásico decimonónico se cuidaba mucho de evitar los excesos de la democracia y planteaba restricciones, como, por ejemplo, el sufragio censitario, que limitaba el voto. En otras épocas era posible encontrar instituciones pseudoliberales oligárquicas que reconocían algunos derechos que estaban restringidos a una pequeña élite, pero esto ya no ocurre con el liberalismo moderno occidental, que ha dado lugar al proceso político más dinámico de la historia, imposible de detener a largo plazo. El liberalismo fue el resultado de la conjunción de poderosas corrientes en la cultura, en la sociedad e incluso en la religión; de ahí que, pese a todas sus restricciones y al elitismo de su forma clásica, no haya podido evitar la evolución hacia la democracia y, con ella, hacia un igualitarismo que ha llegado a ser radical, homogeneizando las instituciones y las estructuras, y desafiando y relativizando creencias.

La tendencia natural hacia el igualitarismo y la eliminación de las estructuras más jerarquizadas, habitual en Occidente, presentaba serios problemas a la hora de llevarla a la práctica, ya que el igualitarismo es un concepto y un objetivo que no se encuentra reflejado en la realidad: los seres humanos no son iguales ni en el plano físico ni en el intelectual ni en el moral. Cuando las estructuras políticas del siglo XX, a través de los Gobiernos, comenzaron a imponer unas condiciones más igualitarias, los éxitos y los fracasos se sucedían con suma facilidad. Así lo constató la experiencia comunista, y también los países democráticos impusieron ciertas medidas de coerción para conseguir la igualdad. En la segunda mitad del siglo XX se produjeron numerosos cambios en la cultura y en la sociedad occidentales, pero la igualdad, objetivo inherentemente imposible, no se alcanzó, lo que ha llevado a imponer nuevas medidas de coerción en un círculo vicioso que no tiene fin. Al relacionarse de modo contradictorio con la economía de mercado y la globalización, la ideología del igualitarismo produce más desigualdades y, nuevamente, el Estado adopta más medidas coercitivas. Este problema se aprecia claramente en la Unión Europea, donde está produciendo mucha frustración y una contradicción permanente[2].

Es cierto que siempre ha existido una tendencia hacia la corrección política coercitiva en la sociedad democrática, como ya señaló hace dos siglos Alexis de Tocqueville al hablar de Estados Unidos. El movimiento actual surgió en la década de 1960, y en los veinte años posteriores abandonó el izquierdismo original —en parte anarquista y en parte colectivista— para centrarse, primero, en la cultura y en la sociedad y, después, en el llamado «individualismo radical», que se manifiesta, sobre todo, en el estilo de vida. Poco a poco fue introduciéndose en las facultades de humanidades y ciencias sociales, llegando a convertirse en la corriente dominante de los últimos años del siglo pasado. Su más clara expresión en Estados Unidos y en España se produjo durante los Gobiernos de Obama y de Rodríguez Zapatero. Este último es el campeón de lo políticamente correcto y de la doctrina del igualitarismo, pero Obama lo superó en su tendencia a gobernar por decreto ignorando la legislación.

La corrección política y la creación de nuevos conceptos

El mayor impacto de la cultura de la corrección política en el campo de la historia ha surgido con la doctrina del victimismo, concepto fundamental en esta ideología. La victimización

[2] En términos filosóficos, tal argumento ha sido muy bien desarrollado por el filósofo polaco Ryszard Legutko, *The Demon in Democracy: The Totalitarian Temptation in Free Societies,* Nueva York, 2016.

ha caracterizado la historia humana, que sobre todo es una historia de la opresión y de la ausencia de la igualdad. Por eso, como en la Unión Soviética, la función de la historia es «desenmascarar» y denunciar esta opresión, y reclamar la igualdad, criticando las deficiencias de cualquier situación histórica. Se rechazan las interpretaciones del historicismo, según el cual cualquier época ha de estudiarse e interpretarse según sus propias mentalidades. Por el contrario, la nueva doctrina impone un «presentismo» cuyas normas, por recientes e inciertas que sean, tienen que ser consideradas válidas universalmente y para cualquier época. Su arrogancia y su superioridad moral son totales. En las facultades de historia, el resultado ha sido la imposición de la santísima trinidad de «raza-clase-género», entendidos como los factores básicos de la opresión y de la ausencia de igualdad[3].

Al ser producto de la «cultura del adversario», característica de las izquierdas en Occidente durante los últimos cincuenta años, esta doctrina rechaza especialmente la civilización occidental, que ha pasado a ser el enemigo número uno. Y así se configura otro aspecto de esta ideología, el «multiculturalismo», que no es más que un nuevo oxímoron, ya que cualquier sociedad tiene su propia cultura, pues de lo contrario no sobreviviría como sociedad. El rechazo a los valores de la civilización occidental tradicional provoca una primera contradicción, y es que no aplica los mismos criterios a otras culturas que, al no ser occidentales, se presuponen aliadas. El multiculturalismo se convierte, así, en un aspecto clave para desmontar la cultura occidental, porque no busca imponerse en otras culturas.

Esta ideología del «buenismo» y de la corrección política es la más característica y original de la época contemporánea, pues, comparadas con ella, las viejas ideologías, como el liberalismo, el anarquismo, el comunismo o el fascismo, tienen precedentes en la historia. Ninguna otra civilización ha pro-

---

[3] Cfr. G. Gatti (ed.), *Un mundo de víctimas,* Barcelona, 2017.

yectado una doctrina tan poderosa dirigida a su simple y llana autodestrucción. Probablemente, es un producto tanto de la secularización de la sociedad como del posmarxismo cultural[4].

En cuanto al nivel de interés y conciencia pública de la historia, es dudoso que la situación de España sea muy diferente de la de otros países, aunque, en términos generales, el posmodernismo y las cuestiones de raza y de género son menos influyentes. La historiografía española es bastante más tradicional, al menos para las épocas anteriores a la historia contemporánea. Antes de la década de 1960, el interés principal en la Historia de España, tanto dentro de país como en el extranjero, era la historia medieval y la época moderna. Un hispanista del siglo XIX como William H. Prescott prestó más atención a las grandes figuras españolas de los siglos XV y XVI que a la España de su propio tiempo. Y ese mismo enfoque se mantuvo durante dos generaciones. En cambio, después de la Guerra Civil y la dictadura, el interés en la historia contemporánea se incrementó de forma considerable. No debería sorprendernos porque, aparte de las circunstancias concretas de España, esa es la tendencia predominante en la historiografía mundial. El público del siglo XXI es, como decimos, «presentista», y parece que, tanto en las librerías como en Internet, los libros de historia que más se venden son los que tratan la Edad Contemporánea.

Cada país tiene sus singularidades y desde el siglo XIX el esfuerzo por describir y definir las de España ha llegado a convertirse prácticamente en una industria. En este sentido, como hemos visto, la cantidad de contradicciones, errores y conclusiones *non sequitur* son muy numerosos. Me parece válida la observación al respecto de Julian Pitt-Rivers, el mejor arqueólogo inglés que ha investigado a los españoles:

---

[4] Dos libros clave son P. E. Gottfried, *Multiculturalism and the Politics of Guilt: Toward a Secular Theocracy,* Columbia, Mo., 2002, y *The Strange Death of Marxism: The European Left in the New Millennium,* Columbia, Mo., 2005.

> Ser español es el grado extremo de la condición humana. Los españoles en sí mismos no son tan distintos del resto de la humanidad, sino que son más... sea lo que sea. Es decir, si son alegres, son más alegres, y la juerga andaluza es la más sublime de todas; si son tristes, son más trágicos y más dignos en su tragedia. Si son simpáticos, son más simpáticos y su simpatía penetra como un láser, pero si son antipáticos, son más pomposos e insensibles de lo que uno puede imaginar. Si aman, aman más, si odian, igual, y saben esconder su odio mejor que nadie[5].

La España del siglo XXI ha cambiado enormemente y no es el mismo país que era hace cincuenta años. Los españoles han transformado muchos de sus hábitos y costumbres —como en todo país moderno y avanzado—, aunque en lo que se ha denominado «la tendencia española al extremismo» se observan menos cambios. Esto explica su marcada participación en la cultura contemporánea de la deconstrucción y de la negación del pasado y de la historia. España es el único país occidental, y probablemente del mundo, en el que una parte considerable de sus escritores, políticos y activistas niegan la existencia misma del país, declarando que «la nación española» sencillamente «no existe». Todavía es mayor la negación de otros aspectos relativos a la historia, y la utilización de algunos elementos, ya sean falsos o ciertos, es más exagerada que en otras partes, al tiempo que las distorsiones, sobre todo de su historia contemporánea, son más profundas. En Europa, el único país en el que ocurre algo parecido es la Rusia de Putin, pero actualmente el «debate sobre Rusia» se ha resuelto a favor de un nacionalismo a ultranza. Afortunadamente, España, pese a su confusión política, sigue siendo una democracia con plena libertad de expresión.

---

[5] J. Pitt-Rivers, «Los estereotipos y la realidad acerca de los españoles», en M. Cátedra (coord.), *Los españoles vistos por los antropólogos,* Madrid, 1941, pág. 43, citado por E. Lamo de Espinosa en A. Morales Moya (coord.), *Nacionalismos e imagen de España,* Madrid, 2001, pág. 166.

Durante la Transición, la historia contemporánea se trató con, al menos, cierta ecuanimidad. Pocos estaban a favor de la continuación de la dictadura, y las conclusiones de casi todos los estudios sobre el franquismo eran negativas, a excepción de la corriente «historicista», que, como hemos dicho, insistía en que cualquier fenómeno debe analizarse desde la perspectiva de su propio tiempo y de las alternativas que en verdad existían, no de las que habrían sido deseables. Asimismo, se aceptaba el mito de que la República revolucionaria de 1936-1939 fue democrática hasta cierto punto y señalando sus muchos errores. Pero, al mismo tiempo, se pensaba que los planteamientos de esa época habían generado demasiados conflictos y nadie tenía ganas de que se repitieran. En 1990 un historiador tan solvente como Javier Tusell afirmó que se podría leer un escrito sobre la historia más reciente sin saber si el historiador tendía a la izquierda o a la derecha.

Pero, como hemos visto, en la década de 1990, se produjo un viraje muy específico en la realidad política española, y el enfoque victimista de la izquierda ocupó una posición dominante en los postulados de la corrección política.

Esta nueva orientación comenzó a tomar forma mientras, paralelamente, se creaba el movimiento de la «memoria histórica», integrado por diversos grupos, cada uno con intereses definidos y diferentes, algunos con motivaciones estrictamente políticas y otros principalmente emocionales. Estos últimos, entre los que se encuentra la Asociación para la Memoria Histórica que dirige Emilio Silva, tienen como principal objetivo satisfacer las demandas de un sector de la población que desea localizar a sus antepasados, víctimas de las represiones que tuvieron lugar durante la Guerra Civil y la posguerra. La versión más extremista reivindica el reconocimiento oficial de que los represaliados de izquierdas dieron su vida «por la democracia», así como la condena de Franco y de su régimen.

Con frecuencia, los partidos de izquierda radical y los nacionalistas periféricos esgrimieron estos conceptos como arma táctica parlamentaria contra su principal oponente moderado, tildando de «extrema derecha» e incluso de «fascista» al Partido Popular, cuya torpeza dialéctica se ponía de manifiesto cada vez que intentaba responder. La izquierda más radical formó, así, un nuevo mito sobre la Transición, según el cual la instauración del sistema democrático no era nueva ni original, sino que bebía de las fuentes de la Segunda República. Cierto es que, como ya se ha señalado, los protagonistas de este momento histórico —la Transición— acordaron dejar la historia en manos de los historiadores, de los analistas y de los medios de comunicación, mientras se construía un nuevo régimen democrático abierto a todos y no un sistema sectario y exclusivista como fue la Segunda República. En su día, este planteamiento fue aceptado por casi todas las izquierdas —salvo unos pocos maoístas, que representaban menos del 1 % de la población— y la mayoría de los nacionalistas periféricos. Al contrario de lo que dicen ahora los más radicales, se hizo mucho caso de la historia, pero para no repetir errores y descubrir cómo no se deben hacer las cosas[6].

Junto al oxímoron «memoria histórica» se emplea el de «justicia histórica». La única justicia es la legislada de forma regular y representativa, e igual para todos, mientras que la «justicia» retroactiva y anacrónica no es más que una forma artificial de injusticia. La «justicia histórica» es relativamente sencilla de tratar conceptualmente, pero muy complicada cuando se intenta llevar a la práctica[7]. Ocurre como con la «justicia social», pues

---

[6] Véanse los dos mejores estudios de la función de la historia en el proceso: P. Aguilar, *Políticas de memoria y memorias de la política. El caso español en perspectiva comparada,* Madrid, 2008, y G. Ranzato, *El pasado de bronce. La herencia de la Guerra Civil en la España democrática,* Barcelona, 2007, así como los artículos de S. Juliá, «Echar al olvido. Memoria y amnistía en la Transición», *Claves de Razón Práctica,* 159, págs. 4-13, y J. Tusell, *Clío,* noviembre de 2002, pág. 18.

[7] El problema ha sido estudiado en M. Khazanov y S. Payne, «How to Deal with the Past», en Khazcnov y Payne (eds.), *Perpetrators, Accomplices and Victims in Twentieth Century Politics: Reckoning with the Past*, Londres y Nueva York, 2009, págs. 248-268.

la única justicia que es verdaderamente justa es la que se basa en leyes objetivas codificadas y establecidas. Lo que se invoca a través de estas justicias «especiales» no es realmente justicia, porque las leyes creadas a propósito por determinadas cuestiones políticas rara vez son objetivas. En este sentido, la España de la Transición estableció un precedente, y las principales excepciones son algunos países latinoamericanos, donde, tras iniciar procesos democratizadores, destacadas figuras de las dictaduras militares anteriores han sido procesadas y sentenciadas.

Una posición crítica sobresaliente ha sido la del filósofo Gustavo Bueno, para quien el concepto de «memoria histórica» no es más que «una invención de la izquierda» y una maniobra de manipulación política[8]. Para él, la memoria es una construcción subjetiva y la memoria histórica es una elaboración social, cultural o política.

En los orígenes de la creación del concepto de «memoria histórica» jugó un factor decisivo el vuelco de la situación política que tuvo lugar a finales del siglo XX, cuando el Partido Popular ganó las elecciones de 1996 y de 2000. Para entonces, muchas figuras importantes de la Transición habían abandonado la escena política. Ellos eran los que realmente tenían alguna memoria personal de la Guerra Civil y de sus secuelas. Quizá no habían participado en ella, pero eran conscientes de sus consecuencias. La victoria de la derecha creó la situación idónea para que un sector de la izquierda, incluso la más moderada, adoptara la memoria histórica como argumento contra su gran rival político.

En la campaña electoral del invierno de 2004, Rodríguez Zapatero no la utilizó como arma, pero le dio prioridad cuando fue investido presidente del Gobierno. Al verano siguiente anunció que se prepararía una nueva legislación sobre el tema, mientras la agitación social aumentaba día a día. La primera ley fue aprobada el 7 de julio de 2006 y era muy sencilla en su contenido: «En España se declara el año 2006 como Año de Memoria Histórica», en honor de «las víctimas» que defendieron «valores de-

---

[8] G. Bueno, *El mito de la izquierda,* Barcelona, 2002, pág. 283.

mocráticos», así como de los que contribuyeron a la creación de la Constitución de 1978. La ley proveía fondos y medios para las conmemoraciones. En esas mismas fechas, el Ministerio de Educación habló de la necesidad de estudiar «las políticas reformistas realizadas en el transcurso de la Segunda República» en la asignatura de Ciencias Sociales, Geografía e Historia del cuarto curso de Secundaria y se anunciaba la preparación de una ley de mayor envergadura sobre la memoria.

La idea de que existiera una «ley de la historia» no entusiasmó a los historiadores profesionales, cuya reacción fue ciertamente negativa. El gran acontecimiento colectivo que tuvo lugar en 2006 fue el Congreso Internacional sobre la Guerra Civil española, que se convocó en Madrid a finales de noviembre. El organizador principal, Santos Juliá, dio al acto un carácter profesional, y a lo largo de sus sesiones se pusieron de manifiesto puntos de vista muy diferentes. A propósito de la legislación pendiente, la observación más lúcida fue la de Enrique Ucelay-Da Cal:

> Estamos oficialmente en el año de la memoria histórica. Freud dijo que la memoria individual no es de fiar y, menos aún, la suma de las individuales: la colectiva. La única colectiva es el ritual mediatizado por la ideología. El poder ritualiza para ser poder. La memoria ritual es desmemoria. España carece de una cultura cívica y si no hay una cultura es la memoria lo que hay que imponer al contrario. Es el «trágala» servil. La memoria tiene trucos. La historia española contemporánea es una lucha por la legitimidad en la que sus contendientes se lanzan sus muertos a la cabeza. Debemos evitar la intoxicación de la ideología que está en el recuerdo personal. Solo existe memoria líquida. Podemos bucear, pero no caminar sobre la memoria[9].

Durante esos meses, historiadores como el propio Juliá, Carmen Iglesias y Juan Pablo Fusi fueron unánimes en su rechazo

---

[9] Citado por A. Astorga en *ABC,* 30 de noviembre de 2006, en R. de Mendizábal Allende, *Memoria histórica, desmemoria y amnesia,* separata de la Real Academia de Jurisprudencia y Legislación, 2010.

del tópico del «pacto de silencio» de la Transición, y expresaron su escepticismo respecto a legislar sobre la historia. Dijo Juliá: «Imponer *una* memoria colectiva o histórica es propio de regímenes totalitarios o de utopías totalitarias. Las guerras civiles solo pueden terminar en una amnistía general»[10].

Incluso Paul Preston, un historiador nada sospechoso para la izquierda, ya había expresado su ambivalencia cuando criticó «la retirada de símbolos franquistas. El Valle de los Caídos no debe desaparecer [...]. En España hay gente que confunde olvido con reconciliación y memoria con venganza [...]. Si de mí dependiese, yo no habría hecho nunca esa Ley, pero yo soy un extranjero sin voz ni voto. A mí personalmente me resulta muy incómodo que se empiecen a hacer leyes sobre estas cosas»[11].

Más duro fue el historiador José Varela Ortega en su comentario sobre la agitación causada por la memoria histórica y la estrategia del Gobierno de Zapatero, señalando que esta iniciativa «responde exclusivamente a un proyecto político actual, consistente en romper el vigente pacto constituyente con el principal rival del partido gobernante, que tiene el 40 % de los votos, y sustituirlo por otro creado con los grupos nacionalistas que cosechan el 8 % de respaldo electoral y que no están interesados en constituir nada, sino que aspiran a *decontracter* [sic] todo. Se quiere expulsar al centro-derecha no ya del poder —que es lo que todos pedimos al centro-izquierda cuando le votamos mayoritariamente—, sino del sistema, algo muy grave y que no estaba en el guion constituyente original. En este guion de ruptura y marginación, se entiende que la Transición sea el enemigo histórico a batir». Varela Ortega consideraba que la política de Zapatero socavaba la transformación del propio Partido Socialista hecha por González durante la Transición, que se basaba en «la aceptación del adversario [...]. No hubo ocultación o amnesia, sino la decisión, pienso muy sensata, de no utilizar la historia con propósitos políticos». Además, añadía, ya «existe un material

---

[10] *ABC,* 25 de julio de 2006, en ibíd.

[11] *ABC,* 3 de agosto de 2006.

historiográfico ingente sobre nuestra Guerra Civil. Otro problema es que algunos no lo hayan leído hasta ahora [...]. Así que la primera víctima histórica de esta iniciativa descabellada es Felipe González y la generación a la que él representa»[12].

El texto definitivo de la incorrectamente denominada «Ley de memoria histórica»[13] de octubre de 2007 fue más moderado que los borradores anunciados entre 2004 y 2006. La expresión «memoria histórica» prácticamente desapareció y fue sustituida por la de «memoria democrática», que era lo que la ley se proponía fomentar —las palabras «memoria histórica» solo aparecen cuando se anuncia el desarrollo de un nuevo Centro Documental de la Memoria Histórica y Archivo General de la Guerra Civil[14]—. Hablando con propiedad, la expresión debería poner el énfasis en la Transición, pues la ley reconoce que «no es tarea del legislador implantar una determinada memoria colectiva», aunque a continuación se contradice al encomendar al Gobierno la implantación de «políticas públicas dirigidas al conocimiento de nuestra historia y al fomento de la memoria democrática», de manera que «en el plazo de un año a partir de la entrada en vigor de esta ley, el Gobierno establecerá el marco institucional que impulse las políticas públicas relativas a la conservación y fomento de la memoria democrática». El principal objetivo de la ley, por tanto, es allanar el camino para la adopción de medidas parlamentarias de compensación y rehabilitación de varios tipos de víctimas.

En términos políticos, el Partido Popular dejó todo el discurso sobre la historia a las izquierdas, pese a que la historia del partido está del todo asociada a la democracia. Como ya hemos señalado, la pobreza dialéctica del PP es patente; a Rajoy y a sus colegas parece que solo les interesan el presente y la gestión de la

---

[12] Citado por R. de Mendizábal Allende, *Memoria histórica,* ob. cit., pág. 375.

[13] Su título exacto es «Ley por la que se reconocen y amplían los derechos y se establecen medidas a favor de quienes padecieron persecución o violencia durante la Guerra Civil y la dictadura».

[14] Las citas anteriores se han tomado de P. Aguilar, *Políticas de memoria,* ob. cit., págs. 86-89, que aporta un análisis excelente.

economía. En realidad, han adoptado las directrices de la corrección política en casi todas las cuestiones culturales y sociales, poniendo de manifiesto la hegemonía de esta nueva religión política.

En el siglo XXI esta ideología se ha vuelto dominante entre la mayor parte de las élites, las instituciones y los medios de comunicación de los países occidentales, salvo unas pocas excepciones, y ha distorsionado profundamente la interpretación, la presentación y la enseñanza de la historia de todos ellos. En algunas comunidades autónomas se encuentran algunas de las distorsiones más graves de la historia que se enseña en las escuelas. Entre los eufemismos utilizados, por ejemplo, no se dice que los árabes protagonizaron una invasión violenta, sino que «entraron en la Península», como si fuesen turistas. La Reconquista ha de ser ignorada o rechazada, porque en al-Ándalus se vivía «un paraíso multicultural», y los conquistadores del siglo XVI son «expedicionarios» en busca de un «encuentro».

Algo que ha cambiado en el siglo XXI, si lo comparamos con el comienzo del siglo pasado, es que, ahora, los historiadores españoles dominan la historiografía sobre España. Hace cien años, Julián Juderías se lamentaba de que una gran parte de los libros más importantes de la historia española habían sido escritos por extranjeros[15], pero la gran eclosión de la historiografía española durante el último tercio del siglo XX cambió este panorama completamente. La historiografía española actual es muy amplia, como la misma historia del país; hay numerosos estudios y libros de valía, y otros distorsionados hasta decir basta. Quizá, lo mejor sea que no se ha impuesto del todo el pensamiento único y, en general, existe más libertad de expresión que en muchos otros países europeos. Siguen publicándose libros excelentes, y los que deseen conocer la verdadera historia del país siempre podrán hacerlo.

Una línea historiográfica propia de los primeros años de este siglo es la que asegura que, pese a todo, la historia de España no

---

[15] J. Juderías, *La Leyenda Negra. Estudios acerca del concepto de España en el extranjero,* Salamanca, 2003, págs. 319-341.

ha sido tan «diferente», sino que siempre ha formado parte de la historia común de Occidente. A pesar de la generalización, la afirmación es exacta. La de España no es la historia de un país de Oriente, aunque durante siglos la mayor parte del territorio estuviera dominada por el islam, sino una historia enormemente compleja —más que la de cualquier otro país europeo— en el rincón más fronterizo de Occidente.

Como hemos visto, es una historia que a menudo se ha distorsionado —sin duda, es la más distorsionada de Occidente—, que ha conocido numerosas situaciones extremas —de nuevo más que otros países de Occidente—, por lo que las narrativas simplistas resultan inadecuadas. Las dos polémicas más importantes del momento presente —la relativa a la nación y la que se centra en la Segunda República, la Guerra Civil y el franquismo— quizá no tengan una solución inmediata. Muchos desencuentros son más políticos que historiográficos y pervivirán durante bastante tiempo.

Bibliografía

Aguado Sánchez, F., *El maquis en España,* Editorial San Martín, Madrid, 1975.

Aguilar, P., *Políticas de memoria y memorias de la política. El caso español en perspectiva comparada,* Alianza, Madrid, 2008.

Alonso-Castrillo, S., *La apuesta del centro. Historia de la UCD,* Alianza, Madrid, 1996.

Álvarez-Ossorio, A. (ed.), *La pérdida de Europa. La Guerra de Sucesión por la Monarquía de España,* Fundación Carlos de Amberes, Madrid, 2007.

Álvarez Tardío, M., *El camino a la democracia en España. 1931 y 1978,* Gota a Gota Ediciones, Madrid, 2005.

— *Gil-Robles. Un conservador en la República,* Gota a Gota Ediciones, Madrid, 2017.

Álvarez Tardío, M. y Villa García, R., *1936. Fraude y violencia en las elecciones del Frente Popular,* Espasa Libros, Madrid, 2017.

Andrade, J., *El PCE y el PSOE en la Transición,* Siglo XXI, Madrid, 2012.

Anes, G. (ed.), *Historia económica de España. Siglos* XIX *y* XX*,* Galaxia Gutenberg, Barcelona, 1999.

Armitage, D. (ed.), *Theories of Empire, 1450-1800,* Routledge, Aldershot, 1998.

Aróstegui, J. y Godechaux, F. (eds.), *Guerra civil. Mito y memoria,* Marcial Pons, Madrid, 2006.

Barciela, F., *La otra historia del PSOE,* Emiliano Escolar, Barcelona, 1981.

BARTLETT, R., *The Making of Europe: Conquest, Colonization and Cultural Change, 850-1350,* Princeton University Press, Princeton, 1993.

BENNASSAR, B., *Los españoles: actitudes y mentalidad,* Argos, Barcelona, 1976.

BERAMENDI, J. G. *et al.* (eds.), *Nationalism in Europe. Past and Present,* Universidade de Santiago de Compostela, Santiago de Compostela, 1994.

BERNAL RODRÍGUEZ, M., *La Andalucía de los libros de viajes del siglo XIX,* Biblioteca de la Cultura Andaluza, Sevilla, 1985.

BORKENAU, F., *End and Beginnings: On the Generations of Culture and the Origins of the West,* Columbia University Press, Nueva York, 1981.

BORRÀS BETRIU, R., *El rey perjuro: Don Alfonso XIII y la caída de la monarquía,* Rondas, Barcelona, 2007.

BRAGUE, R., *Eccentric Culture. A Theory of Western Civilization,* St. Agustine's Press, South Bend, Ind., 2002.

BRANDES, S. L., *Migration, Kinship and Community,* Academic Press, Nueva York, 1975.

BRAUDEL, F., *The Mediterranean and the Mediterranean World in the Age of Philip II,* University of California Press, California, 1976.

BRENAN, G., *El laberinto español,* Planeta, Barcelona, 1944.

BUENO, G., *El mito de la izquierda,* Ediciones B, Barcelona, 2002.

BURDIEL, I., *La política de los notables: moderados y avanzados durante el régimen del Estatuto Real,* Edicions Alfons El Magnanim, Valencia, 1987.

CABRERA, M., *La patronal ante la II República,* Siglo XXI, Madrid, 1983.

CAMBRA, P., *Socialismo no es libertad: la verdadera historia del PSOE,* Madrid, 1979.

CANTIZANO MÁRQUEZ, B., *Estudio del tópico de Carmen en los viajeros británicos del siglo XIX,* Univesidad de Granada, Granada, 1999.

CARO BAROJA, J., *Los judíos en la España moderna y contemporánea,* Akal, Madrid, 1961.

CARRERAS, A., *Industrialización española: estudios de historia cuantitativa,* Espasa Calpe, Madrid, 1990.

CARRILLO, S., *Eurocomunismo y Estado,* Crítica, Barcelona, 1977.

CASALS, X., *La Transición Española: el voto ignorado de las armas,* Pasado & Presente, Barcelona, 2016.

CHAFUEN, A. A., *Christians for Freedom: Late Scholastic Economics,* Ignatius Press, San Francisco, 1986.

CHÁVEZ, T. E., *Spain and the Independence of the United States,* UNM-Press, Albuquerque, 2002.

CHAVKIN, S. *et al.* (eds.), *Spain: Implications for American Foreign Policy,* Greylock Publishers, Stanford, Connecticut, 1976.

CIERVA, R. de la, *No nos robarán la historia,* Fénix, Madridejos, 1995.

COTARELO, R. (coord.), *Transición política y consolidación democrática. España (1975-1986),* CSIC, Madrid, 1992.

CUENCA TORIBIO, J. M., *La Guerra de la Independencia: un conflicto decisivo (1808-1814),* Encuentro, Madrid, 2006.

CUMMINS, L. T., *Spanish Observers and the American Revolution 1775-1783,* Louisiana State University Press, Baton Rouge, 1991.

DARDÉ, C., *La aceptación del adversario: política y políticos de la Restauración. 1875-1900,* Biblioteca Nueva, Madrid, 2003.

DE DIEGO, A., *La Transición sin secretos. Los franquistas trajeron la democracia,* Editorial Actas, Madrid, 2017.

DE FUENTE RUIZ, J. J. de la, *La «invención» del socialismo: radicalismo y renovación en el PSOE durante la dictadura y la transición a la democracia (1953-1982),* Gijón, 2017.

DOMÍNGUEZ ORTIZ, A. *et al.,* en Menéndez Pidal, R. y Jover, J. M. (dirs.), *Historia de España,* vol. XXII, Espasa Calpe, Madrid, 1989.

ECHEVARRÍA PEREDA, E., *La imagen de España en Francia: viajeros franceses decimonónicos,* Universidad de Málaga, Málaga, 1994.

ELORZA, A., *La ideología liberal en la España ilustrada,* Tecnos, Madrid, 1970

ESDAILE, C., *España contra Napoleón: guerrilleros, bandoleros y el mito del pueblo en armas (1808-1814),* Edhasa, Barcelona, 2006.

ESPAÑOL BOUCHÉ, L., *Leyendas negras: vida y obra de Julián Juderías,* Salamanca, 2007.

FERNÁNDEZ, L. F., *La España de Mérimée,* Universidad de Málaga, Málaga, 1990.

FERNÁNDEZ HERR, E., *Les origines de l'Espagne romantique: Les récits de voyage, 1755-1823,* Didier, París, 1973.

FERNÁNDEZ-MIRANDA, J., *El guionista de la Transición. Torcuato Fernández-Miranda, el profesor del Rey,* Plaza y Janés, Barcelona, 2015.

FERNÁNDEZ MORERA, D., *The Myth of the Andalusian Paradise,* ISI Books, Wilmington, DE, 2016.

FEROS, A., *Speaking of Spain: The Evolution of Race and Nation in the Hispanic World,* Harvard University Press, Cambridge, Mass., 2017.

FERREIRO, L. D., *Brothers at Arms: American Indepence and the Men of France and Spain who Saved it,* Alfred A. Knopf, Nueva York, 2016.

FIGES, O., *A People's Tragedy: The Russian Revolution. 1891-1924,* Random House, Nueva York, 1996.

FORCZYK, R., *We March Against England: Operation Sea Lion, 1940-1941,* Bloomsbury Publishing, Oxford, 2016.

FUENTES, J. F., *Adolfo Suárez. Biografía política,* Planeta, Barcelona, 2011.

— *Con el Rey y contra el Rey. Los socialistas y la monarquía (1879-2014),* La Esfera de los Libros, Madrid, 2016.

FUSI, J. P. y PALAFOX, J., *España, 1808-1996: el desafío de la modernidad,* Espasa Calpe, Madrid, 1997.

GARCÍA CÁRCEL, R., *La leyenda negra: historia y opinión,* Alianza, Madrid, 1993.

— (coord.), *La construcción de las Historias de España,* Ambos Mundos, Madrid, 2004.

GARCÍA DELGADO, J. L. y JIMÉNEZ, J. C., *Un siglo de España: la economía,* Marcial Pons, Madrid, 1999.

GARCÍA FUERTES, A. *et al., Dos de mayo de 1808: el grito de una nación,* Ediciones La Librería, Barcelona, 2007.

GARRIGUES, E. y LÓPEZ VEGA, A. (eds.), *España y Estados Unidos en la era de las independencias,* Biblioteca Nueva, Madrid, 2013.

GATTI, G. (ed.), *Un mundo de víctimas,* Barcelona, 2017.

GEREMEK, B., *The Common Roots of Europe,* Wiley, Cambridge, Mass., 1996.

GIL PECHARROMÁN, J., *El Movimiento Nacional (1937-1977),* Planeta, Barcelona, 2013.

GILLESPIE, R., *The Spanish Socialist Party. A History of Factionalism,* Clarendon Press, Oxford, 1989.

GONZÁLEZ DURO, E., *La sombra del general. Qué queda del franquismo en España,* Random House Mondadori, Barcelona, 2005.

GONZÁLEZ TROYANO, A., *La desventura de Carmen: una divagación sobre Andalucía,* Espasa Calpe, Madrid, 1991.

GOOCH, J., *Mussolini and his Generals: The Armed Forces and Fascist Foreign Policy, 1922-1940,* Cambridge University Press, Cambridge, 2007.

GORTÁZAR, G., *El salón de los encuentros: una contribución al debate público del siglo XXI,* Madrid, 2016.
GOTTFRIED, P. E., *Multiculturalism and the Politics of Guilt: Toward a Secular Theocracy,* University of Missouri Press, Columbia, Mo., 2002.
— *The Strange Death of Marxism: The European Left in the New Millennium,* University of Missouri Press, Columbia, Mo., 2005.
GREEN, O. H., *Spain and the Western Tradition. The Castilian Mind in Literature from «El Cid» to Calderón,* University of Wisconsin Press, Madison, 1963.
GREGORY, B., *The Unintended Reformation: How a Religious Revolution Secularized Society,* Harvard University Press, Cambridge, Mass., 2012.
GRESS, D., *From Plato to NATO: The Idea of the West and its Opponents,* Simon and Schuster, Nueva York, 1998.
GRICE-HUTCHINSON, M., *The School of Salamanca: Readings in Spanish Monetary Theory, 1544-1605,* Clarendon Press, Oxford, 1962.
— *Early Economic Thought in Spain, 1177-1740,* Liberty Fund Incorporated, Nueva York, 2016.
GUIRAO, F., *Spain and the Reconstruction of Western Europe 1945-57,* Springer, Londres, 1998.
GUZMÁN, M. de, *Spain's Long Shadow: The Black Legend, off-Whiteness and Anglo-American Empire,* University of Minnesota Press, Minneapolis, 2005.
HABECK, M. R., *Storm of Steel: The Development of Armor Doctrine in Germany and the Soviet Union,* Cornell University Press, Ithaca, Nueva York, 2004.
HANKE, L., *The Spanish Struggle for Justice in the Conquest of America,* Southern Methodist University Press, Boston, 1965.
HANNAN, D., *Inventing Freedom,* Harper Collins, Nueva York, 2013.
HEIBERG, M., *Emperadores del Mediterráneo: Franco, Mussolini y la Guerra Civil española,* Planeta, Barcelona, 2004.
HERNÁNDEZ SÁNCHEZ, F., *Guerra o revolución: El Partido Comunista de España en la Guerra Civil,* Planeta, Barcelona, 2010.
HERR, R., *Rural Change and Royal Finances in Spain at the End of the Old Regime,* University of California Press, Berkeley, 1989.
HERRERO, J., *Los orígenes del pensamiento reaccionario español,* Alianza, Madrid, 1988.
HIGHAM, R. y KAGAN, F. W. (eds.), *The Military History of the Soviet Union,* Macmillan, Londres, 2000.

HILLGARTH, J. N., *The Mirror of Spain, 1500-1700: The Formation of a Myth,* University of Michigan Press, Ann Arbor, Michigan, 2000.

HOFFMAN, L.-F., *Romantique Espagne: L'Image de l'Espagne en France entre 1800 et 1850,* Presses Universitaires de France, París, 1961.

HOWARTH, D., *The Invention of Spain: Cultural Relations between Britain and Spain 1770-1870,* Manchester University Press, Manchester, 2007.

HUNEEUS, C., *La Unión de Centro Democrático y la transición a la democracia en España,* CSIC, Madrid, 1985.

HUNTINGTON, S. P., *La tercera ola. La democratización a finales del siglo XX,* Paidós, Barcelona, 1994.

HUTTON, L. J., *The Christian Essence of Spanish Literature. An Historical Study,* Edwin Mellen Press, Lewiston, 1988.

JUDERÍAS, J., *La Leyenda Negra. Estudios acerca del concepto de España en el extranjero,* Atlas, Salamanca, 2003.

JULIÁ, S., *Memoria de la guerra y del franquismo,* Taurus, Madrid, 2006.

KAGAN, R. L. y PARKER, G. (eds.), *Spain, Europe and the Atlantic World. Essays in honour of John H. Elliott,* Cambridge University Press, Cambridge, 1995.

KEDAR, B. Z., *Crusade and Mission. European Approaches toward the Muslims,* Princeton University Press, Princeton, 1984.

KHAZANOV, A. M. y PAYNE, S. G., *Perpetrators, Accomplices and Victims: Reckoning with the Past*, Londres y Nueva York, 2016.

LE GOFF, J., *¿Nació Europa en la Edad Media?,* Crítica, Barcelona, 2011.

— *Faut-il vraiment découper l'histoire en tranches?,* Le Seuil, París, 2014.

LECUYER, M. C. y SERRANO, C., *La Guerre d'Afrique et ses repercussions en Espagne. Idéologies et colonialisme en Espagne. 1859-1904,* Université Rouen Havre, París, 1976.

LEGUTKO, R., *The Demon in Democracy: The Totalitarian Temptation in Free Societies,* Encounter Books, Nueva York, 2016.

LEHNER, U. L., *The Catholic Enlightenment: The Forgotten History of a Global Movement,* Oxford University Press, Nueva York, 2016.

LINZ, J. y VALENZUELA, A. (eds.), *La crisis del presidencialismo,* Alianza, Madrid, 1977.

LUMMIS, C. F., *Exploradores españoles en América,* EDAF, Madrid, 2017.

— *Los españoles que ensancharon el mundo,* EDAF, Madrid, 2017.
LYNCH, J., *La España del siglo XVIII,* Planeta, Barcelona, 2004.
MACFARLANE, A., *The Origins of English Individualism,* Wiley, Oxford, 1968.
— *The Culture of Capitalism,* Wiley, Oxford, 1987.
MALTBY, W. S., *La leyenda negra en Inglaterra. Desarrollo del sentimiento antihispánico, 1558-1660,* Fondo de Cultura Económica, México, D. F., 1982.
MALUQUER DE MOTES, J., *España en la economía mundial. Series largas para la economía española (1850-2015),* Instituto de Estudios Económicos, Madrid, 2016.
MARAVALL, J. A., *El concepto de España en la Edad Media,* Instituto de Estudios Políticos, Madrid, 1964.
— *Poder, honor y élites en el siglo XVII,* Siglo XXI, Madrid, 1979.
— *La cultura del Barroco,* Planeta, Barcelona, 2012.
MARÍAS, J., *España inteligible,* Alianza, Madrid, 1985.
MARTÍN ACEÑA, P. y PRADOS DE LA ESCOSURA, L. (eds.), *La nueva historia económica de España,* Tecnos, Madrid, 1985.
MARTÍN CORRALES, E., *Marruecos y el colonialismo español (1852-1912),* Bellaterra, Barcelona, 2002.
MARTÍNEZ CARRIÓN, J. M. (ed.), *El nivel de vida en la España rural, siglos XVIII-XX,* Universidad de Alicante, Alicante, 2002.
MARTÍNEZ LAÍNEZ, F. y SÁNCHEZ DE TOCA, J. M., *Tercios de España: la infantería legendaria,* EDAF, Madrid, 2006.
MATEOS, A., *Las izquierdas españolas desde la Guerra Civil hasta 1982,* UNED, Madrid, 1997.
MEAKER, G. L., *The Revolutionary Left in Spain. 1914-1923,* Stanford University Press, Stanford, 1974.
MENDIZÁBAL ALLENDE, R. de, *Memoria histórica, desmemoria y amnesia,* separata de la Real Academia de Jurisprudencia y Legislación, Madrid, 2011.
MIRALLES, X. A., *El descubrimiento de España. Mito romántico e identidad nacional,* Random House Mondadori, Barcelona, 2016.
MITTERAUER, M., *Why Europe? The Medieval Origins of its Special Path,* University of Chicago Press, Chicago, 2010.
MOLINER PRADA, A. (ed.), *La Guerra de la Independencia de España (1808-1814),* Nabla Ediciones, Barcelona, 2007.
MONZÓN ALTOLAGUIRRE, M. F. y MATA, S., *El sueño de la Transición. Los militares y los servicios de inteligencia que la hicieron posible,* La Esfera de los Libros, Madrid, 2014.

MOORE, R. I., *La primera revolución europea c. 970-1215,* Crítica, Barcelona, 2016.

MORALES MOYA, A., *Nacionalismos e imagen de España,* España Nuevo Milenio, Madrid, 2001.

MORALES MOYA, A., FUSI AIZPURÚA, J. P. y BLAS GUERRERO, A. de (dirs.), *Historia de la nación y del nacionalismo español,* Galaxia Gutenberg, Barcelona, 2013.

MORÁN, G., *Adolfo Suárez: ambición y destino,* Random House, Barcelona, 2009.

MORENO ALONSO, M., *Las «cosas de España» en Inglaterra: un país ante la mirada de otro,* Ediciones Alfar, Sevilla, 2007.

MORENO LUZÓN, J. (ed.), *Alfonso XIII: un político en el trono,* Marcial Pons, Madrid, 2003.

MULDOON, J., *The Americas in the Spanish World Order: The Justification for Conquest in the Seventeenth Century,* University of Pennsylvania Press, Filadelfia, 1994.

MUÑOZ BOLAÑOS, R., *23-F: los golpes de Estado,* Madrid, 2015.

NADAL, J., *et al.* (eds.), *La población Española (siglos XVI-XX),* Ariel, Barcelona, 1984.

— *La economía española en el siglo XX,* Ariel, Barcelona, 1987.

NÚÑEZ FLORENCIO, R., *Sol y sangre: la imagen de España en el mundo,* Espasa, Madrid, 2001.

NÚÑEZ SEIXAS, X. M., *¡Fuera el invasor! Nacionalismos y movilización bélica durante la guerra civil española (1936-1939),* Marcial Pons, Madrid, 2006.

ONAINDÍA, M., *La construcción de la nación española. Republicanismo y nacionalismo en la Ilustración,* Ediciones B, Barcelona, 2002.

ORTEGA Y GASSET, J., *La rebelión de las masas,* Andrés Bello, Madrid, 1996.

ORTÍ BORDÁS, J. M., *La Transición desde dentro,* Planeta, Barcelona, 2009.

ORTIZ SOLAO, F., *España, vieja patria,* Arguval, 2015.

OSORIO, A. y CARDONA, G., *Alfonso XIII,* Ediciones B, Barcelona, 2005.

PAGDEN, A., *The Fall of Natural Man. The American Indian and the Origins of Comparative Ethnology,* Cambridge University Press, Cambridge, 1986.

— *Spanish Imperialism and the Political Imagination,* Yale University Press, New Haven, 1990.

— *European Encounters with the New World,* Yale University Press, New Haven, 1994.
— *Lords of all the World. Ideologies of Empire in Spain, Britain and France c. 1500-c. 1800,* Yale University Press, New Haven, 1995.
— (ed.), *The Idea of Europe. From Antiquity to the European Union,* Cambrigde University Press, Cambridge, 2002.
PALACIOS, J., *23-F: el Rey y su secreto,* Libroslibres, Madrid, 2010.
PARRY, J. H., *The Spanish Theory of Empire in the Sixteenth Century,* Cambridge University Press, Cambridge, 1940.
PAYNE, S. G., *et al., La Europa revolucionaria,* Temas de Hoy, Madrid, 2011.
— *Alcalá-Zamora: el fracaso de la República conservadora,* Gota a Gota, Madrid, 2016.
— *El camino al 18 de julio. La erosión de la democracia en España (diciembre de 1935-julio de 1936),* Espasa Libros, Madrid, 2016.
— *La Transición a la democracia*, Madrid, 2016.
PÉREZ, J., *La leyenda negra,* Gadir, Madrid, 2012.
PÉREZ GARZÓN, J. S., *Las Cortes de Cádiz: el nacimiento de la nación liberal (1808-1814)*, Síntesis, Madrid, 2007.
PHILLIPS, J. B. S., *The Medieval Expansion of Europe,* Clarendon Press, Oxford, 1988.
PHILLIPS, W. y RAHN PHILLIPS, R., *Spain's Golden Fleece: Wool Production and the Wool Trade from the Middles Ages to the Nineteenth Century,* Johns Hopkins University Press, Baltimore, 1997.
PITT-RIVERS, J., «Los estereotipos y la realidad acerca de los españoles», en M. Cátedra (coord.), *Los españoles vistos por los antropólogos,* Ediciones Júcar, Madrid, 1941.
PLA, J., *Historia de la Segunda República Española,* Destino, Barcelona, 1941.
PORTILLO, J. M., *Revolución y nación en los orígenes de la cultura constitucional en España (1780-1812),* Boletín Oficial del Estado, Madrid, 2001.
POWELL, C. y BONNIN, P., *Adolfo Suárez,* Ediciones B, Barcelona, 2004.
POWELL, P., *El árbol del odio,* Iris de Paz, Madrid, 1991.
PRADOS DE LA ESCOSURA, L., *Comercio exterior y crecimiento económico en España, 1826-1913,* Servicio de Estudios del Banco de España, Madrid, 1982.
— *De imperio a nación: Crecimiento y atraso económico en España (1780-1930),* Alianza, Madrid, 1988.

— *El progreso económico de España (1850-2000),* Fundación BBV, Bilbao, 2003.

Puy, F., *El pensamiento tradicional en la España del siglo* XVIII *(1700-1760),* Instituto de Estudios Políticos, Madrid, 1966.

Rabb, T. K., *The Struggle for Stability in Early Modern Europe,* Oxford University Press, Oxford, 1976.

Ramos Santana, A. (ed.), *La ilusión constitucional: Pueblo, patria, nación,* Universidad de Cádiz, Cádiz, 2004.

Ranzato, G., *El pasado de bronce. La herencia de la Guerra Civil en la España democrática,* Destino, Barcelona, 2007.

Ringrose, D., *España, 1700-1900: el mito del fracaso,* Alianza, Madrid, 1996.

Ríos Saloma, M. F., *La Reconquista. Una construcción histórica (siglos* XVI-XIX*),* Marcial Pons, Madrid, 2011.

Roca Barea, M. E., *Imperiofobia y Leyenda Negra: Roma, Rusia, Estados Unidos y el Imperio español,* Siruela, Madrid, 2016.

Romeo, M. C., *Entre el orden y la revolución: la formación de la burguesía liberal en la crisis de la monarquía absoluta,* Instituto Juan Gil Albert, Alicante, 1993.

Ros Agudo, M., *La guerra secreta de Franco (1939-1945),* Planeta, Barcelona, 2002.

Rubin, B., *The Silent Revolution. How the Left Rose to Political Power and Cultural Dominance,* Harper Collins, Nueva York, 2014.

Ruiz-Huerta Carbonell, A., *Los ángulos ciegos. Una perspectiva crítica de la Transición española,* Biblioteca Nueva, Madrid, 2009.

Ruiz-Manjón, O., *El Partido Republicano Radical (1908-1936),* Tebas, Madrid, 1976.

Ruiz Martín, F. y García Sanz, A. (eds.), *Mesta, trashumancia y lana en la España moderna,* Crítica, Barcelona, 1998.

Ryrie, A., *Protestants: The Faith that made the Modern World,* Penguin, Nueva York, 2017.

Saavedra, M. C. (ed.), *La decadencia de la monarquía española en el siglo* XVII*: viejas imágenes y nuevas aportaciones,* Madrid, 2016.

Salavert Fabiani, V. L. (ed.), *El regeneracionismo en España: política, educación, ciencia y sociedad,* Universitat de València, Valencia, 2007.

San Juan, V., *La Armada desconocida de Jorge Juan. La estirpe de navíos de vela que fueron la espina dorsal de la Real Armada durante medio siglo,* Ediciones Nowtilus, Madrid, 2015.

SÁNCHEZ-ALBORNOZ, N. (ed.), *The Economic Modernization of Spain, 1830-1930,* New York University Press, Nueva York, 1987.
SÁNCHEZ-BLANCO, F., *El Absolutismo y las Luces en el reinado de Carlos III*, Marcial Pons, Madrid, 2002.
SANTIRSO, M., *Progreso y libertad: España en la Europa liberal (1830-1870),* Ariel, Barcelona, 2008.
SARIN, O. y DVORETSKY, L., *Alien Wars: The Soviet Union's Aggressions Against the World, 1919 to 1989,* Presidio, Novato, California, 1996.
SARTORIUS, N. y SALVO, A., *El final de la dictadura. La conquista de la democracia en España. Noviembre de 1975-junio de 1977,* Temas de Hoy, Madrid, 2007.
SCHAUB, J.-F., *La Francia española. Las raíces hispanas del absolutismo francés,* Marcial Pons, Madrid, 2004.
SCOTT, J. B., *The Spanish Origin of International Law,* The Lawbook Exchange, Washington, D. C., 1950.
SEBOLD, R. P., *Cadalso, el primer romántico «europeo» de España,* Gredos, Madrid, 1974.
SECO SERRANO, C., *La España de Alfonso XIII: el Estado. La política. Los movimientos sociales,* Espasa-Calpe, Madrid, 2002.
SEIXAS, X. M., *¡Fuera el invasor! Nacionalismo y movilización bélica durante la guerra civil (1936-1939),* Marcial Pons, Madrid, 2006.
SERRANO, M. A., *La ciudad de las bombas. Barcelona y los años trágicos del movimiento obrero,* Temas de Hoy, Madrid, 1997.
SERRANO SUÑER, R., *Memorias,* Planeta, Barcelona, 1978.
SIEDENTOP, L., *Inventing the Individual: The Origins of Western Liberalism,* Penguin UK, Londres, 2017.
SMITH, A., *Anarchism, Revolution and Reaction. Catalan Labour and the Crisis of the Spanish State, 1898-1923,* Berghahn Books, Nueva York, 2007.
SOCIEDAD GEOGRÁFICA ESPAÑOLA, *Atlas de los exploradores españoles,* GeoPlaneta, Barcelona, 2009.
SPENGLER, O., *La decadencia de Occidente,* Espasa Libros, Madrid, 2013.
STARK, R., *Bearing False Witness: Debunking Centuries of Anti-Catholic History,* SPCK, West Conshohocken, Pa., 2016.
STRADLING, R. A., *Felipe IV y el gobierno de España. 1621-1665,* Madrid, 1989.
STUCKI, A., *Las guerras de Cuba,* La Esfera de los Libros, Madrid, 2017.

TAMAMES, R., *Ni Mussolini ni Franco. La dictadura de Primo de Rivera y su tiempo,* Planeta, Barcelona, 2008.

TAYLOR, S. K., *Honor and Violence in Golden Age Spain,* Yale University Press, New Haven, 2008.

THOMPSON, I. A. y YUN CASALILLA, B., *The Castilian Crisis of the Seventeenth Century,* Cambridge University Press, Cambridge, 1994.

TONE, J. L., *War and Genocide in Cuba, 1895-1898,* University of North Carolina Press, Chapel Hill, North Carolina, 2006.

TORRECILLA, J., *España al revés. Los mitos del pensamiento progresista (1790-1840),* Marcial Pons, Madrid, 2016.

TORTELLA, G., *El desarrollo de la España contemporánea. Historia económica de los siglos XIX y XX,* Alianza, Madrid, 1994.

TORTELLA, G., *et al., Cataluña en España. Historia y mito,* Gadir, Madrid, 2016.

TOWNSON, N., *La República que no pudo ser. La política de centro en España (1931-1936),* Penguin Random House, Madrid, 2002.

— (dir.), *Historia virtual de España (1870-2004). ¿Qué hubiera pasado si...?,* Penguin Random House, Madrid, 2004.

— (dir.), *¿Es España diferente? Una mirada comparativa (siglos XIX y XX),* Penguin Random House, Madrid, 2010.

TRILLO-FIGUEROA, J., *La ideología invisible: el pensamiento de la nueva izquierda radical,* Libroslibres, Madrid, 2005.

TUSELL, J., *Franco, España y la II Guerra Mundial,* Temas de Hoy, Madrid, 1995.

— *Radiografía de un golpe de Estado: el ascenso al poder del general Primo de Rivera,* Alianza, Madrid, 1987.

TUSELL, J. y GARCÍA QUEIPO DE LLANO, G., *Carrero: la eminencia gris del régimen de Franco,* Temas de Hoy, Madrid, 1993.

— *Alfonso XIII: el rey polémico,* Penguin Random House, Madrid, 2001.

TUSELL, J. *et al.* (dirs.), *El régimen de Franco: política y relaciones exteriores,* 2 vols., UNED, Madrid, 1991.

URBANO, P., *La gran desmemoria: lo que Suárez olvidó y el Rey prefiere no recordar,* Planeta, Madrid, 2014.

VACA DE OSMA, J. A., *El imperio y la leyenda negra,* Ediciones Rialp, Madrid, 2004.

VAN DER ESCH, P., *Prelude to War: the International Repercussions of the Spanish Civil War,* Springer, 1951.

VARELA SUANZES-CARPEGNA, J., *La monarquía doceañista (1810-1837). Avatares, encomios y denuestos de una extraña forma de gobierno,* Marcial Pons, Madrid, 2013.

VÉLEZ CIPRIANO, I., *Sobre la Leyenda Negra,* Encuentro, Madrid, 2014.

VILLA GARCÍA, R., *La República en las urnas. El despertar de la democracia en España,* Marcial Pons, Madrid, 2011.

— *España en las urnas. Una historia electoral (1810-2015),* Los Libros de la Catarata, Madrid, 2016.

VILLACAÑAS BERLANGA, J. L., *La formación de los reinos hispánicos,* Espasa Libros, Madrid, 2006.

VILLANUEVA, J., *Leyenda negra: una polémica nacionalista en la España del siglo XX,* Libros de la Catarata, 2011.

VILLAVERDE RICO, M. J. y CASTILLA URBANO, F. (dirs.), *La sombra de la leyenda negra,* Tecnos, Madrid, 2016.

VV. AA., *La Ilustración Española en la independencia de Estados Unidos,* Marcial Pons, Madrid, 2007.

WILHELMI, G., *Romper el consenso: La izquierda radical en la Transición española (1975-1982),* Siglo XXI, Madrid, 2016.

WILSON, K. y VAN DER DUSSEN, J. (eds.), *The History of the Idea of Europe,* Routledge, Londres, 1993.

WOODS, T. E., *How the Catholic Church built Western Civilization,* Regnery Publishing, Washington, D. C., 2005.

ZAVALA, S., *The Political Philosophy of the Conquest of America,* Editorial Cvltvra, México, D. F., 1953.

ÍNDICE ONOMÁSTICO